O. J. 심슨 사건의 진실

O. J. 심슨 사건의 진실

2017년 12월 1일 초판 인쇄
2017년 12월 6일 초판 발행

저 자 권 영 법
발행인 이 방 원
발행처 세창출판사
　　　서울시 서대문구 경기대로 88 냉천빌딩 4층
　　　전화: 02-723-8660　　　팩스: 02-720-4579
　　　홈페이지: http://www.sechangpub.co.kr
　　　e-mail: edit@sechangpub.co.kr
　　　신고번호 제300-1990-63호

정가 15,000원

ISBN 978-89-8411-723-5　93360

O. J. 심슨 사건의 진실

권영법 지음

세창출판사

요즘 자주 보는 가요 프로그램이 있다. 여기에서는 가수들이 가면을 쓰고 무대에 나와 노래를 부른다. 그리고 십여 명의 패널들은 가면을 쓴 가수가 누구인지 알아맞히기를 한다. 이들은 가수, 음악 전문가, 연예인들이다. 사람들은 패널들의 경력이나 면면으로 볼 때 이들이 노래 첫 소절만 듣고도 노래의 주인공이 누구인지 쉽게 알아맞힐 거라 기대하지만, 이런 기대는 번번이 무너진다. 이 프로그램의 모토는 이렇다. "선입견이나 편견 없이 오로지 목소리만으로 진실을 가려라." 과연 우리는 아무런 선입견이나 편견 없이 진실에 이를 수 있을까?

많은 사람들이 오 제이 심슨의 전처인 니콜 브라운과 그녀의 남자 친구인 로널드 골드먼을 살해한 범인이 누구인지 궁금해 한다. 그리고 필자에게 물어 오는 이들도 있다. 그럴 때마다 나는 "저도 누구인지 모릅니다. 저는 그 자리에 없었으니까요"라고 대답한다. 그리고 다시 이렇게 질문을 던진다. "그러는 당신은 누가 범인이라고 생각합니까?" 이러한 질문에 대한 대답은 제각각이다. 니콜의 남편인 오 제이 심슨이라는 얘기도 있고, 오 제이 심슨이 아닐 거라는 얘기도 있다. 그리고 우리가 모르는 다른 사람이 진범일 거라는 대답도 있다. 그러면 다시 질문한다. "그렇게 보는 이유는 뭔가요?" 이럴 때마다 사람들은 오 제이 심슨에 대한 형사재판이나 민사소송의 결과를 말하면서, 나름의 근거를 대고 자신의 논리를 설명한다.

니콜 브라운과 로널드 골드먼 두 사람은 자신들의 목숨을 앗아간 범인을 두 눈으로 똑똑히 보았을 것이다. 그러나 이들은 죽은 자이고, 불행히도 범행 장면을 목격한 사람은 아무도 없다. 그래서 여러 정황증거를 수집하고, 여기에 가설을 세워서 진실이라고 주장하는 결론을 이끌어 내게 된다. 그런데 이런 증거와 가설을 결합하는 방법은 무수히 많다. 경찰과 검찰은 이런 무수히 많은 결론 중에서 오 제이 심슨이 범인이라는 결론을 선택했고, 이를 밀고 갔다.

그러나 오 제이 심슨을 범인으로 단정 짓기에는 석연치 않은 점이 많다. 우선 심슨에게는 전처를 살해할 만한 뚜렷한 동기가 없다. 그리고 그날 심슨을 둘러싼 여러 정황들은 심슨이 검찰 주장과 같이 '질투에 눈이 멀어 격분으로 두 사람을 살해했다'고 보기에는 어려움이 많다는 사실을 여실히 보여 준다. 그렇지만 심슨이 그날 범행 현장에 있었을 것이라고 볼 수 있는 여러 증거들은, 진범이 누구인지 궁금해 하는 이들을 점점 미궁 속으로 빠져들게 한다. 형사 배심원들은 이런 상반된 증거를 두고 심슨을 범인으로 단정 짓기에는 뭔가 의심스러운 점들이 보인다고 결론 내렸다. 이것은 〈합리적 의심 없는 입증〉이라는 형사재판의 원칙에 충실한 결과이다.

민사소송의 양상은 이와는 달랐다. 민사소송에선 심슨이 증인으로 나와 그날 자신의 알리바이나 범행 현장과 자신의 집에서 발견된 피나 모발 등의 여러 증거에 대해서 제대로 설명하지 못했다. 그리고 범행 현장에서 발견된 브루노 말리라는 신발을 심슨이 신고 다니는 장면을 찍은 사진이 제출됐다. 민사 배심원들은 이런 증거를 놓고 심슨이 그날 범행 현장에 있었던 것으로 보이고, 그럼에도 심슨이 여기에 대해 납득하도록 설명하지 못했으므로 심슨이 범인일 개연성이 높다고 판단 내렸다. 이것은 민사소송의 입증책임인

〈증거의 우월〉이란 원칙에 따른 것이다.

그러나 이러한 진실은 재판에서의 진실이다. 판결로 드러난 진실은 여러 증거 원칙, 시간과 공간, 물리적인 제한을 받는다. 이러한 진실은 실제의 진실과는 다를 수 있다. 많은 사람들은 우리가 들어서 알고 있는 재판에서의 진실보다는 실제의 진실을 궁금해 한다. 과연 두 사람의 목숨을 앗아간 범인은 누구일까?

진실은 의외로 가까이에, 혹은 멀리에 있을 수 있다. "등잔 밑이 어둡다"는 속담처럼 어쩌면 진실은 아주 가까운 곳에 있을지도 모른다. 그리고 진실은 이를 찾아 먼 길을 마다 않는 이에게만 그 모습을 드러내는, 그리고 큰 산과 험한 고개를 넘어서야 이르는, 아주 머나먼 곳에 있을 수도 있다. 그러나 진실은 아무런 선입견과 편견 없이, 그야말로 진실만을 찾아 나서는 이들에게 더 가까이 다가선다는 사실만은 분명하다. 이 책은 세기의 미제 사건인 오 제이 심슨 사건의 진실을 찾아 나서는 이들에게 길잡이가 되길 바란다. 그리고 이 책을 읽은 독자들에게 질문하련다. "여러분은 오 제이 심슨 사건의 진실이 무엇이라고 생각합니까?"

2017년 11월
저 자

1. 인용 문구 속의 괄호 안에 든 문구는 전후 문맥을 추정하여 저자가 기재한 부분이다.

2. 파운드는 킬로그램으로, 시시(cc)는 밀리리터로, 마일은 킬로미터로, 인치는 센티미터로 바꾸어 표기했다. 다만 인치는 문맥상 부득이한 경우 그대로 표기했다.

3. 인물 이름의 표기는 국립국어원의 외래어 표기법을 따랐으나, 이미 관용으로 굳어진 외래어는 그대로 표기했다.

4. 고유명사의 표기도 국립국어원의 규정을 따르되, 우리말로 의역할 수 있는 고유명사는 우리말로 표기했다.

5. 미국 사회에서는 '흑인'이란 표현을 거의 사용하지 않으나, 우리에겐 '아프리카계 미국인'이란 표현이 어색하다. 그래서 문맥에 따라 두 단어를 번갈아 사용했다.

6. 서술한 사실은 책, 논문, 신문기사 등 문헌을 기초하여 서술하였으나, 일부 내용은 저자가 추정한 부분도 있음을 밝힌다.

1장

반격이 시작되다

"이 칼로 네 거짓말을 증명해 보이리라."

셰익스피어의 《멕베스》에서

샴페인을 터트리다

　　　　　　1994년 6월 12일, 천사의 도시라 불리는 로스엔젤레스의 부촌인 브렌트우드의 주택 앞에서 참혹하게 살해당한 젊은 남녀가 발견되었다. 여자는 오린설 제임스 심슨Orenthal James Simpson, 흔히 오 제이 심슨O. J. Simpson이라 불리는 과거 미식축구 선수의 전처인 니콜 브라운Nicole Brown이었고, 젊은 남자는 '메잘루나 트라토리아'란 레스토랑의 직원인 로널드 골드먼Ronald Goldman이었다. 사건 직후 경찰은 심슨을 유력한 용의자로 지목하였고, 심슨은 경찰청에 출두하기로 한 날 편지를 남기고 브롱코로 도주하다가 체포되었다. 이어 '세기의 재판'이라 불리는 재판이 시작되었고, 심슨은 무죄라고 답변했으며, 드림팀이라 불리는 변호인들은 검찰의 증거를 반박하였다. 그리고 1995년 10월 3일, 법정에서 법원 참여관은 심슨에 대하여 무죄로 평결한다는 평결문을 읽어 내려갔다. TV를 나란히 시청하던 한 무리의 사람들은 눈물을 쏟아냈지만, 다른 무리의 사람들은 환호성을 질렀다. 심슨은 자유의 몸이 되었다. 그리고 브렌트우드에 있는 저택으로 돌아와서 새로운 삶을 시작했다. 이날 파티가 열렸다. 심슨의 모친 유니스는 롤스로이스를 타고 저택에 들어섰다. 그 뒤로 리무진이 줄을 이었다. 모두가 포옹했다. 심슨의 친구 앨런 카울링스와 로버트 카다시안도 왔고, NBC 방송사 기자인 돈 올마이어Don Ohlmeyer도 보였다. 영화 제작자 래리 실러Larry Schiller[1]도 그 자리에 있었다. 그리고 모두가 기쁨을 나눴다.

　　"무죄 평결이 내려지자 로킹엄을 관할하는 서 로스앤젤레스 경찰청은 경찰팀을 파견해서 사람들을 통제하고 저택을 보호하라고 지시하였습니다. 이 사람들은 두 사람의 죽음을 축하하는 파티를 준비하고 있는데 말이죠." 경찰관 폴 비숍Paul Bishop은 볼멘 소리로 불만을 털어놓았다. 기자는 비숍의 얼굴과 목소리를 통해, 이런 일을 하는 게 역겹다는 그의 생각을 역력히 읽을 수 있었다고 한다. 비숍은 자신이 사랑해 마지않는 경찰청이 평결로 인해 충격과 모욕감을 받았다고 말했다. "샴페인 40병이 들어가더군요. 우리는 그곳에 앉아 있었습니다. 그게 우리가 할 일이거든요. 마지못해 하는 거지만요." 비숍은 직설적으로 수사관 마크 퍼만Mark Fuhrman의 자만과 독선적인 태도도 비판했다. 비숍은 자신의 두 번째 소설 《두 번의 죽음Twice Dead》이 곧 출간될 거라고 밝혔다. 이 소설에서 프로 농구 선수는 살인 혐의를 지고 있고, 압도적인 증거 앞에서도 무죄를 주장한다. 이러한 소설의 줄거리는 심슨 사건을 떠올리게 한다.

"과거로 돌아가서, 수사관 론 필립스에게 물어보았죠. '우리가 이 사건에서 이길 수 있을까?' 론은 '우리가 지면, 경찰 뱃지를 반납하고 집으로 가는 게 나아'라고 말했죠. 평결이 나고 이틀 동안 인사부 전화에 불똥이 튀었죠. 다들 은퇴하겠다고 서류를 제출했거든요. 심슨 사건의 여파는 상상 이상이었습니다."

그러나 이날 파티의 기쁨은 그리 오래가지 않았다. 파티 분위기가 가라앉자 그 자리에 참석한 사람들은 온 도시와 온 나라가 기뻐하거나 즐거워하는 분위기가 아님을 알아차렸다. 심슨이 거액을 받고 TV와 인터뷰하려던 일도 취소되었다. 그래서 인터뷰로 2,000만 달러라는 거액을 거머쥐리란 심슨의 꿈도 물거품 속으로 사라져 갔다. 20년간 스폰서 계약을 체결해 온 ICM(미국의 에너지 회사이다)도 심슨과 한 계약을 연장하지 않았다. 심슨의 연예 기획을 담당한 잭 질라디Jack Gilardi도 심슨과 계약하지 않았다. 여론조사에 따르면, 국민의 절반 가량이 평결에 분개한 것으로 나타났다. 심슨은 새로운 인생 국면에 접어든 것이다. 브렌트우드 입구 쪽 선셋 대로에는 "살인마의 고향 브렌트우드에 오신 걸 환영합니다"라는 피켓이 걸렸다. 또 다른 피켓에는 "브렌트우드에 살인범이 풀려나다"라고 적혀 있었다.

심슨도 이런 분위기를 잘 알고 있는 듯 보였다. 흑인이 다수인 배심에 의해 무죄로 평결이 나자 백인 사회에서 분노가 들끓었다. "이건 바로 백인들의 폭동입니다." 영화작가이자 감독인 제임스 브룩스James Brooks[2]가 전했다.

드림팀에 속했던 한 변호사는 증오 분위기를 이렇게 표현했다.

"심슨이 시련을 당할 때 몇몇 친구들이 심슨과 함께 했습니다. 그렇지만 이제는 심슨을 응원한 사람들을 감옥에라도 보낼 태세입니다. 그래서 승리의 파티가 끝나기 무섭게 이들은 심슨 곁을 떠나게 되었습니다."

심슨은 개의치 않았다. 세월이 약이라고, 시간이 지나면 다 잘되리라 생각했다. 심슨의 지인이 전하는 말에 의하면, 검사팀을 이끌었던 길 가르세티 검사가 TV에 나와서 사건은 종결되었고 더 이상 진범도 찾지 않을 거라고 밝히자, 심슨은 들떠 보였다고 한다. 심슨은 무죄 평결을 받고 만족했지만, 세상은 호락호락하지 않았다. 심슨은 리비에라 골프장의 회원이다. 그러나 골프장 측은, 심슨이나 그의 지인이 골프장에 오는 걸 반기지 않았다. 그들은 안전상의 이유를 들었다. 골프장은 심슨이나 지인 등 누군가를 암살하기에 아주 좋은 장소라는 것이다.

많은 사람들이 로널드 골드먼과 니콜 브라운의 가족들이 제기할 민사소송에 대비해서 심슨이 곧 미국을 뜰 것이라고 내다보았다. 그리고 심슨이 행여 자살하지나 않을까 염려했다고 한다. 심슨의 지인은 "차라리 감옥에 가는 편이 나았을지도 모릅니다"라고 말했다.

마서 클라크 검사는 무죄 평결이 나자 골드먼 가족에게 "죄송합니다. 하지만 저도 최선을 다했습니다"라고 사죄했다. 로널드 골드먼의 가족은 심슨이 처한 어려운 처지나 힘든 고통을 전혀 이해하지 못하는 듯했다. 이들은 언론에 나와서 연신 자신들의 입장만 호소했다. 결국 견디다 못한 심슨은 로킹엄에서 이사가야 했다. 너무나도 많은 언론 취재로 인해 심슨에게는 사생활이 전혀 없었다. 아이들을 만나려 해도 언론에서는 온갖 장비를 동원해서 끝끝내 심슨을 찾아내고 취재했다. 한 번은 심슨이 궁리를 내어 기자 회견을 자

1994. 6. 12	니콜 브라운과 로널드 골드먼이 살해됨
1994. 6. 17	심슨이 경찰서 출두를 앞두고 브롱코로 도주함
1994. 6. 24	대배심이 소집됨
1994. 7. 22	심슨이 무죄답변을 함
1994. 11. 3	11명의 배심원이 선정됨
1995. 1. 24	크리스토퍼 다든, 마셔 클라크 검사가 모두진술을 함
1995. 9. 5	배심은 마크 퍼만의 테이프를 들음
1995. 9. 26 ~ 9. 27	마셔 클라크, 크리스토퍼 다든 검사가 최후변론을 함
1995. 9. 27 ~ 9. 28	코크란, 셰크 변호사가 최후변론을 함
1995. 11. 3	배심은 심슨에 대하여 무죄로 평결함

청했다. 그리고 그곳으로 기자들이 모인 틈을 타서 여러 차량 중 한 대에 타고 집에서 빠져나가려고 시도했다. 그러나 결국 발각되었고, 기자 회견도 취소되었다.[3]

민사소송을 제기하다

형사 배심원들은 심슨에게 무죄로 평결하였다. 심슨은 석방되었고, 형사 사건은 심슨의 승리로 돌아갔다. 형사재판에서 요구하는 〈합리적 의심 없는 입증〉이란 기준은 매우 높다. 그래서 심슨이 범인이 아니라고 볼 의심이 있게 되면 배심원들은 무죄로 평결할 수 있다. 그러나 민사소송은 이와 다르다. 민사소송에서는 〈증거의 우월〉이라는 입증책임에 따라 판단한다. 원고 측이 지는 입증책임인 이 기준은 〈합리적 의심〉이란 기준보다는 낮다. 이러한 서로 다른 잣대를 고려하였을까? 1994년 6월 12일 무참히 살해당한 두 피해자 로널드 골드먼과 니콜 브라운의 가족은 1996년 오 제이 심슨을 상대로 민사소송을 제기했다. 재판은 사건이 발발한 곳을 관할하는 로스앤젤레스의 산타모니카 법정에서 열렸다. 이곳에는 백인들이 많이 산다. 로널드 골드먼의 부모인 프레드 골드먼Fred Goldman과 새런 루포Sharon Rufo는 심슨을 상대로 민사소송을 제기했다. 그리고 니콜 브라운의 상속인인 니콜의 부친 루 브라운Lou Brown도 심슨을 상대로 소송을 제기했다. 재판은 넉 달간 진행됐다. 골드먼과 니콜 브라운의 가족은 다니엘 페트로셀리Daniell M. Petrocelli 변호사가, 심슨은 로버트 베이커Robert Baker 변호사가 대리했다. 양측의 변호사들은 이들을 지켜보는 법조인으로부터 많은 기대를 받고 있었다. 심슨의 변호사비로는 100만 달러가량 들었고, 〈오린설 엔터프라이지스Orienthal Enterprises〉란 보험회사가 지급했다.

형사재판 때, 랜스 이토Lance Ito 판사는 예비심문은 물론이고 재판 전 과정을 언론에 공개했다. 그래서 전 세계 사람들이 TV나 라디오로 재판 장면을 보고 듣고, 토론할 수 있었다. 그러나 민사소송 때 히로시 후지사키Hiroshi Fujisaki 판사는 TV 카메라나 오디오로 법정을 촬영하거나 녹화해서 방송으로 내보내는 걸 금지했다. 그리고 법정 방청도 제한해서 매일 추첨해서 16석만 일반인에게 배정하였고, 나머지 자리는 언론 기자 등에게 할당했다.[4]

이 소송은 비록 민사소송이지만, 심슨을 상대로 한 소송이어서 그런지 언론의 관심이 집중됐다. 1996년 8월 13일, 그동안 언론에 대해 방임적인 태도를 취하던 후지사키 판사는 양측 소송대리인, 소송 당사자, 소송 관계인에게 재판에 대해 공개적으로 의견을 표시하는 것을 금지하는 〈보도금지명령gag order〉[5]을 내렸다. 이 명령에 따라 소송대리인들은 침묵을 지켰다. 그러나 이전의 형사재판에 관여했던 소송대리인, 소송 관계인, 시민은 민사소송 기간 중에도 자유롭게 의견을 표시했다.[6] 심슨 사건은 이미 시민들이 거의 알고 있고 모두의 관심사가 된 바 있기에 이러한 금지명령은 아무런 실효성이 없는 수단이었다.

여기에 대해 일부 평론가들은, 후지사키 판사가 TV 카메라로 재판을 촬영하는 걸 금지하고, 소송대리인에게 금지명령을 내림으로써 민사소송 교과서에서 언급하고 있는 〈소송의 효율성〉을 이루었다고 평가했다. 그러나 다른이들은 이러한 조치가, 시민들로 하여금 역사적 사건을 볼 기회를 박탈하였다면서 비판적인 반응을 보였다.[7]

페트로셀리의 모두진술

1996년 10월 23일, 원고 측을 대리한 페트로셀리의 모두진술이 있었다. 다니엘 페트로셀리는 오 제이 심슨을 상대로 한 민사소송과 엔론[8]의 경영인 제프리 스킬링Jefferey Skilling을 변론해서 유명해졌다. 그는 현재 〈오 멜버니, 마이어스 로펌O' Melveney & Meyers〉의 구성원 변호사다. 그는 캘리포니아 대학교를 졸업하고, 경제학 학사를 취득했다. 이어로스앤젤레스에 있는 사우스웨스턴 대학교 로스쿨Southwestern University School of Law을 수료했다. 그는 1997년 〈미첼 로펌Mitchell, Silberberg & Knupp〉 소속 변호사로프레드 골드먼을 대리했다. 후일, 이 재판에 참여한 경험을 토대로 쓴 《정의의 승리Triumph of Justice》는 베스트셀러가 되었다.[9]

다니엘 페트로셀리는 배심원 앞에 있는 변론대에 노트를 펼쳤다. 그리고모두진술을 시작했다.

"1994년 6월 12일 밤에 니콜 브라운 심슨은 열 살 된 딸 시드니와 여섯 살된 아들 저스틴을 침대에 눕히고 잠이 드는 것을 보았습니다. 그리고 욕조에물을 채우고 양초를 켜고, 피로를 풀려고 목욕을 시작했습니다.

전화벨이 울렸습니다. 그때가 밤 9시 40분이었습니다. 니콜이 전화를 받았습니다. 니콜의 친정모친은 전화로, 브렌트우드 근처에 있는 식당에 선글라스를 놔두고 왔다고 말했습니다. 그곳은 1시간 전에 시드니의 댄스 공연을 축하하기 위해 가족들이 식사한 곳입니다. 니콜의 친정모친은 그 다음 날 식당에서 선글라스를 찾아 갖다 줄 수 있는지 물었습니다. 니콜은 "걱정 마세요, 안녕히 주무세요"라고 말하고 전화를 끊었습니다.

이후 니콜은 식당으로 전화해서 친절한 젊은 웨이터를 찾았습니다. 니콜은 젊은 웨이터에게 친정모친이 놔두고 간 선글라스를 갖다 줄 수 있는지 물었습니다. 젊은 웨이터는 근무를 마치는 대로 마리나 델 레이(로스앤젤레스 해안가에 있는 한 지역의 명칭이다)에 있는 친구를 만나러 가는 길에 댁으로 갖다 드리겠다고 대답했습니다. 웨이터의 이름은 론 골드먼이고, 스물다섯 살입니다.

론은 선글라스를 들고 식당을 나섰습니다. 옷을 갈아입으러 근처에 있는 자신의 아파트로 몇 분 걸어갔습니다. 그리고 9시 50분에 아파트에서 나섰습니다. 론은 옷을 갈아입고 차고에 주차된 여자 친구의 차를 타고, 가까운 거리인 브렌트우드 남번디길 875번지에 있는 니콜 브라운 심슨에게로 향했습니다.

론은 도롯가에 차를 세우고 니콜의 집 정문 쪽으로 걸어갔습니다. 그리고 정문 쪽 인도로 다가갔습니다. 정문에서 몇 발짝 가면 현관에 이릅니다.

골드먼은 과거 그 계단을 디딘 일이 없습니다. 그 현관에서 로널드 골드먼은 생애 마지막 몇 분을 보냈습니다. 그곳에서 니콜의 시신 옆에서 무참하게 도륙된 골드먼의 시신이 발견되었습니다. 그리고 그 옆에 니콜 친정모친의 선글라스가 담긴 봉투도 발견되었습니다.

그렇게 론 골드먼의 청춘은 끝났고, 호의를 베풀다가 니콜과 골드먼에게 격분한 범인에 의해 살해되었던 것입니다. 골드먼은 위험을 느끼고 도망갈 수도 있었지만 그러지 않았습니다.

신사 숙녀 여러분! 론 골드먼은 눈도 감지 못하고 죽었습니다. 변호사이자 TV 언론인 존스(형사 변호사 칼 존스Cal Johnes를 가리키는 것으로 보인다)는 저에게, 론은 죽음의 흑암을 앞두고 눈을 뜬 채 사망했다고 말했습니다. 이런 가슴 저리는 모습이 제 눈에 어른거립니다. 그리고 마지막 격렬한 순간에 론은 그

눈으로 니콜과 자신을 죽이는 범인을 바라본 겁니다. 그래서 골드먼 역시 죽었습니다. 골드먼은 자신의 목숨을 앗아가 버린 범인을 자신의 눈으로 똑똑히 바라봤습니다. 그 범인이 이 법정에 앉아 있습니다. 바로 피고입니다."

페트로셸리는 그 순간 몸을 돌려 피고석에 앉아 있는 심슨을 바라보았다.

"오린설 제임스 심슨인 것입니다."

그런 후 페트로셸리는 여러 물적 증거를 요약해서 설명했다. 그리고 심슨이 주장한 알리바이의 약점을 짚었고, 심슨이 힘이 세고 격분 상태에 있었다고 말했다. 그리고 심슨과 같은 사람은 순식간에 두 사람을 쓰러뜨릴 수 있다고 설명했다.

페트로셸리는 소송에서 제출할 증거에 대해 설명하고, 심슨 외에는 달리 두 사람을 죽일 동기가 있는 사람은 아무도 없다고 주장했다.

"집은 털리지 않았습니다… 페라리 한 대를 포함해서 차고에 있는 비싼 차에는 손을 대지 않았습니다… 집을 침범하거나 들어오지 않았으며, 훔치지 않았습니다."

페트로셸리는 이 사건이 강간과 관련되거나 총을 쏜 것이 아니라 오로지 격분해서 저지른 살인임을 강조했다

"심슨 씨가 선서하고 질문을 받게 되면, 그의 거짓말과 속임수가 다 드러날 것입니다'라고 배심원에게 말했다. 이때 피고 변호사 로버트 베이커가 이의했다. 재판장은 이의를 기각했다.

"오 제이 심슨에게 모든 질문을 던져서 심슨이 살인에 가담했음을 입증하겠습니다. 심슨은 사실을 말할 수도 없고, 말하려 하지도 않았고, 사실을 말한 사실도 없습니다."

"재판장님! 다시 이의합니다. 이것은 논쟁입니다." 로버트 베이커는 이의했다. 소송대리인은 사실이 아닌 논쟁에 대해선 이의를 제기할 수 있다.[10]

그러나 후지사키 판사는 논쟁이 아니라 보고 베이커의 이의를 기각했다.

"신사 숙녀 여러분! 우리는 심슨의 피와 모발, 옷과 장갑, 신발과 브롱코, 격분과 동기, 말과 행동이 드러나는 진실을 보여 드릴 것입니다. 심슨 씨는 이 소송에서 경찰이 공모하고 증거를 날조하고 은폐했고, 증거가 적법하지 않다고 주장하는 걸 보시게 될 겁니다. 그러나 우리는 이러한 심슨의 주장이 전혀 사실이 아니고, 증거도 전혀 없음을 입증할 것입니다.

우리는 심슨의 주장이 사실이 아닐 뿐만 아니라 절망감에서 나온 주장임을 입증하겠습니다. 그리고 유일한 것은…."

이때 로버트 베이커가 "다시 이의합니다. 이것은 이론 논쟁입니다. '절망감에서'란 말은 논쟁입니다." 그러자 재판장은 이번에는 베이커의 이의를 받아들였다.

페트로셸리는 심슨을 모함하기 위해 증거를 조작하기로 공모했다는 피고 측의 주장을 반박했다. 밤 1시, 시체가 발견되었을 시점에 대해 페트로셸리는 이렇게 설명했다. "마크 퍼만은 잠들어 있었습니다. 나중에 조사에 합류한 톰 랭도 잠들어 있었습니다. 조사관 필 배네터도 잠들어 있었습니다. 나중에 사건에 관여한 범죄연구원 데니스 펑도 잠들어 있었습니다. 펑의 조수 안드레아 마졸라도 잠들어 있었습니다. 연구소 기술자 콜린 야마우치도 연구소 일로 과로해서 잠들어 있었습니다. 연구소 책임자 그레고리 매서슨도 잠들어 있었습니다. 연구소 소장 마이클 케슬러도 잠들어 있었습니다… 그러므로 여러분은 사실을 바라보게 될 것입니다.

모두가 잠들어 있을 때 초동 수사팀이 주요 증거를 조사했고, 이어 다른 팀이 도착했고 마지막에 조사관이 도착했습니다. 모두가 이런 증거를 주목했고, 누구도 증거에 손을 대거나 관여하지 않았습니다."

경찰이 증거 조작을 공모했다는 심슨의 주장과 관련해서 페트로셸리는 유명인사인 심슨을 경찰 모두가 좋아했다는 사실을 강조했다.

다른 논쟁 중 하나는 로스앤젤레스 경찰이 범행 현장에서 8시간이나 조사

다니엘 페트로셸리는 오 제이 심슨을 상대로 한 민사소송에서 로널드 골드먼, 니콜 브라운의 상속인을 대리하였다. 그는 배심원 앞에 있는 변론대에 서서 모두진술을 하면서 두 사람의 목숨을 앗아가 버린 범인이 바로 피고석에 앉아 있는 오 제이 심슨이라고 말했다.

를 지체했다는 심슨의 주장이다. 페트로셸리는 조사가 지체된 것은 경찰이 범죄 피해자가 유명인사인 심슨의 전처인 사실을 알고 원래 조사팀인 서^{西}로스앤젤레스의 퍼만, 필립스, 로버츠 조사관에서 로스앤젤레스 경찰청 살인팀의 조사관 랭과 바네터로 교체되었기 때문이라고 설명했다.

증거가 오염됐다는 심슨의 주장과 관련하여, 페트로셸리는 범죄연구원 콜린 야마우치가 피를 한 방울도 흘리지 않았다는 사실을 증언할 것이라고 주장했다.

마지막으로 심슨이 범인이라는 압도적인 증거가 있음을 강조하면서 3시간에 걸친 모두진술을 마쳤다.[11]

소송 전략

민사소송에서 로널드 골드먼의 부모는 잘

못된 죽음을, 니콜 브라운의 부모는 이러한 죽음과 함께 심슨의 니콜에 대한 폭행을, 그들의 손해배상을 청구하는 원인으로 삼았다. 민사소송에서도 같은 스토리텔링과 인종주의 전략을 세웠다. 즉 야만스러운 흑인이 백인 여성을 구타했다는 얘기를 구사했다. 민사소송의 배심원 구성은 이러하다. 9명이 백인이고 2명은 남미계이고, 1명이 아시아인과 흑인의 혼혈이다. 더구나 민사소송에서 원고 측은 형사소송에서 드러난 경찰의 실수나 허점을 참고로 삼을 수 있었다.

민사소송에서는 심슨이 증인석에 서게 됐다. 먼저 원고 측에서 심슨을 증인으로 신청했다. 심슨은 원고 변호사가 주신문할 때 니콜을 폭행한 사실, 브루노 말리란 신발을 소유한 사실, 폴라 바비에리가 니콜 브라운과의 관계 때문에 심슨에게 결별하겠다고 음성메모를 남긴 사실을 모두 부인했다.

피고 측은 어떻게든 심슨의 니콜에 대한 폭행을 최대한 축소시키려고 애썼다. 심슨의 변호사 로버트 베이커는 심슨이 니콜을 때리는 걸 보았다는 증인들 말의 신빙성을 다퉜다. 그리고 배심원에게, 니콜에게 좋은 친구가 많다는데 왜 그 사람들을 증인으로 부르지 않았는지 반문했다. 그리고 1989년에 있었던 심슨이 니콜을 폭행한 사건에 대해서도 베이커는, 둘이 같이 밤에 술을 마셨다고 주장했다. 그리고 둘은 레슬링 하듯 서로 다투었지, 심슨이 니콜을 일방적으로 때린 것이 아니며, 니콜이 벽에 부딪혀서 상처가 났다고 주장했다. 그리고 부부인 두 사람 사이에 그동안 많은 일들이 있어서 심슨이 화를 참지 못한 거라면서, 심슨이 분노를 조절할 능력이 있음을 입증하려 했다. 그러자 원고 측에서는 심슨이 부인한 사실을 반박하는 일련의 증거를 제출했다. 이를 통해 원고 측은, 심슨이 야만스런 흑인일 뿐 아니라 거짓말쟁이란 사실을 부각시켰다.

민사소송에서 히로시 후지사키 판사는 형사소송에서 제출되지 않았던 니콜의 일기를 제출하는 걸 허락했다. 그리고 원고 측은 브롱코 추격과 관련된 증거도 제출했다. 심슨이 타고 있던 브롱코 안에서는 변장도구와 여권이 발견되었는데, 이러한 증거는 심슨이 '도주했음'을 드러내고 있다. 그리고 배심원들에게 수사관 톰 랭과 심슨의 대화가 담긴 테이프를 들려주었다. 여기서 심슨은 "저가 대가를 치를 유일한 사람입니다"라고 말했다.

로버트 베이커는 경찰이 인종주의와 관련되었다는 증거도 제출하려고 했지만, 후지사키 판사는 인종차별적인 발언을 한 수사관 마크 퍼만을 증인으로 소환하지 않았다. 그리고 피고 변호사는 그렇게 짧은 시간(검찰이나 원고 측은 범인이 몇 분 만에 두 사람을 해치웠다고 주장했다) 내에 과연 두 명을 살해할 수 있을지 의문을 제기했다.[12] 그리고 경찰이 조사를 너무 서둘렀고, 살해 현장과 로킹엄에 있는 심슨의 집에 증거를 심었다고 주장했다.

증거를 더하다

원고 측은 민사소송에서도 형사재판 때 제출했던 증거의 대부분을 제출했다. 민사소송에서 원고 측이 제출한 물적 증거는 다음과 같다.[13]

- 심슨은 범행 현장에 피를 흘렸다.
- 심슨의 것으로 드러난 모발이 묻은 모자가 로널드와 니콜의 시신 옆에 있었다.
- 심슨의 큰 가죽장갑 1개가 그들 사이에 있었다.
- 다른 한 짝의 장갑에는 피해자의 모발이 묻어 있고, 피해자와 심슨의 피도 묻어 있고, 이 장갑은 심슨의 집 밖에서 발견되었다.
- 12사이즈의 신발인 약간 안짱다리로 보이는 신발 자국에 피해자의 혈흔이 묻어 있고, 범행 현장에서 발견되었다.
- 심슨은, 미국 사람 중 9%에 속한, 12사이즈의 발을 가진 사람으로, 그의 다리

는 약간 안짱다리다.

- 발자국의 신발은 실가 제품으로, 이탈리아 시비타노바 마르케에 있는 실가 공장에서 제조되었다. 이 신발은 브루노 말리란 상표로 팔리며, 이 신발에는 같은 형태로 된 밑창이 달려 있다.
- 심슨의 흰색 브롱코는 심슨 집 밖에 주차되어 있었는데 심슨, 로널드, 니콜의 혈흔뿐 아니라 브루노 말리란 신발 자국이 운전석 쪽 카펫에 묻어 있다.
- 심슨의 피가 심슨 저택 내 찻길에서 집 쪽으로, 그리고 침실과 욕실 쪽으로 흘러 있다.
- 경찰이 니콜의 집 후문과 브롱코에 피를 묻혔다는 주장은 전혀 사실이 아니다. 경찰이 심슨으로부터 피를 채혈하기 이전에 이미 혈흔이 묻어 있었다.
- 심슨은 살인 사건 후 손에 베인 상처가 있었다. 그러나 심슨은 왜 이런 상처가 생겼는지 제대로 설명하지 못했다.
- 양말이 심슨 침실 바닥에서 발견되었는데, 이 양말에 심슨과 니콜의 피가 묻어 있다.
- 진한 색깔의 스웨터와 일치되는 남색 면 섬유가 범행 현장과 심슨의 집에서 발견되었다. 이러한 사실로 심슨이 번디와 로킹엄 두 곳에 있었다는 사실이 입증된다.
- 브롱코에 쓰인 희귀한 카펫 섬유가 범행 현장에서 발견되었다.

심슨은 민사소송에서 두 차례 증인으로 나왔다. 첫 번째는 1996년 11월 22일부터 이어진 증인 신문 때이다. 이때 심슨은 니콜과 골드먼을 살해했다는 사실을 부인했지만 물적 증거에 대해서는 제대로 답변하지 못했다. 심슨이 두 번째로 증인으로 선 것은 1997년 1월 10일이다.

로널드 골드먼 유족을 대리한 페트로셸리는 후일, 심슨을 증인으로 세운 것에 대해 회고했다. 민사소송에서 심슨을 증인으로 신청하는 것은 원고 측에게도 부담이 간다. 그래서 과연 심슨을 증인으로 신청할지, 신청한다면 언제 할지, 그리고 심슨을 증인으로 신청한다면 무엇을 물어볼지에 대해서 원고 소송대리인들은 며칠씩 토론했다고 한다.[14]

그리고 피해자 가족은, 심슨이 버팔로 빌스란 팀의 미식축구 경기에 참가해서 브루노 말리란 신발을 신고 있는 장면을 찍은 사진을 민사소송에 제출했다. 원고 측 사진 전문가는 이 신발이 니콜 브라운과 로널드 골드먼의 시신 옆에 있던 발자국과 같은 신발이라고 주장했다.

원고 측이 제출한 서른 장의 사진을 보면, 심슨이 이 신발을 신은 사실은 분명해 보인다. 이에 대해 심슨 측 사진 전문가인 로버트 그로든Robert Groden은 처음에 원고 측이 제출한 사진이 사기로 조작되었을 가능성이 있다고 주장했다. 그리고 이후 제출한 사진에 대해서도 자신의 입장에는 변함이 없다고 말했다.[15]

캘리포니아 증거법에 의하면 폴리그래프 검사('거짓말탐지기 검사'로 알려져 있다)와 관련된 증거는 양측이 동의하지 않으면 증거로 제출할 수 없다. 그럼에도 재판 도중 로버트 베이커는 그만 실수로 페트로셀리로 하여금 심슨이 경찰에서 조사받을 때 폴리그래프 검사를 거부하였다는 사실과 관련된 증거가 제출되도록 하였다. 그리고 형사재판 때 인종차별적 발언을 한 사실로 문제가 된 수사관 마크 퍼만은 끝내 증인으로 서지 않았다.

2장

원고 증인들

"여러분, 내 소송 상대방이 하는 말이
진실이 아니라는 더 강한 증거를 보여 드리겠습니다."

이사이오스의 《변론》에서

증언을 듣는 이유

형사재판 때 검사와 심슨의 변호인은 많은 증인들을 신청하였다. 그래서 증인들은 법정에 나와서 선서하고 자신들이 보고 들은 것을 증언했다. 그리고 민사소송 때 원고 측과 피고 측은 다시금 많은 증인들을 신청한다. 그리고 이들 중 상당수는 이미 형사재판 때 증인석에 섰던 사람들이다. 그러면 이들이 증언한 것을 기록한 조서를 배심원들에게 낭독해도 될 터인데 왜 증인들을 다시 불러 물어보는 걸까? 증거법에 의하면 법정 밖에서 이루어진 진술(이를 '전문증거'hearsay evidence라 한다)은 원칙적으로 허용하지 않는다(이를 '전문법칙'hearsay rule이라 부른다). 그리고 형사재판에서 한 진술이라 할지라도 민사 법정 밖에서 이루어진 것이므로 전문증거이다. 전문증거를 허용하지 않는 이유를 한마디로 요약하면, 법정 밖에서의 진술은 믿지 못하겠다는 것이다. 사람의 기억이란 세월에 따라 희미해진다. 그리고 사람의 기억은 정확하지도 않고, 기억을 끄집어내는 과정에서도 여러 영향을 받는다. 그리고 경우에 따라선 의도적으로 진실을 은폐하거나 거짓말을 할 때도 있다. 그리고 진술할 때도 잘못 말하거나, 단어를 잘못 선택해서 자신이 의도하지도 않은 말을 할 때도 있다. 그렇다면 증인을 불러서 선서를 시키고 질문을 하면 뭐가 다르길래 증인의 말을 직접 들으려는 걸까?[1] 여기에는 몇 가지 이유가 있다.

그 첫 번째로는 증인으로 하여금 선서하도록 하고, 거짓말을 할 경우 위증죄로 처벌받도록 하는 장치가 강구되어 있기 때문이다. 그리고 증인석에 서서 선서하는 것 자체가 증인에게 경각심을 불러일으킬 수 있다.

다음으로, 증인을 법정에 부르고 배심원들이 증인이 말하는 태도를 직접 관찰하게 해서 증인의 말이 과연 진실인지 가리게 할 수 있기 때문이다. 배심원들이 증인이 말하는 태도나 얼굴 표정과 시선, 동작과 발음, 신체의 움직임을 직접 봄으로써 진실을 말하는지 뿐 아니라 그 말이 어느 정도 신빙성이 있는지 살펴보도록 하자는 것이다.

마지막으로, 증인이 증인석에 서면 양측은 증인의 말에 대해 다툴 수 있기 때문이다. 이러한 증인에 대한 반대신문은 진실인지 가르는 데 가장 효과적인 방법으로 인정되어 오고 있다.

그래서 형사재판 때에 이미 증언했던 증인도 민사소송에서 다시금 증인석에 서서 증언하게 되었다. 그러나 증인이 사망했다든지 질병에 걸렸다든지 해외에 있어 법정에 설 수 없는 부득이한 사유가 있을 때에는 형사재판 때 작성된 조서가 대신 낭독되었다.

알리바이를 반박하다

10월 25일, 〈메잘루나 레스토랑〉의 직원 카렌 크로포드Karen Crawford를 필두로 원고 측 증인들이 속속 법정에 소환됐다. 크로포드는 그날 저녁, 니콜 브라운 가족이 메잘루나에서 저녁을 먹었고, 자신이 니콜의 어머니가 흘린 선글라스를 찾았다고 말했다. 크로포드는 밤 9시 37분에 니콜의 어머니로부터 전화를 받고 로널드 골드먼에게 그 사실을 알려 주었다고 증언했다. 형사재판 때 크로포드는, 검사가 로널드 골드먼이 입었던 셔츠와 바지를 제시하자 울음을 터뜨렸었다.[2]

다음으로, 메잘루나의 직원 스튜어트 타너Stewart Tanner가 나왔다. 타너는 그날 골드먼이 니콜의 집에 선글라스를 갖다 주고 난 뒤, 둘이 밖으로 돌아다닐 예정이었다고 말했다. 그리고 그날 밤, 골드먼은 니콜과 데이트를 할 계획은 없었다고 말했다.[3]

니콜의 집 인근에 사는 사람 로버트 헤이드스트라Robert Heidstra가 증인으로 나왔다. 그는 번디길 근처에 있는 도로시로路에 산다. 그는 밤 10시 15분쯤, 개와 함께 산책하고 있었다. 그는 10시 35분쯤 개가 짖는 소리를 들었다. 그리고 10시 38분쯤, 어떤 젊은이가 "이봐, 이봐, 이봐!"라고 소리 지르는 걸 들었다. 이어서 뭔가 빠르게 다투는 듯 말하는 것도 들었다. 그러나 자신이 데리고 있던 개가 너무 시끄럽게 짖어 무슨 말인지 알아채지 못했다고 말했다. 그는 "두 남자가 다투는 소리로 들렸습니다"라고 증언했다. 헤이드스트라는 11시 밤뉴스가 막 시작할 무렵, 집으로 돌아왔다. 그리고 그 전에 번디길에서 흰색 스포츠 차량이 빠르게 지나가는 걸 봤다고 증언했다.

니콜의 이웃 사람 스티븐 슈와브Steven Schwab는 그날 밤, 니콜이 기르던 아키타 종種의 개가 자신에게 다가오는 걸 봤다. 슈와브는 개의 발에 피가 묻은 걸 보았고, 개를 주인한테 데려다 주러 개를 데리고 갔다. 그때가 밤 10시 55분쯤이었다. 그리고 자신이 좋아하는 TV쇼 때문에 개를 본 시각을 기억한다고 말했다. 그는 형사재판 때 했던 말을 반복했다. 슈와브는 개를 이웃 사람 수크루 보즈테페Sukru Bozetepe에게 데려다 주었다.

슈와브의 이웃 사람 수크루 보즈테페는 이 개를 데리고 산책했다고 증언했다. 개가 이끄는 데로 가보니 어떤 여자가 피범벅이 된 채 누워 있었다. 그래서 이웃 사람에게 경찰에 신고하라고 부탁했다고 증언했다. 피고 측 변호사는 몇 명의 경찰관이 사건 현장에 들어왔는지 물었다. 보즈테페는 처음엔 두 명의 경찰관이 현장에 들어가는 걸 보았다고 말했다. 그리고 이후 더 많은 경찰관들이 속속 범행 현장으로 들어가는 걸 봤다고 말했다. 그러나 조명이 밝지 않아 얼마나 많은 경찰관들이 사건 현장을 누비고 밟고 다녔는지 자세히는 보지 못했다고 말했다. 보즈테페는 개의 행동을 보고 여인이 죽어 있는 것으로 판단했다고 증언했다.

니콜의 이웃 사람 헤이드스트라가 그날 밤 10시 38분에 들은 "이봐!"란 목소리가 로널드 골드먼의 목소리이면 로널드 골드먼은 그때까지 살아 있는 셈이다. 그로부터 10여 분 후인 10시 54분에 리무진 운전자 앨런 박은 심슨의 로킹엄 저택에서 심슨으로 보이는 남자를 목격했다. 심슨이 범인이라면

니콜 브라운의 이웃사람 로버트 헤이드스트라가 증인으로 나와서 그날 밤 산책한 경로를 가르키며 자신이 목격한 상황을 증언했다. 그는 사건이 나던 날 10시 38분쯤 어떤 젊은이가 "이봐, 이봐, 이봐!"라고 소리 지르는 걸 들었다.

그는 10여 분이라는 매우 짧은 시간 안에 두 사람을 해치우고 신속하게 로킹엄에 모습을 드러내야 한다. 이런 긴박한 시간대를 감안하면 심슨이 범인이 아닐 가능성이 커지게 된다. 한편 헤이드스트라는 11시 전에 흰색 스포츠 차량(심슨이 타고 다니던 브롱코는 흰색이다)이 빠르게 달리는 걸 보았으므로 이런 증언에 의하면 심슨이 범인일 가능성은 열려 있게 된다.

수사관을 소환하다

10월 28일에는 수사 경찰관들을 소환했다. 로버트 리스키Robert Riske가 맨 먼저 사건 현장에 도착했다. 리스키는 니콜의 집 현관 앞에 있는 피만 보았을 뿐, 다른 곳에서는 피를 보지 못했다. 반대 신문 때 리스키는 1994년 6월 13일, 자신이 상관에게 "심슨이 사건에 연루되어 있는 것 같습니다"라고 보고했다고 증언했다.

로버트 리스키의 동료 경찰관 마이클 테라자스Michael Terrazas도 소환됐다. 그는 범행 현장에서는 나머지 한 짝의 장갑을 찾지 못했다고 말했다. 경찰은 피 묻은 가죽장갑 한 짝은 두 피해자의 사체 부근에서, 나머지 한 짝은 심슨의 저택 부근에서 발견했다. 그는 범행 현장에서 발견된 선홍색을 띤 축축한 핏방울을 표시해 뒀다고 증언했다.

10월 29일에는 사건이 발생한 후 심슨 저택의 보안을 담당하던 경찰관 도널드 톰슨Donald Thompson이 소환됐다. 톰슨은 브롱코 내부와 로킹엄 담장 안의 찻길에서 핏방울을 발견했다. 그리고 당시 브롱코 안에서 본 것은 피가 맞다고 증언했다. 당시 수사관 마크 퍼만이 자신에게 브롱코의 피를 가르켰다고 한다. 톰슨은 누군가 흰색 브롱코 문을 열거나 피를 묻히는 것을 보지 못했다고 말했다. 그는 "절대 그대로입니다"라고 단언했다.

10월 31일에 심슨 사건의 수사팀장 톰 랭Tom Lange이 소환됐다. 랭은 심슨이 무죄로 풀려나자 경찰직을 그만두었다. 랭은 느리고 단조로운 목소리로, 그리고 차분하고도 기술적으로 참혹한 범행 현장을 묘사했다. 그는 핏방울과 신발 자국에 대해 자세히 설명했다. 그리고 범행 현장에서 발견된 장갑과 털모자에 대해서도 상세하게 설명했다. 그리고 자신이 이러한 증거물을 하나하나 비닐봉지에 담았다고 말했다. 반대신문 때, 피고 측 변호사는 랭의 증언이 그가 이전 형사재판 때 증언했던 것과 다르다고 지적했다. 그리고 배심원에게, 경찰관이 장갑과 털모자를 사건 현장에 갖다 놓았다는 인상을 심으려고 애썼다.[4]

초동수사를 한 때로부터 2주가 지난 뒤에 니콜의 집 후문에서 많은 피가 발견되었다. 그러자 심슨의 변호인은 경찰이 심슨의 피를 그곳에 묻혔을 거라고 주장했다. 그리고 여기서 나온 피에 〈혈액응고 방지제〉가 나왔다. 혈액응고 방지제는 심슨으로부터 채혈해서 튜브에 담아 희석할 때 쓴 것이었다. 자연 상태에서 떨어진 피에서 〈혈액응고 방지제〉가 나올 수는 없다. 그러자 변호인은 수사관 마크 퍼만이 심슨의 브롱코에 피를 묻혔을 것이라고 주장했다. 그래서 원고 측은 이런 주장이 사실이 아니라는 것을 배심원들에게 각인시키려고 수사관들을 증인으로 부른 것이다.

과학증거를 제출하다

11월 4일부터 데니스 펑Dennis Fung의 증언을 필두로 과학증거가 제시되었다. 펑은 자신이 증거를 수집할 때는 니콜의 집 후문에서는 피를 보지 못해서 그곳에서는 피를 수집하지 못했다고 말했다. 심슨의 또 다른 변호사 로버트 블레이지어Robert Blasier는 형사재판 때 제출하지 않았던 니콜의 집 후문을 찍은 새로운 사진을 제시하며 펑에게 반대신문을 했다.

그레고리 매서슨Gregory Matheson은 법화학자이다. 매서슨은 심슨의 침실이 너무 어두워 당시 그곳에서 발견된 양말에서 피를 보지 못했다고 증언했다. 그러자 피고 측 변호사는, 검사소로 가기 전에 양말은 깨끗한 상태였지만 심슨의 피를 묻힌 뒤 검사한 것이라고 주장했다.

11월 5일에 데니스 펑을 다시 소환했다. 펑이 현장에 도착하자 니콜 브라운과 론 골드먼의 시체가 옮겨지고 있었다. 펑은 후문에서 수집된 피에 대해 설명하면서 그중에 자신이 수집하지 않은 피가 있다는 사실을 시인했다. 펑은 브롱코에 묻은 혈흔은 수집하기 어렵다고 말했다. 펑은 심슨 저택의 복도, 계단, 문손잡이에서는 신발 자국이나 피를 보지 못했다고 증언했다. 펑은 심슨 저택 현관에서 피를 보지 못했고, 침실에서는 양말을 보지 못했다고 말했다.

11월 6일에는 사진사가 소환되거나 이들의 진술이 담긴 조서가 제출됐다. 먼저 프리랜서 사진사 마이클 로마노Machael Romano가 소환됐다. 로마노는 1994년 1월 15일, 버팔로에 있는 언론 보도실에서 심슨이 검은 장갑을 끼고 있는 것을 보았다고 증언했다. 로마노는 그 사진을 《내셔널 인콰이어러 National Inquirer》란 언론사에 팔았다.

아마츄어 사진사 마크 크루거Mark Krueger가 형사재판에서 증언했던 조서가 제출되었다. 크루거는 1990년, 시카고에서 심슨이 장갑을 낀 모습을 찍었다.

전문 사진사 빌 렌컨Bill Renken이 형사재판에서 증언했던 조서가 제출됐다. 렌컨은 신시내티(오하이오 주 남서부에 있는 도시다)에서 사진관을 운영한다. 렌컨은 1991년 1월 6일, 심슨이 신시내티에 있는 리버프론트 경기장에서 열린 미식축구 시합에서 NBC 방송국 해설자로 나올 때 장갑을 낀 장면을 촬영했다.

11월 13일에는 연방 범죄수사국의 특별수사관 더글라스 디드릭Douglas Deedrick이 증인으로 나왔다. 그는 모발과 섬유 증거를 분석하는 전문가이다. 디드릭은 모발 분석으로는 확실하게 신원을 확인할 수 없다고 증언했다. 그가 현미경으로 분석해 보니, 범행 현장에서 발견된 털모자에 묻은 모발과 심슨의 저택 밖에서 발견된 장갑에 묻은 흑인 모발이 한사람의 모발로 드러났다. 디드릭은 니콜 브라운의 머리가 강제로 뽑혔다고 말했다. "잘렸거나, 뜯겼을 겁니다"라고 말했다. 그는 니콜 브라운의 모발과 로널드 골드먼의 모발과 같은 특징을 가진 모발이 오 제이 심슨의 저택 오솔길에서 발견된 장갑에서도 나왔다고 말했다.

디드릭은, 심슨의 모발과 로널드 골드먼의 셔츠에서 발견된 모발을 현미경으로 분석해 보니 둘은 같은 특징을 보였다고 한다. 그리고 범행 현장에서 발견된 털모자 안에 12가닥의 모발이 발견되었는데, 이 모발은 심슨의 모발과 같은 특징을 보인다고 말했다. 그리고 12가닥의 모발마다 하나하나의 특징이 나타내는데, 1가닥의 모발과 비교했을 때보다 여러 개를 비교했을 때 일치할 확률이 훨씬 더 높아진다고 말했다.

디드릭은 로널드 골드먼의 셔츠에서 발견된 남색 섬유는 오 제이 심슨의 양말에서 나온 섬유와 일치된다고 말했다. 그리고 이 섬유는 줄무늬가 있고, 천연색을 띠어 특이하다고 설명했다. 디드릭은 털모자에서 떨어져 나온 캐시미어 섬유가 범행 현장에서 발견되었고, 이것은 장갑 안감의 섬유와 일치되었고, 그래서 이 섬유가 장갑 안감에서 떨어져 나온 것으로 추정한다고 말했다.

디드릭은 포드사의 브롱코 안에 있는 카펫에서 나온 섬유를 분석해 보았다. 그러자 이 섬유는 범행 현장과 심슨의 저택에서 발견된 두 개의 장갑에서 나온 섬유와 일치되었다. 디드릭은 브롱코에서 나온 섬유는 자신이 예전에 보지 못했던 희귀한 섬유라고 말했다. 이 카펫 섬유는 붉은색과 베이지색으로 되어 있고, 듀퐁사가 만든 나일론 제품이며, 1992년부터 1994년 사이에 브롱코에 장착됐다고 말했다. 이 카펫은 14,000대의 브롱코에만 장착됐다고 디드릭이 말하자, 피고 변호사가 이런 진술은 추론을 불러일으킬 수 있다며 이의를 제기했다. 그래서 양측의 소송대리인과 판사는 의견조율을 했고, 디드릭은 더 이상 수치를 제시하지 않기로 했다.

반대신문 때, 피고 변호사는 여러 증거로부터 나온 모발과 섬유는 모두 한 곳에서 한꺼번에 나올 수 있다고 주장했다. 그러자 디드릭은 이러한 모발과 섬유 증거로는 범인의 신원을 단정지을 수 없다는 사실을 시인했다. 피고 변호사는 심슨이 평소 니콜의 집을 뻔질나게 드나들었으며, 이로 인해 사건이 발생하기 전에도 모발과 섬유가 범행 현장에 떨어질 수 있다고 주장했다.[5]

11월 13일부터 15일까지 법과학자를 소환했다. 셀마크 연구소의 로빈 코튼Robin Cotton 박사는 원고 측이 주신문할 때, 오 제이 심슨의 양말에서 발견된 혈흔은 니콜 브라운의 피와 일치된다고 증언했다. 코튼은 피해자들의 시체 부근에서 발견된 혈흔은 심슨 피의 DNA와 같은 특징을 보여 준다고 말했다. 반대신문 때 그녀는, 검사할 때 DNA 단편을 확대해서 분석하므로 그만큼 오류 가능성도 커진다는 사실을 시인했다. 코튼은 심슨의 양말에 어떻게 피가 묻었는지 설명하지 못했다. 그리고 심슨의 DNA가 일치할 확률인 170만분의 1이란 것은 단지 200명을 대상으로 한 DNA 분석을 토대로 한 것이고, 더구나 시험에 참가한 200명 중 2명만이 흑인이라는 사실을 시인했다.

경찰 범죄연구원 르네 몽고메리Renee Montgomery는, 범죄 현장에서 발견된 혈흔과 니콜의 집 후문에 있는 혈흔은 오 제이 심슨의 혈액형과 일치된다고 증언했다. 범행 현장의 장갑 부근에서 발견된 혈흔은 심슨의 것이 아닐 수 있지만, 골드먼이나 니콜 브라운의 피일 수 있다고 말했다. 다른 혈흔도 발견되었는데 이것은 제3자의 피라고 대답했다. 반대신문 때, 피고 변호사는 검사 결과에 대한 분석이 주관적이라고 지적했다. 그리고 검사 결과를 분석할 때 쓰인 용어가 과학계에서 통용되는 객관성을 갖추지 않았고, '흔적'이라고 표현하여 심슨이 범인임을 넌지시 드러내고 있다고 주장했다.

경찰 범죄연구원 개리 심스Gary Sims가 소환됐다. 그는 혈흔에 대해서 몽고메리와 비슷하게 증언했다. 그러나 심스는 디큐 알파DQ Alpha란 DNA 분석 방법(DNA 단편을 증폭해서 분석하는 방법이다)에 비중을 두고 말했다. 심스는 심슨의 침실에서 발견된 양말에서 육안으로는 보이지 않은 작은 혈흔이 많다고 증언했다. 디큐 알파로 그 피를 검사해 보자 니콜 브라운의 피로 드러났다. 심스는 이러한 일치는 매우 중요하다면서, 이렇게 일치될 확률은 77억분의 1 내지 410억분의 1이라고 말했다. 그리고 니콜의 집 후문에서 나온 혈흔도 심슨의 피라고 말했다. 반대신문 때, 피고 변호사 로버트 블레이저어는 로빈 코튼이 한 증언을 제시하면서 반박했다. 심스는 로빈 코튼 박사가, 심슨의 침실에서 발견된 피의 경우 누군가 묻혔을 가능성이 있다고 추정한 것에는 의문이 있다고 말했다. 그러나 심스는 샘플에서 나온 피와 양말에서 나온 피는 시간대도 다르고, DNA의 질에서도 차이를 보인다고 말했다.

경찰 범죄연구원 콜린 야마우치Colllin Yamauchi도 증인석에 섰다. 형사 재판 때, 야마우치는 심슨의 변호사 배리 셰크Barry Scheck의 예리한 반대신문으로 인해 증거물을 잘못 다룬 사실이 드러났다. 세크는, 야마우치가 각기 다른 증거를 수집할 때 장갑을 제때 교체하지 않은 사실을 밝혀냈다. 그리고 혈흔 검사를 할 때 검사 경과를 제때 보고서에 적지 않은 사실과 적절한 검사 절차를 지키지 않은 사실도 밝혀냈다. 야마우치는 자신이 양말을 조사할 때 피를 발견하지 못했음을 시인했다. 그러자 피고 변호사는 야마우치가 양말을 발견할 때 피를 보지 못한 것은 사후에 경찰이 묻혔기 때문이라고 주장했다.

니콜의 집 후문에 있는 피와 심슨의 침실에서 발견된 피 묻은 양말은 초동 수사 때 발견되지 않았다. 그래서 형사재판 때 심슨의 변호인은 이러한 증거가 신빙성이 없다고 주장했다. 그러자 원고 측은 조사를 한 데니스 펑과 매서든의 증언을 통해 배심원들에게 경찰이 증거를 조작하지 않았다는 인상을 심으려 한 것이다.

그리고 형사재판 때 심슨의 변호인 조니 코크란은 피 묻은 장갑은 겨울용 장갑이어서 따듯한 캘리포니아에선 이런 장갑을 끼지 않는다고 주장했다. 그래서 원고 측은 전에 심슨이 실제로 이런 장갑을 낀 사진을 증거로 제출해서 반박한 것이다.

모발, 카펫 섬유에 대해서도 심슨 측은 심슨이 니콜의 집에 수시로 갔고, 경찰관들이 담요로 시신을 덮어 집에 있던 이런 증거들이 대거 밖으로 나왔다고 주장했다. 그래서 원고 측은 모발과 섬유 전문가를 불러 이런 주장을 일축하려고 한 것이다.

혈흔 증거도 심슨의 변호사 배리 세크의 예리한 질문에 의해 경찰이 피를 잘못 다뤘고, 심슨으로부터 채취한 피 중 1.5ml가 사라졌다는 인상을 배심원에게 심어 주었다. 그래서 원고 측은 법과학자를 소환해서 이런 주장을 반박하는 한편, 범행 현장, 브롱코, 심슨의 집에서 발견된 피가 심슨의 피임을 입증하려 한 것이다.

셀마크 연구소의 로빈 코튼 박사가 원고 측 증인으로 나와서 DNA 증거에 대하여 설명하고 있다. 코튼은 양말에서 발견된 혈흔은 니콜 브라운의 피와 일치된다고 증언했다. 그러나 DNA를 분석할 때 오류 가능성이 있다는 사실은 시인했다.

시간대를 다투다

11월 19일, 심슨의 게스트하우스에 머물던 케이토 캘린Kato Kaelin이 증인으로 소환됐다. 캘린은 살인이 나던 날 밤에 침실 벽 쪽으로 '쿵'하는 소리를 들었는데, 그 소리는 누군가 벽 쪽으로 떨어지는 소리로 들렸다고 증언했다. 캘린은 살인 사건이 난 후, 심슨이 "내가 집에 들어가는 걸 봤지?"라고 말했다고 증언했다. 살인 사건이 나던 날, 두 사람은 저녁을 먹으러 맥도널드에 같이 갔다. 이런 캘린의 증언은 배심원들에게, 심슨이 자신의 알리바이를 세우려는 시도로 들렸다. 캘린은 심슨이 그날 밤, 어두운 색의 스웨터를 입었다고 말했다. 원고 변호사는 캘린에게, 그날 밤 심슨이 TV를 봤는지, 개를 데리고 산책했는지, 골프 연습을 했는지 꼬치꼬치 캐물었다. 캘린은 그날 밤 심슨이 TV를 시청하는 걸 못 봤고, 개는 늙고 관절염이 있어 같이 산책하지 못한다고 대답했다. 그리고 그날 밤, 심슨이 골프공을 치는 소리를 듣지 못했다고 대답했다. 형사재판 때 심슨의 변호인은 범행 시간대에 심슨은 로킹엄에 머물고 있었고, 골프채로 칩샷 연습을 했다고 주장했다.[6]

사건이 나던 날 심슨을 로스앤젤레스 공항으로 데려다 준 리무진 운전사 앨런 박Allan Park이 증인석에 섰다. 박은 1994년 6월 12일 저녁 때 휴대폰 통화 내역을 보면서 그날 시간대에 대해 증언했다. 박은 그날 밤 10시 22분에 심슨의 저택에 도착했다. 그리고 11시 15분에 공항으로 출발했다. 심슨은 11시 5분까지는 모습을 드러내지 않았다. 박은 어두컴컴한 가운데 어떤 흑인이 로킹엄 저택에 있는 찻길에서 현관 쪽으로 걸어가는 걸 보았다고 증언했다.

그러나 앨런 박은 형사재판 때에는 이와 다르게 10시 54분에 심슨과 비슷한 체격의 사람이 로킹엄 정문 쪽으로 걸어오는 걸 목격했다고 증언했다. 케이토 켈린이 10시 51분에 게스트하우스 밖에서 '쿵'하는 소리를 들었고, 그 소리가 심슨이 낸 소리라면 심슨은 적어도 10시 51분에는 이미 로킹엄 저택으로 온 셈이다. 그리고 니콜의 이웃사람 헤이드스트라는 10시 38분에 니콜의 집 근처에서 어떤 남자가 "이봐!"라고 소리를 지르는 것을 들었다. 니콜의 집과 심슨의 집은 차로 5분 거리에 있다. 심슨이 범인이라면 10시 38분 후에 심슨이 두 사람을 해치우고, 피 묻은 옷을 갈아입고, 아무도 모르게 로킹엄에 나타나야 한다. 그렇다면 그야말로 숨겨를 틈도 없이 이 모든 일을 했다는 것이 된다.

심슨이 증인석에 서다

11월 22일, 원고 측의 신청으로 심슨이 증인석에 서게 되었다. 사람들은 이 장면을 민사소송에서 가장 극적인 장면으로 기억한다. 증인석에 선 심슨은, 자신은 살인하지 않았다고 범행을 부인했다. 그러나 원고 변호사가 폭력과 관련된 사진을 제시하자, 니콜이 상처를 입은 것은 자신의 책임이라고 말했다. 심슨은 자신이 폭력이란 물리력을 행사한 것은, 달려드는 니콜을 떼내고 니콜과 다툴 때였다고 말했다. 심슨의 증언이 끝나자 양측은 서로 자신들이 승리했다고 주장했다.

11월 25일, 다시 심슨이 증인석에 섰다. 원고 대리인의 질문에, 심슨은 어떻게 손가락을 베이게 되었는지 제대로 설명하지 못했다. 그리고 어떻게 자신의 피와 로널드 골드먼, 니콜 브라운의 피가 브롱코에 묻게 되었는지 모른다고 대답했다. 그리고 어떻게 양말에 전처의 피가 묻게 되었는지도 모른다고 대답했다. 심슨은 범행 현장에 찍힌 신발 자국은 자신의 신발 자국이 아니고, 이런 신발을 신고 다니는 장면을 찍은 사진은 '사기'라고 주장했다. 그러나 이런 심슨의 일부 증언은 이전의 진술과 맞지 않았다. 파커센타에서 조사받을 때 심슨은 서둘러 공항으로 가느라 손이 베였을 거라고 진술했다. 원고 변호사 페트로셀리가 질문할 때, 심슨은 피해자들에 의해 손가락이 베인 것은 아니고 막내 아들과 레슬링할 때 베였을 거라고 대답했다. 심슨은 사설검사소에서 폴리그래프 검사를 받았는데, 폴리그래프는 거짓말을 했는지 제대로 가리지 못했다고 대답했다. 심슨은 경찰관에게 폴리그래프 검사를 받겠다고 제안했지만, 경찰은 검사하지 않았다고 주장했다. 원고 대리인 페트로셀리는 심슨이 폴리그래프 검사를 받자 수치가 '22'로 나왔는데, 이것은 매우 심한 거짓말을 했을 때 나오는 수치라고 주장했다.

11월 26일, 또다시 심슨이 증인석에 섰다. 원고 측 변호사 두 명이 번갈아가면서 사건의 줄거리를 언급하면서 범행 사실을 추궁했으나 심슨은 완강하게 부인했다. 그런데 이때 피고 측 변호사 로버트 베이커는 놀라운 선언을 했다. 베이커는 심슨에게 반대신문을 하지 않겠다고 말했다. 그러다가 마음을 바꾸었는지 "재판장님, 죄송합니다. 정정하겠습니다"라고 말했다. 그리고

오 제이 심슨은 민사소송에서 증인석에 섰다. 증인석에 선 심슨은 범행한 사실이 없다고 완강하게 부인했다. 그러나 알리바이와 물적 증거에 대한 질문에 제대로 대답하지 못했다.

"12월로 재판을 연기해 주십시오"라고 요청했다.

베이커 변호사가 이런 돌출행동을 한 것은 심슨이 물적 증거에 대해 제대로 대답하지 못하자 당황해서일 수 있다. 그러나 원고 측이 심슨을 증인으로 세울 때부터 이런 질문을 하리란 것은 충분히 예상할 수 있었을 것이다. 따라서 이런 피고 변호사의 태도나 민사소송에 임하는 심슨의 자세를 살펴보면, 이들은 너무 느긋하게 대응한 게 아닌가 하는 생각이 든다. 형사재판에서 검사는 배심원들에게 〈합리적 의심〉이 없도록 입증해야 한다. 심슨이 무죄 평결을 받은 것도 이러한 높은 기준을 검사가 넘지 못했기 때문이다. 그러나 민사소송은 이와는 다르다. 민사소송에서 원고 측은 배심원들에게 심슨이 범인일 개연성이 높다는 심증이 서도록 입증하면 된다. 따라서 민사소송에서 원고 측이 입증해야 할 〈증거의 우월〉에 따른 기준은 〈합리적 의심〉에 따른 검사의 입증책임이라는 기준 보다는 훨씬 낮다. 더구나 심슨은 손에 난 상처 등의 여러 물적 증거나, 알리바이에 대해서 제대로 답변하지 못했다. 이럴 경

44

심슨의 절친한 친구 앨런 카울링스는 브롱코에 심슨을 태우고 고속도로에서 추격전을 벌였다. 카울링스는 심슨이 전처 니콜을 폭행한 사실이 없다고 부인했지만, 1989년에 있었던 폭행 사실은 인정했다.

우 배심원들은 심슨이 범인일 개연성이 크다고 판단할 수도 있게 된다.

동기를 입증하다

12월 1일부터 심슨의 지인들이 소환되었다. 심슨의 오랜 친구 앨런 카울링스Allen Cowlings는 심슨과 같이 대학 미식축구팀에서 뛰었다. 그리고 심슨이 경찰서에 출두하기로 한 날, 브롱코에 심슨을 태운 채 차를 운전해서 100킬로미터나 추격전을 벌였다. 카울링스는, 심슨을 니콜의 묘지에 데려다 주려 했다고 증언했다. 원고 변호사는, 심슨이 니콜을 폭행한 사실이 전혀 없다고 완강하게 주장하는 것을 보고 카울링스에게 그 사실을 캐물었다. 그러나 카울링스는 이 질문에 대하여 "예", "아니요"의 단답형으로 대답했다. 그리고 1989년 심슨이 니콜을 폭행한 사실은, 심슨이 그 일로 형사재판까지 받았기에 마지못해 인정했다.[7]

심슨의 친구 재키 쿠퍼Jackie Cooper가 소환됐다. 쿠퍼는 과거 심슨과 심슨의 여자 친구 폴라 바비에리Paula Barbieri와 함께 현충일(5월 네 번째 일요일이다)에 팜 스프링스로 놀러 간 적이 있다. 쿠퍼에 의하면, 심슨은 니콜과 결혼 생활이 파탄난 것에 대해 계속 집착증세를 보였다고 한다. 그래서 바비에리가 화가 나서 먼저 심슨을 떠났다고 한다.

12월 4일에는 심슨의 여자 친구 폴라 바비에리가 소환됐다. 바비에리는 살인 사건이 있기 전, 심슨이 사귀던 여자 친구다. 바비에리는 사건이 나던 날, 심슨에게 둘의 관계를 정리하자는 메시지를 전화로 남겼다. 심슨은 이런 전화 메시지를 듣지 못했다고 주장했다. 그러나 바비에리는 심슨이 자신의 전화 메시지를 받았음을 드러내는 세 개의 메시지를 받았다고 증언했다.

다음으로, 니콜과 심슨의 친구 론 피시먼Ron Fischman을 소환했다. 피시먼은 지압사이자 니콜의 친구 코라 피시먼Cora Fischman의 전남편이다. 피시먼은 심슨과 니콜의 딸 시드니의 댄스 공연을 비디오로 촬영했다. 피시먼은 심슨과 앨런 카울링스가 브롱코로 추격전을 벌인 후 발견된 심슨의 가방에서 항抗불안성 약을 보았다고 증언했다. 피시먼은 과거 심슨이 자신한테 전화를 해서, "니콜이 돌아오길 기다리고 있다"라고 말했다고 증언했다. 그리고 심슨은, 니콜과 얘기가 잘 통하지 않는다고 말했다고 한다. 심슨은 니콜이 자신을 달 갑게 생각하지 않은 것에 당황해 했다고 한다. 피시먼은 시드니의 댄스 공연 때, 심슨이 니콜의 가까이에 앉았지만 둘이 미소를 짓거나 마주 보는 것은 보지 못했다고 말했다.

심슨의 가정부 조세핀 구아린Josephine Guarin이 소환됐다. 그녀는 지지GiGi라 불린다. 지지는 심슨의 책상에서 턱수염과 콧수염 등의 변장 도구를 본 적이 있지만 그때가 언제인지는 기억나지 않는다고 증언했다. 살인 사건이 나던 날, 그녀는 필리핀 독립 기념일을 맞아 아는 사람의 딸기 농장에 갔다. 지지는 그날 심슨에게 전화해서 늦을 수도 있다고 말했고, 심슨은 알았다고 말했다고 한다. 지지는 심슨의 개에게 특별한 훈련을 시키지 않았고, 개는 집을 잘 벗어나지 않는다고 증언했다. 심슨의 변호인은 형사재판 때 개가 밖으로 나갈까 봐 리무진 운전사에게 늦게 문을 열어 주었다고 주장했다. 피고 변호사가 반대신문을 할 때, 지지는 심슨이 늘 늦장을 부리고 늘 서두르고, 제때 시간을 맞추는 법이 없다고 증언했다. 이런 지지의 증언은 심슨이 긴박한 시간대에 용의주도하게 범행을 할 만한 인물이 아니라는 인상을 준다.[8]

12월 4일, 〈매맞는 여성 쉼터〉의 치료사 낸시 네Nancy Ney가 증인석에 섰다. 그녀는 사설 〈매맞는 여성 쉼터〉에서 일하고 있고, 그곳에서 1994년 6월 7일, 24시간 전화상담원으로 근무했다. 네는 그날 오전 11시에 니콜이라고 밝힌 여성한테 전화를 받았다. 나이는 서른넷이고 이혼녀이고, 두 아이가 있다고 말했다. 남편은 유명인사이고, 서西로스앤젤레스에서 산다고 했다. 이 말을 들은 네는 니콜의 남편이 누군지 짐작했다고 한다. 네는 니콜이 911 전화를 하는 녹음테이프를 들었는데, 목소리의 주인공이 자신이 전화받은 여성의 목소리와 같다고 말했다. 네는, 니콜이 전남편으로부터 스토킹을 당해서 놀랐고, 전남편이 식당이나 시장까지 따라다닌다고 말했다고 증언했다.

12월 5일, 시카고에서 돌아오는 비행기에 탑승한 승객 마크 파트리지Mark Partridge가 증인석에 섰다. 그는 실용신안 전문변호사로, 살인 사건이 난 다음 날 아침, 시카고에서 돌아오는 비행기에 심슨과 같이 탑승했다. 심슨은 그에게, 니콜과 다른 사람이 살해당했고 범죄로 사망했다고 말했다고 증언했다.

12월 6일 로널드 골드먼의 모친 새런 루포Sharon Rufo가 증인으로 나왔다. 그녀는 골드먼과 전화한 사실에 대해 증언했다. 1992년 말, 골드먼이 루포에게 전화했다. 그런데 루포의 남편은 골드먼에게, 앞으로는 전화하지 말라고 했다고 한다. 그래서 루포는 전화를 붙들어 잡고 골드먼과 통화했다고 한다. 당시 골드먼은 루포에게, 자신이 TV에 출연했다고 자랑했다.

니콜 브라운의 모친 주디사 브라운Juditha Brown이 증인석에 섰다. 장례식 때 심슨은 니콜의 시신에 입을 맞추고 "미안합니다. 미안합니다"라고 말했다. 주디사는 심슨을 뒤따라 밖으로 나와 심슨에게, 도대체 사건과 무슨 관계가 있는지 물었다. 그러자 심슨은 "따님을 사랑했습니다"라고 대답했다고 한다. 반대신문 때 피고 변호사가, 주디사와 심슨이 1994년 3월과 4월, 니콜의 잘못된 행동에 대해 얘기를 나눈 사실이 있는지 묻자, 주디사는 부인했다. 그리고 니콜이 잘못된 행동을 했다고는 생각하지 않는다고 말했다. 피고 변호사가 심슨을 싫어하는지 묻자, 지금은 싫어한다고 대답했다. 시드니의 댄스 공연 때 왜 니콜이 심슨에게 키스했냐고 묻자, 싫어하는 사람한데도 키스는 할 수 있다고 대답했다.

심슨의 친구 로버트 카다시안Robert Kardashian이 소환됐다. 카다시안은 심슨이 공항으로 가는 길에 골프채를 거둬 달라고 말했는지 기억이 나지 않는다고 말했다. 그는 심슨이 골프에 대해 얘기하거나 골프채가 필요하다는 얘기는 하지 않았다고 대답했다. 그리고 심슨은 니콜에 대해서도 말하지 않았다고 했다. 카다시안은 원고 변호사의 질문에 거듭 "기억이 나지 않습니다"라고 대답했다. 형사재판에서 심슨이 무죄로 풀려난 후 카다시안은 언론과의 인터뷰에서 심슨이 과연 결백한지에 대해서는 의구심이 간다고 말했다. 인터뷰에서 카다시안은, 심슨이 체포되던 날, 딸 방에서 권총을 발견했다고 한다. 카다시안은 심슨이 자살하려는 것으로 보고 제발 자살하지 말아 달라고 애원했다고 한다. 그래서 둘이 밖으로 나왔고, 그 자리에서 심슨은 "고통을 견디기 어렵네, 고통이 너무 커"라고 말했다고 한다.[9]

12월 9일, 로널드 골드먼의 부친 프레드 골드먼Fred Goldman이 증인으로 나왔다. 프레드 골드먼은 매번 재판 때마다 참석했다. 프레드는 로널드의 학창 시절 때 겪은 여러 어려움과 로널드가 여러 직업을 전전한 사실을 얘기했다. 로널드 골드먼은 이런 방황을 하다가 살해되기 전 마침내, 자신의 레스토랑을 개업한다는 계획을 구상하기에 이르게 되었다고 한다. 원고 변호사가 "아

날짜	증인
1996. 10. 25	캐런 크로포드, 로버트 헤이드 스트라, 스티븐 슈와브
1996. 10. 28	로버트 리스키, 마이클 테라자스
1996. 10. 29	로널드 톰슨, 톰 랭
1996. 11. 4	데니스 펑, 그레고리 메서슨
1996. 11. 5	데니스 펑
1996. 11. 6	마이클 로마노, 마크 크루거, 빌 렌컨
1996. 11. 13	더그 디드릭
1996. 11. 13 ~ 11. 15	로빈 코튼, 르네 몽고메리, 개리 심스, 콜린 야마우치
1996. 11. 19	케이토 캘린, 앨런 박
1996. 11. 22 ~ 11. 26	오 제이 심슨
1996. 12. 1	앨런 카울링스, 재키 쿠퍼
1996. 12. 4	폴라 바비에리, 론 피시먼, 조세핀 구아린, 낸시 네
1996. 12. 5 ~ 12. 9	마크 파트리지, 새런 루포, 주디사 브라운, 로버트 카다시안, 프레드 골드먼

들을 사랑합니까?"라고 묻자 "그렇구 말구요"라고 대답했다.

원고 측은 심슨이 과거 전처인 니콜을 폭행한 사실과 심슨이 니콜에 대해 집착하고 불안증세를 보이며, 이혼 후에도 계속해서 니콜을 스토킹한 사실을 입증해서 이것을 범행의 동기와 연결시키려 했다. 그리고 범행 후에 심슨이 자책감으로 자살하려는 행동을 보여 주었다고 함으로써 범행 후의 행동과 동기를 연결시키려 한 것이다.

원고의 전략은 통했나

그러면 이들 증인들을 통해 원고 측이 의도한 것은 무엇이고, 성과는 무엇일까?

먼저 원고 변호사에게 박수를 쳐주고 싶은 점은 이들이 정면돌파를 시도했다는 사실이다. 예를 들어 보자. 원고 측은 니콜의 이웃 사람 로버트 헤이드스트라를 증인으로 신청했다. 형사재판 때 헤이드스트라는 10시 38분쯤 어떤 남자가 "이봐, 이봐, 이봐!"라고 소리지르는 걸 들었다고 증언했다. 이 남자의 목소리가 로널드 골드먼이면 골드먼은 그때까지 살아 있은 셈이다. 그리고 심슨의 로킹엄 저택 게스트하우스에 머물던 케이토 캘린은 그날 밤 10시 51분쯤에 게스트하우스 밖에서 세 번 '쿵'하는 소리를 들었다. 심슨이 범인이라면 그 짧은 시간(10시 38분부터 10시 51분 사이의 14분) 동안에 심슨은 두 명의 건장한 피해자들을 죽이고, 10시 51분쯤에 로킹엄에 도착해야 한다. 이런 시간대를 감안하면 심슨을 범인으로 보기에는 어려움이 있다. 그러나 한편 헤이드스트라는 11시 조금 전에 번디길에서 흰색 스포츠 차량이 빠르게 지나가는 걸 보았다. 그렇다면 긴박한 가운데서도 심슨이 두 사람을 해치우고 빠르게 범행 현장에서 도주하였을 가능성은 열려 있게 된다. 그래서 원고 측은 이런 위험을 무릅쓰고 헤이드스트라를 증인으로 불러 심슨이 범인일 가능성을 배심원들에게 부각시키려 한 것이다.

그리고 원고 측은 오 제이 심슨을 증인으로 세웠다. 원고 변호사가 고백했듯이 심슨을 증인으로 세우는 것은 원고 측에게도 위험이 될 수 있다. 그러나 형사재판을 자세히 들여다보면 심슨이 범행 현장에 갔다고 볼 여러 정황 증거가 많음에도 심슨은 그곳에 가지 않았다고 완강하게 부인하였다. 그래서 이런 여러 정황증거에 대해 심슨이 납득이 가도록 설명하지 못한다면, 심슨의 증언을 들은 배심원은 심슨이 그날 범행 현장에 있었고, 그래서 '심슨이 범인이다'라는 심증을 갖게 될 수 있다. 그리고 이러한 전략은 주효했다.

마지막으로 인상에 남는 것은 심슨이 브루노 말리란 신발을 신고 다니는 장면을 찍은 사진을 제출한 것이다. 심슨은 이 신발을 신은 사실 자체를 부인했다. 왜냐하면 브루노 말리로 보이는 신발 자국이 두 피해자의 시체 옆에서 발견되었기 때문이다. 아마도 피고 측에서는 심슨이 이런 신발을 신고 다니는 장면을 누군가 찍었거나, 설령 찍었더라도 원고 측이 이런 사진을 입수할 리 없다고 본 것 같다. 그렇지만 민사소송에서는 원고 측은 심슨이 브루노 말리란 고가의 신발을 찍은 많은 사진을 제출했다. 이럴 경우 범행 현장에 가지 않았다는 심슨의 주장이 무너질 수 있다. 그래서 피고 측은 이후, 부랴부랴 사진 전문가를 동원해서 이 사진이 조작되었을 가능성에 대해 설명하려 했지만, 심슨이 이 신발을 신고 다니는 사진을 본 배심원의 마음을 돌리기에는 이미 늦었을지 모른다.

3장
배상을 명하다

"그러니 아테나이인 여러분,
나는 멜레토스가 고소장에서 주장한 대로
불법을 저지르지 않은 만큼 긴 변론이 필요하지 않으며,
이상으로 충분하다고 생각합니다."

소크라테스의 《변론》에서

증거를 다투다

1996년 12월 9일부터 피고가 신청한 증인들이 속속 법정에 소환되었다. 12월 9일, 수사관 필립 배네터^{Philip Vannatter}가 소환됐다. 배네터가 증언할 때 처음으로, 심슨이 파커센타에서 조사받을 때 녹음한 테이프를 틀었다. 테이프에서 배네터는 심슨에게 "오 제이… 문제가 좀 있군요. 당신 차에서 피를 수집했거든요. 집에서도 피를 수집했습니다. 문제가 좀 있습니다"라고 말했다. 그러자 심슨은 "그러면 제 피를 검사해 보세요"라고 말했다. 피고 변호사 베이커가 배네터에게, 치안판사한테 영장을 받으려고 거짓말하지 않았냐고 묻자 배네터는 완강하게 부인했다. 배네터는 수색영장 청구서에, 심슨의 딸 아넬^{Arnelle}과 얘기를 나눠 보고 심중으로, 심슨이 계획에도 없는 여행을 떠난 것 같다고 적었다. 이때 피고는 한 번 더 위기를 맞이한다. 계획에도 없는 여행을 떠난 것 같다는 대답이 있자, 베이커는 배네터에게 "왜 내 의뢰인을 비난하는 겁니까?"라고 물었다. 그러자 배네터는 "제가 생각하기로, 당신의 의뢰인이 살인자이니까요"라고 되받아쳤다. 필립 배네터는 심슨을 조사할 때 심슨이 슬퍼하거나 니콜의 죽음에 대해서 질문하지 않아 이상하다는 생각이 들었다고 말했다.[1]

12월 10일, 수사관 톰 랭을 불렀다. 피고 변호사 로버트 베이커는 랭이 범죄 현장을 어떻게 통제했는지 집중적으로 캐물었다. 베이커는 배심원에게, 랭이 번디 범행 현장에서 증거를 보존하고 수집하고 정리하는 데에는 신경 쓰지 않고, 심슨의 로킹엄 저택으로 가서 심슨을 사건에 엮으려 했다고 주장했다. 베이커는 "20년의 경력을 가진 수사관"이란 표현을 반복해서 쓰면서, 이런 경력을 가진 베테랑 수사관이 범행 현장을 떠났다는 것은 납득되지 않는다고 랭을 공격했다. 랭은 당시 범죄연구원을 불렀지만, 자신은 범죄연구원이 현장에 도착하기도 전에 현장을 떠났다고 증언했다.

다음으로, 경찰청 범죄연구원 그레고리 매서슨을 불렀다. 피고 변호사는 혈흔 검사 결과에 대해서 집중적으로 질문했다. 피고 측은 니콜 브라운의 손톱 아래 긁힌 피부는 심슨의 피부가 아니므로 제3자가 범인이라고 주장했다. 그리고 심슨으로부터 채혈한 피의 양을 어림짐작으로 추정한 것을 비난했다. 매서슨은 착각해서 2ml의 피를 적게 보았다고 대답했다.

교도소 간호사 사노 페라티스Thano Peratis가 소환됐다. 페라티스는 로스앤젤레스 교도소 간호사다. 그는 심슨으로부터 채혈해서 실린더에 담긴 피를 유리병에 옮겨 담았고, 이것을 수사관에게 건네주었다고 증언했다. 그는 피를 담은 봉지를 봉인하지 않은 사실을 시인했다. 형사 대배심 때, 페라티스는 심슨으로부터 7.9ml 내지 8.1ml 양의 피를 채혈했다고 증언했다. 그러나 이제는 채혈량이 확실하지 않다고 말을 바꾸었다. 그리고 채혈할 때 실린더 눈금을 위에서 아래로 내려보아서 정확하게 보지 못했다고 설명했다. 피고 측이 반대신문을 할 때, 페라티스는 피를 채취하고 실린더에 담긴 피를 유리병에 옮기는 실험을 해 보았는데, 그 과정에서 피가 사라질 가능성도 있음을 발견했다고 주장했다. 그러나 자신이 심슨에게 피를 채취할 때 채혈량을 기록하지 않은 사실은 시인했다.

범죄연구원 안드레아 마졸라Andrea Mazzola가 소환됐다. 마졸라는 1994년 1월, 로스앤젤레스 범죄연구소 독극물팀에 합류했다. 원고 측은 주로 마졸라가 범죄 현장에서 증거 수집을 어떻게 했는지 질문했다. 피고 측은 마졸라가 증거를 처리할 때 주의를 기울이지 않은 사실을 지적했다. 마졸라는 심슨의 로킹엄 저택에서 면 조각으로 혈흔을 채취했다고 증언했다. 이 면 조각을 봉투에 담아 범죄연구소 트럭에 실었다. 마졸라는, 면 조각을 트럭의 냉장고에 넣지 않았다는 피고 측의 주장을 시인했다. 그래서 열기로 인해 트럭 안에 있던 피가 변질될 수 있음도 시인했다. 피고 변호사가 반대신문할 때, 마졸라는 증거를 수집할 때 상관이 감독했고, 계속 장갑을 바꾸어 가며 증거를 수집했다고 대답했다.

경찰청 수사관 필립 배네터가 다시 증인으로 나왔다. 배네터는 수사관 톰 랭과 함께 심슨 사건의 수사 책임자이다. 원고 측 변호사 존 켈리John Kelly가 반대신문할 때, 배네터는 그날 범죄연구원을 부른 것은 브롱코에 있는 혈흔을 임시로 검사하기 위함이라고 말했다. 이런 검사를 통해 사람의 피인지 정도는 확인할 수 있다. 그래서 수색조서에 브롱코의 피가 사람의 피로 확인됐다고 적었다. 그러나 피고 측은 배네터가 심슨 저택에 대한 수색영장을 청구할 때 허위 사실을 적었다고 지적했다. 재반대신문 때, 피고 변호사 베이커는 배네터가 밀봉하지 않은 피가 든 유리병을 들고 다닌 사실을 물었다. 배네터는 봉지를 밀봉하지 않은 것은 사실이지만 거기에는 특별한 이유가 없다고 말했다. 베이커는 피가 든 유리병을 들고 다닌 시간이 3시간이란 사실을 강조했다. 그리고 배네터의 수사관 경력이 23년이란 사실을 강조했다. 그럼에도 배네터가 수사 지침을 따르지 않았음이 드러났다.

심슨은 그날 밤 시카고에서 열리는 헤르츠 회의에 참석하려고 공항으로 갔다. 따라서 배네터가 치안판사에게 심슨이 계획에도 없는 여행을 떠난 것 같다고 말한 것은 어떻게든 수색영장을 받으려고 꾸민 말로 들린다. 그리고 사건의 수사에 대한 책임을 진 수사관 톰 랭과 필립 배네터 등이 범행 현장을 지키지 않고 심슨의 집으로 간 것과 수색영장 없이 심슨의 집 담장을 넘어가 조사한 것은 분명 잘못된 일이다. 그리고 니콜 브라운의 손톱 밑에 발견된 제3자의 피부를 조사하지 않은 것은 의아하다. 나아가 심슨에게 피를 뽑고도 피의 양을 기록하지 않은 것도 잘못이다. 경찰은 범죄 현장에서 증거를 수집해서 처리할 때, 그리고 검사할 때 정해진 수칙을 지키지 않았다. 그러나 이러한 사실은 이미 형사재판 때 밝혀진 것들이다. 이러한 의혹을 제기함으로써 심슨이 아닌 다른 범인이 있다는 의심을 품게 하지만, 피고로서는 이런 의혹을 불러일으키는 것만으로 충분하게 방어하였다고 보기 어렵다. 왜냐하면 민사소송에서 원고 측은 심슨이 범인일 개연성이 높음을 입증해도 충분하기 때문이다.

증인을 세우다

12월 11일 사진사 하워드 빙엄Howard Bingham을 소환했다. 빙엄은 권투 선수 무하마드 알리의 친구이자 그의 사진사이다. 빙엄은 과거 다른 언론행사 때부터 심슨을 알고 있었다. 심슨은 사건 당일, 로스앤젤레스에서 시카고로 향하는 비행기를 탔다. 빙엄도 이 비행기에 탑승했고, 심슨에게 다가와서 얘기를 나누었다. 빙엄은 심슨의 손가락이 베였거나 밴드를 감고 있는 것을 보지 못했다고 증언했다.

비행기 조종사 웨인 스탠필드Wayne Stanfield도 증인석에 섰다. 스탠필드는 《아메리칸 항공》의 베테랑 승무원으로, 시카고행 비행기를 운전했다. 그날 스탠필드는 심슨에게 사인을 받았다. 그리고 그날 심슨은 "따뜻하고 상냥했고, 침착하고 멋있고, 차분했습니다"라고 증언했다.[2]

영상 촬영기사 윌리 포드 주니어Willie Ford Jr.가 증인석에 섰다. 포드는 심슨의 침실을 촬영했는데, 이 영상에는 문제의 피 묻은 양말이 보이지 않았다. 포드는 저택의 부엌, 사무 공간, 거실, 가족실, 바와 게임실을 촬영한 뒤 2층으로 올라갔다. 포드는 2층 전체를 촬영하지 않았다. 그럼에도 양말이나 피를 보았는지를 질문할 때마다 단정적으로 "아니요"라고 반복했다. 반대신문 때, 원고 변호사 페트로셀리는 포드가 양말을 못 본 것은 범죄연구원 데니스 펑이 이미 침실에 있는 양말을 수거해 갔기 때문이라고 주장했다. 페트로셀리가 "양말은 이미 수거해 갔기 때문에 그 자리에 없는 것이지요?"라고 묻자 "그렇습니다"라고 대답했다.[3]

비행기 승객 스티븐 발레리Steven Valerie가 소환됐다. 그는 심슨과 같이 로스앤젤레스에서 시카고로 가는 비행기를 탔다. 그는 심슨이 그날 아주 유쾌해 보였고, 심슨의 손가락이 베인 것은 보지 못했다고 말했다. 그리고 그날 심슨이 무슨 옷을 입고 어떤 행동을 보였는지 자세히 묘사했다. 반대신문 때, 발레리는 심슨이 그날 승무원에게 무슨 말을 했는지, 책을 읽거나 잠들었는지는 못 봤다고 대답했다. 심슨은 증인석에 서서, 승무원과 얘기를 나누고 책을 읽고 잠들었다고 증언한 바 있다.

범죄연구원 수잔 브락방크Susan Brockbank가 나왔다. 그녀는 범죄흔적 분석연구소의 연구원이다. 피고 변호사는 모발과 범죄흔적 증거를 수집하고 분석한 것에 대해 질문했다. 심슨의 모발, 번디 범행 현장에서 나온 섬유, 심슨의 침실에서 나온 양말에 대해 캐물었다. 피고 변호사는 증거 수집과 분석이 엉성했다고 지적했다. 그리고 증거물이 분리되지 않고 하나의 용기에 담겨 수송되어 오염이 심화됐다고 주장했다.

수사관 톰 랭이 나왔다. 피고 측은 마크 퍼만과 관련된 내용을 집요하게 질문했다. 마크 퍼만은 형사재판 때 증거를 심은 장본인이라고 지목받았다. 랭은, 자신의 관심은 피해자에게 있지, 퍼만에 있지 않았다고 반복해서 강조했다. 반대신문 때, 랭은 다른 용의자가 있을 가능성은 전혀 없었다고 주장했다. "다른 용의자가 있다는 증거는 전혀 없었습니다"라고 잘라 말했다.

12월 12일, DNA 전문가 존 저스John Gerdes가 나왔다. 그는 덴버에 있는 면역학 의료연구소 소장이다. 이 연구소는 장기이식 등을 지원한다. 저스는 배심원과 함께 범행 현장을 담은 영상을 보았다. 그리고 증거 수집에 많은 문제점이 있다고 지적했다. 특히 안드레아 마졸라가 증거를 수집할 때 장갑을 교체하지 않은 사실을 지적했다. 증언의 많은 부분을 경찰의 검사 방법에 문제가 있다는 사실에 할애했다. 저스는 이러한 잘못으로 말미암아 과학증거를 주관적 증거로 탈바꿈시켰다고 말했다. 그러나 원고 측이 반대신문 할 때 일부 증거의 경우, 증거 수집에 있어 문제점이 있다고 볼 직접적인 증거는 없다고 대답했다.[4]

서西로스앤젤레스 경찰청 현장수사팀장 프랭크 스팽글러Frank Spangler가 증인으로 나왔다. 스팽글러는 6월 13일 새벽에 30분 동안 마크 퍼만을 볼 수 없었다고 증언했다. 스팽글러가 마크 퍼만을 처음 보았을 때 외투를 입고 있었는데, 이후에는 퍼만이 외투를 입지 않았다고 말했다. 이런 증언은 퍼만이 어딘가에 갔다 왔다는 인상을 준다. 그리고 이런 추정은 퍼만이 장갑과 피를 이곳저곳에 심었다는 피고 측의 주장과도 연결된다. 원고 측이 반대신문할 때, 스팽글러는 번디 인도 북쪽과 현관에서 피 묻은 신발 자국을 보았다고 말했다.

1994년 7월 수사를 맡은 수사관 켈리 멀도퍼Kelly Mulldorfer가 소환됐다. 그녀는 압수된 브롱코에서 물건이 없어진 사건을 담당했다. 피고 변호사가 "계기반에 피가 있던가요?"라고 묻자 "피가 있었는지 없었는지 기억이 나지 않습니다"라고 대답했다. 그리고 "저는 증거를 찾고 있었습니다. 영수증을 찾고 있었거든요"라고 덧붙였다.

12월 16일에는 마이클 베이든Michael Baden 박사가 증인석에 섰다. 마이클 베이든은 심슨의 손가락에 난 상처에 대하여 설명했다. "그때도 그랬고, 지금도 심슨의 상처는 손톱으로 난 것으로는 보이지 않습니다"라고 말했다. 베이든은 심슨의 손가락에 난 상처는 뭔가에 베인 것처럼 깊다면서 뭔가 불규칙한 모양을 가진 예리한 물체에 의해 생긴 것으로 추정했다. 예를 들어, 삐죽삐죽한 날을 가진 칼이나 깨진 유리잔 등으로 인한 것이라 본다. "저는 손톱으로는 그렇게 움푹 베인 상처를 낸 걸 본 적이 없습니다"라고 말했다. 심슨이 시카고 공항에서 집으로 돌아왔을 때 경찰은 심슨의 왼손가락이 조금 베인 것을 보았다. 경찰은 이 상처는 심슨이 피해자들과 싸우다가 난 것이라고 주장했다. 베이든의 이런 진술은, 심슨의 손에 난 상처가 피해자들과 싸우다가 생긴 게 아니라 시카고에 있는 호텔에서 니콜의 사망 소식을 접한 심슨이 순간, 유리잔을 깨트리다가 입었을 거라는 추정을 불러일으킨다. 베이든은 이어, 니콜 브라운과 로널드 골드먼의 상처 부위에 대해서도 설명하면서 범인과 피해자가 싸운 시간에 대해서는 단정할 수 없다고 말했다. 베이든은 피해자들은 출혈로 사망에 이르렀고, 로널드 골드먼은 급소가 찔린 후에도 5분 정도 서 있었을 것이라고 추정했다.

범죄 현장 분석가 허버트 맥도넬Herbert MacDonell이 증인으로 섰다. 맥도넬은 혈흔증거를 분석하는 베테랑 범죄 현장 분석가이다. 맥도넬은 심슨의 침실에서 발견된 피 묻은 양말을 검사했다. 맥도넬이 현미경으로 양말을 분석해 보니, 피는 양말의 표면에서 묻어 어두운 안쪽으로 스며들었고, 맞은편에도 묻어 있었다. 그는 양말과 비슷한 재질로도 실험했는데, 피가 떨어지거나 튀어서는 그런 흔적이 생기지 않았다고 설명했다. 다른 물질에서 옮겨졌거나 묻히는 등의 후속 행동이나 접촉에 의해서 생긴 것으로 보았다. 맥도넬은 피가 떨어지고 5분 내지 10분이 지나면 건조된다면서, 양말을 벗어 던진 후에 피가 흘러 이런 자국을 남길 수는 없다고 설명했다. 맥도넬은 사람의 피가 묻은 뒤 장갑이 수축되는지에 대해서도 실험해 보았다. "장갑 표면이나 안감에서 측정 범위 내의 수축이 관찰되지 않았습니다"라고 말했다. 형사재판 때 경찰은 심슨의 침실에서 이 피 묻은 양말을 발견했다. 그러나 맥도넬의 증언에 의하면 이 양말에 묻은 피는 튀어서 생긴 것이 아니므로 누군가 피를 묻혀 그곳에 갖다 놓은 것이 된다. 그리고 형사재판 때 심슨은 배심원 앞에서 피 묻은 장갑을 껴보았는데, 장갑은 심슨에게 맞지 않았다. 그러자 검사는 장갑이 피로 수축되었다고 주장했다. 그러나 맥도넬에 의하면 장갑은 피로 수축되지 않으므로, 장갑의 주인은 심슨이 아니다. 맥도넬은 피고 측이 과학증거에 비중을 두고 첫 번째로 세운 증인이다. 이러한 증인을 통해 〈음모론〉을 부각시키고, 제3자에 의한 범행임을 부각시키려 했다.[5]

12월 17일에는 법과학자 길버트 아퀼라Gilbert Aguilar를 소환했다. 아퀼라는 법과학 증거, 특히 지문 분야에서 17년간 종사해 온 전문가이다. 아퀼라는 범행 현장에 있는 17개의 지문은 심슨의 것이 아니라고 증언했다. 아퀼라는 신원을 확인할 수 있는 지문이 있었음에도 경찰은 신원을 조사하지 않았다고 말했다. 원고 측이 반대신문할 때 원고 변호사는 장갑을 끼고 있으면 지문이 나타나는지 질문했다. 아컬라는 장갑에 구멍이 나서 손가락이 드러나 있지 않은 이상, 지문은 남기기 어렵다고 대답했다.

토마스 탈라리노Thomas Talarino는 살인 사건이 나던 날 밤, 번디길에서 롤러스케이트를 타고 있었다. 그는 번디길 수풀에서 어떤 한 사람을 보았지만 그 사람은 심슨이 아니라고 증언했다. 이와 관련해서 경찰은 심슨이 수풀에 숨어 있다가 피해자에게 접근했을 거라고 주장했다. 탈라리노의 증언은 심슨이 아닌 다른 범인이 있을 거란 추정을 불러일으킨다.

마이클 글래든Michael Gladden은 배달원이다. 그는 살인 사건이 나던 날 밤, 시카고 공항 밖에서 심슨에게 사인을 부탁했다. 글래든이 보기에, 심슨은 지극히 정상이었고, 이상한 점은 전혀 없었다. 글래든이 심슨에게 사인을 요청하자, 심슨은 짐을 내려 놓을 때까지 잠시 기다려 달라고 말했다. 글래든은, 심슨이 긴 소매의 데님 셔츠와 푸른색 데님 바지를 입고, 가죽 신발을 신고 있었다고 증언했다

윌리엄 블라시니William Blasini는 차량 부속품상이다. 그는 압수된 브롱코를 살펴보았다. 그는 잠그지 않은 차문을 열고 차량 내부를 살펴보았다. 브롱코 내부를 살펴본 것은, 이 차량이 대형 사건과 관련되어 있고, 호기심이 발동해서이다. 그는 차량 시트, 계기반, 바닥 등을 샅샅이 살펴보았지만 혈흔은 보이지 않았다. 그는 브롱코가 수사 대상이란 사실을 알고 있었기에 혈흔이나 지문이 묻은 먼지가 있는지 유심히 보게 되었다고 말했다. 그러나 경찰 범죄수사관은 브롱코에 있던 혈흔은 긁어내는 방법으로 수집했다고 말했다. 그리고 혈흔은 며칠만 지나도 변질되고 사라지는 경우가 많다. 따라서 블라시니가 압수된 브롱코에서 피를 보지 못한 것은 이런 연유로 인한 것일 수 있다.

법과학자 마이클 베이든이 다시 증인으로 출석했다. 베이든 박사는 형사재판 때 했던 자신의 주장을 반복했다. 베이든은 두 명의 범인이 각자의 칼

로 범행한 것으로 추정된다고 증언했다. 그러나 피고 변호사가 반대신문할 때에는 〈두 범인 이론〉이 아닌 〈한 범인 이론〉을 지지하는 증거도 보인다고 대답했다. 베이든은 로널드 골드먼이 치명상을 입기 전 10분 동안 범인과 격렬하게 싸웠다고 주장했다. 과연 골드먼이 얼마 동안 싸웠는지도 중요하다. 원고 변호사는, 니콜의 집 앞에서 10시 35분 내지 10시 40분에 살인 사건이 일어났다고 주장했다. 심슨은 10시 55분에 리무진 운전자 앨런 박에게 모습을 드러냈기 때문이다.[6]

여기에 대해 경찰이나 원고 측은 1분이나 몇 분 안에 심슨이 두 사람을 해치웠다고 주장했다. 왜냐하면 10시 38분에 헤이드스트라가 "이봐!"라는 소리를 들었고, 이어 심슨이 두 사람을 해치우고, 10시 51분에 로킹엄까지 도착하려면 시간이 매우 촉박하기 때문이다.

12월 18일에는 로버트 그로든Robert Groden이 피고 측 전문가로 출석했다. 그는 심슨이 브루노 말리란 신발을 신은 장면을 찍은 사진에 대해서 증언했다. 범행 현장에는 신발 자국(이를 법과학 용어로 '족흔'이라 한다)이 남았는데, 이 신발은 고가의 브루노 말리란 신발로 드러났다. 그로든이 증인석에 서자 후지사키 판사는 배심원이 그의 증언을 듣기 전, 그로든이 전문가 증인으로 자격이 되는지 결정하기 위한 심문을 열었다. 증인석에 선 그로든은 필름에 문제가 있다고 증언했다. 그로든은 같은 필름에 있는 다른 사진들과 비교해

범행 현장에서 발견된 족흔은 브루노 말리란 신발로 밝혀졌다. 민사소송에서 원고 측은 심슨이 이 브루노 말리란 신발을 신고 다니는 사진을 제출했다. 그러자 피고 측은 이 사진이 조작됐다고 주장했다.

볼 때, 심슨의 사진은 조금 더 길고, 약간 감광되어 화질이 변경되었다고 지적했다. 그로든은, 심슨의 사진은 불그스름하지만 다른 사진은 푸르스름하다고 말했다. 그리고 심슨의 무릎 아래 부분과 윗부분의 톤은 전혀 다르다고 말했다. 그리고 나머지 사진들은 과다 노출됐지만 심슨의 사진은 그렇지 않다고 증언했다. 이어 그로든은 이런 사진은 사기일 수 있다고 말했다.[7]

다니엘 곤잘레스Daniel Gonzalez는 살인 사건 후 니콜의 집에 파견된 순경이다. 그 역시 오전 5시 20분 쯤, 로킹엄으로 이동했다. 곤잘레스는 마크 퍼만이 브롱코에 피가 있다고 가리키고 난 뒤 브롱코에 묻어 있는 피를 보았다고 증언했다. 피고 변호사 로버트 베이커는 모니터 화면으로 브롱코 사진을 제시하면서 브롱코 문이 닫혀 있을 때 계기반에 있는 혈흔을 볼 수 있었는지 질문했다. 그러자 곤잘레스는 얼굴을 붉히며 볼 수 있었다고 대답했다. 피고 변호사가 두 개의 서류를 제시하면서 질문을 하자 곤잘레스는 피고 변호사와 마치 싸움하듯 대답했다. 하나는 곤잘레스가 수기로 적은 진술서이고, 다른 하나는 수사관 로널드 필립스가 순경 곤잘레스에게 질문하면서 그날 뭘 봤는지를 타이핑한 진술서다. 그러나 두 문서에는 모순되는 부분이 있었다.

1997년 1월 6일, 로스앤젤레스 경찰관 폴 티핀Paul Tippin을 소환했다. 그는 범죄 현장을 담당했다. 주신문 때, 피고 변호사는 주로 티핀이 케이토 캘린을 조사한 내용을 물었다. 원고 변호사가 반대신문할 때, 티핀은 케이토 캘린이 니콜 브라운과 얼마나 가까운 사이인지는 모른다고 대답했다. 피고 변호사가 재반대신문할 때 그는, 케이토 캘린이 니콜 브라운을 만난 때가 언제인지 말했고, 캘린에 의하면 두 사람은 성관계를 한 사실이 없다고 말했다.

다음으로 레이철 페라라Rachel Ferrara를 불렀다. 페라라는 캘린의 여자친구다. 캘린은 6월 12일 밤 10시 40분 내지 10시 45분에 페라라와 전화로 통화했다. 두 사람이 전화로 얘기를 나눌 때, 캘린은 벽 쪽에서 세 번 '쿵'하는 소리를 들었다. 그래서 캘린은 페라라에게 방금 지진이 난 것 같다고 말했다.

페라라는 후일, 《타임》을 상대로 해서 자신이 형사 사건에서 증언한 내용을 《타임》이 왜곡했다면서 명예훼손으로 소송을 제기했지만 패소했다.[8]

오티스 말로Otis Marlow는 사립 탐정이다. 그는 니콜 브라운과 골드먼 사건을 수사할 때, 휴대폰에서부터 번디에서 로킹엄에 이르는 하수구까지 단서가 될 만한 모든 것을 샅샅이 뒤졌다고 말했다. 피고 변호사가 수사관을 도와 조사할 때 장갑을 끼거나 부츠를 착용했는지 묻자 "아니오"라고 대답했다.

리차드 애스턴Richard Aston은 로스앤젤레스 경찰청 수사관으로, 범행 현장의 조사를 맡았다. 그는 다른 네 명의 경찰관이 먼저 도착한 후 새벽 5시에 로킹엄에 도착했다고 증언했다. 애스턴은 경찰관 모두는 저마다 따로따로 브롱코로 향했고, 그는 브롱코 계기반에서 두 방울의 피를 보았다고 증언했다. "자연스레 호기심이 발동했고, 뭔가 보였습니다"라고 말했다. 그는 아침 8시까지 로킹엄에 있다가 캘린을 데리고 로스앤젤레스 경찰서로 갔다. 반대신문 때, 애스턴은 "아무도 차량 안으로 들어가지 않았고, 아무도 차량을 건드리지 않았다"고 증언했다.

피고 측은 전문가 증인으로 로버트 그로든Robert Groden을 신청했다. 그로든은, 오 제이 심슨이 버팔로 빌스 경기 때 브루노 말리란 신발을 신은 장면이 찍힌 사진이 바꿔치기가 된 것이라고 증언했다. 반대신문 때, 그로든은 바지와 신발 혹은 바지만 바꿔치기가 되었을 가능성이 90%라고 대답했다. 이에 대하여 원고 변호사 피터 겔블럼Peter Gelblum은 같은 경기 때 다른 사진기자가 찍은 사진을 제시했는데, 그 사진에서도 심슨은 똑같은 신발을 신고 있었다. 겔블럼은 이 사진도 바꿔치기가 되었는지 물었다. 그러자 그로든은 그 사진은 바꿔치기가 된 것이 아니라고 대답했다.

1월 8일, 마크 파트리지Mark Partridge가 증인석에 섰다. 그는 시카고의 변호사로, 시카고발 로스앤젤레스행 항공기에서 심슨의 옆자리에 앉았다. 파트리지는, 심슨이 의자에 누워 한숨을 내쉬고 양손으로 얼굴을 감싸는 등, 혼란스러워 했다고 묘사했다. 파트리지에 따르면, 여자 승무원이 심슨에게 "어디 불편하십니까?"라고 묻자 심슨은 "이루 다 말할 수 없어요"라고 대답하였다고 한다. 파트리지에 따르면 심슨은 손톱을 새로 깎은 듯했고 몇 군데 전화를 걸었으며, 몇 번 화장실에 드나들었다고 한다. 심슨은 파트리지에게 친구가 살해되었다고 말했다가 그 친구가 전처라고 설명했다고 한다. 그리고 심슨은, 승객 중 몇 사람이 자신을 비난하는 걸 보았다고 한다.

짐 머릴Jim Merrill은 헤르츠의 전직 이사다. 그는 심슨이 1994년 6월 13일 아침 시카고에 도착했을 때, 온화하고 편안해 보였고 사인도 해주었다고 증언했다. 1시간 후 심슨은 제정신이 아닌 듯 보였고, 공항으로 돌아가는 차량을 불렀다고 한다. 머릴은, "정신 없어 보였고, 그때 울기 시작했습니다"라고 증언했다.

레이몬드 킬더프Raymond Kilduff는 헤르츠 이사다. 그는 시카고 공항으로 돌아가는 차량에 심슨을 태워 주었다. 킬더프는, 당시 심슨이 매우 혼란스러워했다고 증언했다.

데니스 펑은 로스앤젤레스 경찰청의 범죄연구원이다. 데니스 펑이 사건 현장에 도착했을 때, 니콜 브라운과 로널드 골드먼의 시체가 옮겨지고 있었다고 한다. 피고 변호사는 데니스 펑을 신문하면서 증거로 제출된 가죽장갑이 살해 현장에서 경찰이 수집한 것이 아닐 수도 있다는 심증을 주려고 애썼다. "이 장갑이 같은 장갑인지는 확인할 수 없습니다" 왼손 장갑을 계속해서 뒤집어 보면서 데니스 펑이 대답했다. 이 왼손 장갑은 살해 현장에서 발견되었다. 펑은 눈썹을 치켜 뜨면서, 1994년 6월 12일 니콜 브라운과 로널드 골드먼의 시신 옆에서 발견된 장갑을 찍은 사진에서 보이는 구멍이 지금 보고 있는 장갑에는 왜 보이지 않는지 그 이유는 알 수 없다고 증언했다.

1997년 1월 10일에는 심슨이 증인석에 섰다. 심슨은 니콜 브라운을 구타한 사실이 없다고 증언했다. 만약 니콜을 구타했더라면 상처가 심하게 남을

피고 증인들

1996. 12. 9	필립 배네터
1996. 12. 10	톰 랭, 그레고리 매서슨, 사노 페라티스, 안드레아 마졸라, 필립 배네터
1996. 12. 11	하워드 빙엄, 웨인 스탠필드, 윌리 포드 주니어, 스티븐 발레리, 수잔 브락방크, 톰 랭
1996. 12. 12	존 저스, 프랭크 스팽글러, 켈리 멀도퍼
1996. 12. 16	마이클 베이든, 허버트 맥도넬
1996. 12. 17	길버트 아퀼라, 토마스 탈라리노, 마이클 글래든, 윌리엄 블라시니, 마이클 베이든
1996. 12. 18	로버트 그로든, 다니엘 곤잘레스
1997. 1. 6	폴 티핀, 레이철 페라라, 오티스 말로, 리차드 애스턴, 로버트 그로든
1997. 1. 8	마크 파트리지, 짐 머릴, 레이몬드 킬더프, 데니스 펑
1997. 1. 10	오 제이 심슨, 헨리 리

것이라고 주장했다. 심슨은 어릴적 활동과 학교 선수로 활약한 일들과 하이
즈먼 상을 수상한 경력에 대해서 언급했다. 심슨은 스포츠맨 정신에 입각하
여 모든 경기 규칙을 충실하게 준수해 왔다고 말했다. 그리고 니콜 브라운과
좋은 관계를 이어 왔다고 말했다. 두 사람은 서로를 깊이 사랑했지만 두 사
람이 헤어지게 된 것은 니콜이 너무 어린 18살에 결혼했고, 오래 같이 지냈기
때문에 니콜에게 자유시간이 필요해서라고 말했다. 두 사람이 갈라선 후 니
콜은 변덕을 보였고, 그래서 두 사람이 다시 화해하기에는 어려움이 있었다
고 말했다.[9]

헨리 리 박사는 녹음된 조서를 통해 자신의 진술이 뜻하는 것은 경찰이 증
거를 심었다고 주장하는 것이 아니라고 설명했다. 그리고 "뭔가 잘못되었다"
라고 말한 것은 경찰 조사 절차에 있어 문제점이 있다는 것을 지적한 것이라
고 말했다.

피고 측은 할 만큼 다했다. 수사 경찰관과 증거를 수집한 범죄연구원들을 소환하여 증거 수집에 문제가 있고, 그들이 증거를 수집하고 분석할 때 규칙을 따르지 않았으며, 증거를 수집할 때나 분석할 때 문제점이 있었다는 사실을 지적했다. 그리고 심슨이 브루노 말리란 신발을 찍은 사진의 신빙성도 다뤘다. 그리고 심슨이 그날 시카고 공항을 가기 전까지는 평온해 보였고, 시카고에서 전처의 사망 소식을 접하고 충격을 받아 급히 로스앤젤레스로 돌아왔다는 사실도 입증했다. 그렇지만 이런 증거로는 〈증거의 우월〉이라는 개연성 원칙에 따라 증거 판단을 하는 배심원들의 마음을 돌리기엔 역부족이었을 것이다. 무엇보다 심슨은 그날 자신의 알리바이를 잘 설명하지 못했다. 그리고 두 피해자들 옆에서 발견된 브루노 말리란 신발 자국에 대해 심슨은 이 신발을 신은 사실을 부인했지만, 배심원들 앞에 제출된 사진에서 심슨은 분명히 이 신발을 신고 있었다. 따라서 배심원들은 이런 증거를 보고 심슨이 그날 범행 현장을 다녀갔을 것이라고 추정하였을 것이다.

평결에 이르다

마흔세 살의 다니엘 페트로셀리가 피해자를 대리하였고, 쉰다섯 살의 로버트 베이커가 심슨을 대리하였다. 법정 카메라로 방송하는 걸 금지했으므로 형사재판과 달리 이들은 전국적인 유명인사로 부상하지 못했고, 또 방송으로 상대방을 비난하지도 못했다. 그런데 페트로셀리는 최후변론 때 돌출 행동을 보였다. 그는 심슨과 변호사를 향해 민사소송 하는 데 200달러가 들지 않았다고 소리쳤다. 그는 지폐를 꺼내 들더니 피고 변호사를 향해 "여기 200달러가 있습니다. 가져가서 의뢰인에게 돌려주십시오"라고 말했다. 그러나 실제 그의 수중에는 21달러 밖에 없었다고 한다.[10] 페트로셀리는 민사소송에서 원고 측 증거가 확실하다면서 자신들이 굳이 애쓰지 않더라도 승소할 것이라는 자신감을 피력한 것이다. 민사소송에서 배심원은 심슨의 재정 상태를 감안하여 배상금을 정해야 한다. 이러한 재정 상태를 조사하기 위해 회계사가 동원되었다. 심슨은 자신의 순자산은 무일푼 상태라고 밝혔다. 원고 측은 1,200만 달러의 배상금을 요구하였다.[11]

이윽고 1997. 1. 31. 배심원들은 16시간 평의한 뒤 만장일치로 심슨에게 배상을 명령했다. 평결이 났지만 원고 측 모든 가족들이 모이기까지 2시간이 걸려 평결의 선언이 지연됐다. 평결 후, 로스앤젤레스 산타모니카 경찰은 비상 상태에 대비하여 가벼운 경계 태세에 들어갔다. 평결이 나자 산타모니카 법정으로 사람들이 모여들기 시작했다.[12]

민사소송에서 배심원은 심슨에게 배상을 명했다. 이러한 견해는 미국의 지형을 인종으로 갈라 놓았다. 로스앤젤레스 도시연맹의 존 맥John Mack은 "압도적 다수의 흑인들은 백인들이 보복한 것으로 봅니다"라고 말했다.《유에스에이 투데이USA TODAY》는 민사소송 후 여론조사를 실시했다. 압도적 다수의 백인들은 심슨에게 배상명령을 내린 배심 판단이 옳다고 생각했다. 이에

민사소송 일지

1996. 10. 23	민사소송이 시작됨
1996. 11. 22	심슨이 처음 증인석에 섬 심슨은 범행을 부인하였으나 물적 증거에 대해 제대로 답변하지 못함
1996. 12. 9	로널드 골드먼의 부친이 증인석에 섬
1997. 1. 10	심슨이 두 번째로 증인석에 섬
1997. 1. 21	양측이 휴식기를 가짐 배심원은 41일간 101명의 증인의 증언을 들음
1997. 1. 22	심슨의 변호사 로버트 베이커가 최후변론을 함
1997. 2. 4	배심은 심슨에게 배상을 명함
1997. 3. 26	법원은 심슨에게 재산을 명시하라고 명함

반해 흑인 중 4%만이 평결에 동의했다.[13]

심슨에 대해 민사 평결이 난 후, 대다수의 백인은 정의가 세워진 것이라고 보았지만, 대부분의 흑인(75%)은 평결에 찬성하지 않았으며 평결이 인종차별 적이라고 믿었다. 《엔비씨NBC》 여론 조사에 의하면, 1,186명 중 77%가 심슨 이 유죄라고 생각했고, 이 중 27%의 흑인만이 심슨이 유죄라고 생각했다. 이 에 반해 이들 중 87%의 백인은 심슨이 유죄라고 보았다.[14] 인종차별이 어떤 영향을 미쳤든지 간에 오늘날 인종 시각에서 심슨 사건을 바라보고 있다는 사실은 틀림없다.

배상금을 집행하다

배심은 심슨에게 수백만 달러의 손해배상 금과 더불어 합계 2,500만 달러의 징벌적 손해배상금을 지급하라고 결정했 다. 징벌적 손해배상금은 심슨이 이름 등으로부터 평생 얻게 될 소득을 감안 해서 결정된 것이다. 항소심에서 법원은 심슨이 미식축구 선수연금으로 받 는 410만 달러를 감안할 때 1심 법원의 결정이 타당하며, 손해배상금은 심슨 이 감당하지 못할 수준이 아니라고 판결하였다.

판결이 있은 지 4년 후, 배상명령에 따른 돈을 마련하기 위한 경매에서 밥 엔야르트Bob Enyart란 보수 기독교 라디오 진행자는 심슨의 명예의 전당 자격 증, 두 벌의 운동셔츠, 자선 행사장에서 구입한 두 개의 트로피를 경매장에서 16,000달러에 낙찰받았다. 그리고 그는 경매가 열린 법정 밖으로 이를 가지 고 와서 자격증과 옷은 태워버리고, 트로피는 망치로 부서 버렸다.

9년 후 심슨의 〈퍼블리시티권right of publicity〉을 양도하라는 소송에서, 로널드 골드먼 가족은 심슨이 지급하지 않은 배상금이 이자까지 포함할 때 3,800만 달러로 늘었다고 밝혔다. 미국에서는 영화배우, 탤런트, 운동선수 등 유명인사가 자신의 이름이나 초상을 상품 등의 선전에 이용하는 것을 허락하는 권리를 보호한다. 당시 심슨은 여러 공개 행사에 출연해서 스포츠 기념품에 사인해 주었고, 사인받은 기념품은 수백 달러에 팔려 나갔다. 심슨은 리얼리티쇼에 출연해서 범죄 피해자를 흉내냈는데, 어떤 장면에서는 이들 피해자는 니콜 브라운과 로널드 골드먼을 연상시키기도 했다.

2001년 이후 심슨은 자신과 일상 생활을 담은 비디오를 방영하는 것을 허락했다. 3분짜리 영상이 나가자 무려 400만 명이 다운로드 하였다. 심슨은 재판에서 이러한 공개로 대가를 요구한 적도 없고, 대가를 받은 사실도 없다고 주장했다.

2000년 영화, 음악 등을 다루는 《롤링스톤*Rolling Stone*》이란 잡지는 심슨이 사인을 해서 상당한 수입이 있다고 보도했다. 심슨은 캘리포니아에서 플로리다로, 마이애미로 이사를 다녔다. 플로리다에서는 채권자가 채무자의 주택을 압류하지 못한다. 골드먼의 가족은 심슨이 해마다 받는 28,000달러의 연금에서 나온 돈도 압류하려고 했으나 실패했다.

2006년 9월 5일, 골드먼의 부친은 심슨이 누리는 〈퍼블리시티권〉에 대하여 권리 행사를 하려고 법원에 소송을 제기하였다. 2007년 1월 4일, 연방 판사는 심슨에게 1994년 살인 사건과 관련된 TV 인터뷰, 발간하지 못한 심슨의 책에 대한 권리를 제한하는 재판을 개시하였다. 그러나 재판이 열리기 전, 이 신청은 관할권이 문제되어 각하되었다.

2007년 1월 19일, 캘리포니아 주법원 판사는 심슨의 생계비 지출을 제한한다는 명령을 내렸다. 2007년 3월 13일 판사는 심슨이 발간되지 않은 책과 TV 인터뷰로 대가를 받는 것을 금지했다. 또한 관련된 책을 경매로 내놓는 것도 금지했다. 2007년 9월 플로리다 파산법원은 골드먼 가족이 배상받지 못한 채권에 대한 보전으로, 심슨의 책 《내가 만약 범인이라면*If I Did It*》에 대한 권리를 골드먼의 가족에게 부여했다.[15]

미국의 손해배상금과 징벌적 손해배상금은 지나치게 많다고 지적받아 오고 있다. 로널드 골드먼과 니콜 브라운의 가족이 심슨을 상대로 한 민사소송에서, 캘리포니아 배심은 심슨에게 손해배상금과 징벌적 배상금을 명령했다. 로널드 골드먼의 가족에게 8,000달러의 재산적 손해에 대한 배상금과 8,492,000달러의 정신적 손해에 대한 배상금을 명령했다. 그리고 징벌적 배상금으로 1,250만 달러를 명령했다. 니콜 브라운의 가족에게는 재산적 손해금으로 니콜의 옷에 대해 250달러의 배상금과 1,250만 달러의 징벌적 배상금을 명령했다.

그러나 오하이오 주 불법행위법에 따르면 정신적 손해배상금은 250,000달러를 넘어설 수 없고, 징벌적 배상금도 100,000달러를 넘어설 수 없다. 그리고 정신적 손해에 따른 배상금은 재산 손해금의 세 배를 넘을 수 없다. 만약 심슨에 대한 민사소송이 오하이오 주에서 열렸다면 배상금은 이보다 훨씬 적었을 것이다.[16]

4장

범인은
과연 누구인가

"내가 누군지, 누가 좀 말해 줄 수 없나?"

셰익스피어의 《리어왕》에서

세 가지 가설

형사 배심은 심슨에게 무죄로 평결했다. 그러나 이것은 〈합리적 의심 없는 입증〉이란 형사재판의 입증 원칙에서 바라본 것이다. 형사 배심은 심슨을 범인으로 단정 짓기에는 여러 석연치 않은 점들이 있다고 보았다. 그러므로 심슨이 니콜과 골드먼을 살해한 범인이 아니라고 판단한 건 아니다. 민사 배심은 심슨에게, 두 피해자의 유족에게 배상하라고 결정했다. 이것은 〈증거의 우월〉이라는 민사소송의 입증 원칙에 따라 판단한 것이다. 심슨이 범인일 개연성이 높아 보인다는 것이지 심슨이 범인이라고 단정 지은 것은 아니다. 민사소송에서 원고 측은 심슨이 범인일 개연성이 높다는 사실을 입증하면 된다. 형사재판에서 검사와 민사소송에서 원고는 심슨이 범인이라고 주장했다. 그러나 심슨의 변호사들이 반박했듯이 심슨을 범인이라고 보기에는 석연치 않은 점들이 많다. 먼저 심슨이 니콜을 살해할 만한 〈동기〉가 보이지 않는다. 심슨과 니콜이 이혼한 지 몇 년이 흘렀고, 심슨은 폴라 바비에리라는 여자 친구와 사귀고 있었다. 그날 니콜과 헤어진 후에도 심슨은 여러 여자 배우와 전화 통화를 했다. 따라서 질투에 눈이 멀어 두 아이의 어머니를 무참하게 살해했다는 검사의 주장은 선뜻 다가오지 않는다. 그리고 심슨이 자신의 머리에 맞지 않고, 나이에 걸맞지도 않은 털모자를 쓰고 잠복하다가 피해자들을 살해했다는 주장도 잘 믿기지 않는다. 또한 남의 눈에 잘 띄고 소음이 심한 흰색 포드 브롱코를 몰고 범행에 나섰다는 주장도 이상하게 들린다.

형사재판에서 심슨의 변호인은 암살범 이론을 늘어놓았다. 마약을 복용한 니콜의 친구 페이 레즈닉과 전문 암살범이 연결되어 있을 거란 추정이다. 이 또한 〈추정〉일 뿐, 뚜렷한 근거가 없다. 심슨 사건이 나자, 사립 탐정 윌리엄 디어William C. Dear는 심슨 사건을 깊게 파고 들고 치밀하게 조사했다. 그는 심슨의 아들 제이슨Jason이 범인일 거라고 주장한다. 이 세 가지 가설, 다시 말해 진범이 심슨이라는 가설, 암살범이라는 가설, 제3자라는 가설에 대해 들어 보기로 하자.

심슨이 범인이라는 가설

살해도구나 살해하는 장면을 목격한 증인 등 직접증거가 없지만 검사는 여기에 필적할 만한 강력한 정황증거가 많다고 판단했다. 범행 현장, 심슨이 타고 다니던 브롱코란 차량과 심슨의 로킹엄 저택에서 수집한 DNA 증거 등이 있으므로 내심 충분히 유죄 판결을 받아 내리라고 기대했을 것이다. 검사는 물적 증거에 의할 때, 심슨이 살해할 의도로 1994년 6월 12일 밤에 니콜 브라운의 집으로 차를 운전해 갔다고 주장했다. 검사는 니콜이 두 아이를 재우고 잠자리에 들 무렵, 현관을 두드리는 소리를 듣고 현관문을 열어 주었거나, 밖에서 나는 시끄러운 소리를 듣고 현관문을 열어 주었을 것이라고 주장했다. 그리고, 현관에서 심슨은 니콜에게 소리를 지를 틈도 주지 않고 니콜을 잡아 칼로 찔렀다고 주장했다. 검시관은, 현관 앞에서 범인이 한 손으로는 골드먼을 공격하고 목과 가슴을 반복해서 찌르면서, 다른 손으로는 골드먼을 제압한 것으로 추정했다.

검사의 공소장에 의하면, 니콜 브라운은 누운 채로 발견되었다. 심슨은 골드먼을 살해한 후 니콜의 머리채를 잡아 끌었다. 그리고 골드먼의 다리를 니콜의 등에 얹혀 놓고, 칼로 니콜의 목을 절개하고, 니콜의 경동맥(머리에 혈액을 공급하는 동맥을 말한다)을 절단했다. 그런 후 심슨은 니콜의 집에서 골목까지 자신의 피를 흘렸다. 여기에 심슨의 피 세 방울이 로킹엄에 있는 심슨의 집 현관 근처에서 발견되었다는 경찰관의 증언도 보태어졌다.

검사에 의하면, 심슨은 그날 마지막으로 밤 9시 36분에 목격되었다. 그날 밤, 심슨은 자신의 집에 머물던 단역 배우 케이토 캘린과 함께 햄버거로 저녁식사를 하고 집 현관으로 돌아왔다. 심슨은 그로부터 1시간 18분 후인 밤 10시 54분에야 리무진 운전자 앨런 박에게 모습을 드러냈다. 심슨은 집 앞에 세워 둔 리무진을 타고 로스앤젤레스 국제공항으로 가서 시카고에서 열린 헤르츠 회의에 참석했다. 변호사와 검사는 모두 살인 사건이 밤 10시 15분부터 10시 40분 사이에 일어났다는 사실에는 동의했다. 검사는, 심슨이 자신의 흰색 브롱코를 살인 현장에서부터 로킹엄 저택까지 5분간 몰았다고 주장했다. 검사는 심슨의 차량과 비슷한 브롱코가 번디길에서 밤 10시 35분쯤 빠른 속도로 달리는 것을 보았다는 증인을 세웠다. 목격자의 증언에 의하면, 리무진 운전사 앨런 박은 밤 10시 24분에 심슨의 집에 도착했다.

박은 로킹엄 대문을 지날 때, 심슨의 흰색 브롱코가 길 모퉁이에 주차된 걸 보지 못했다고 증언했다. 박은 심슨의 집을 찾느라 두리번거리다가, 집 번지가 적힌 곳을 찾았다고 증언했다. 검사는 브롱코가 사건 다음 날 발견된 장소를 제시했는데, 그곳은 심슨의 집 번지가 적힌 곳 바로 옆이었다. 수사관 톰 랭은 니콜의 발이 깨끗했는데, 그것은 피를 흘리기도 전에 니콜이 먼저 바닥에 쓰러졌다는 사실을 추정하는 것이므로, 아마 골드먼보다 니콜이 먼저 죽었을 것이라고 주장했다. 이것은 심슨이 니콜을 살해했을 것이라고 봄에 있어 핵심이 된다. 왜냐하면 이런 증거는 범인인 심슨이 질투심으로 니콜을 살해했을 것이란 검사의 주장을 뒷받침해 주기 때문이다. 반면 골드먼은 무심코 범행 현장에 나타났고, 그래서 심슨이 골드먼도 죽였을 것이라고 추정했다.[1]

심슨 사건을 조사했던 수사관 마크 퍼만도 심슨이 범인이라고 전제한 다음, 《브렌트우드의 살인 *Murder In Brentwood*》에서 다음과 같이 추정한다.

사건을 아는 사람은 딱 세 사람(니콜, 골드먼, 범인)이다. 두 사람은 사망했다. 일요일 밤 10시, 니콜 브라운은 타운하우스 2층에 있는 거실에 앉아 있었다. 창밖을 보니 흰색 브롱코가 다가오고 있었다. 전남편 심슨이 어두운 색의 옷을 입고 남색 털모자를 쓰고 있었다. 자세히 보니 심슨은 스웨터를 입고, 장갑을 끼고 있었다. 니콜은 심슨에게, 우리 사이도 끝났다고 말했거나 아니면 욕설을 퍼부었을 것이다. 그러자 심슨은 격분이 끓어올라 주먹으로 니콜의 머리를 공격했다. 니콜은 계단 아래에 쓰러졌다. 심슨이 니콜을 쓰러뜨리고 긴 한숨을 돌리고 있을 때 누군가 다가오는 걸 보았다.

심슨은 몇 발짝 딛어 수풀에 몸을 숨겼다. 그리고 로널드 골드먼이 다가오는 걸 보았다. 심슨은 두 사람 사이를 이미 잘 알고 있다. 그러자 격분이 일어났고, 주먹으로 로널드 골드먼을 공격했다. 로널드 골드먼은 범인의 머리 위로 손을 뻗었고, 이때 털모자를 잡아당겼다. 심슨은 상대방이 강한 걸 느끼고 칼로 마구 찔렀다. 그러나 심슨은 겁이 나고 칼을 다룬 경험이 없어 그만 자신의 왼손 중지 등이 베이는 등, 몇 차례 자신의 몸에 상처를 남겼다. 그리고 로널드를 계속 공격해서 로널드의 명줄을 끊었다. 이때 니콜이 의식을 찾고 깨어나려고 하자 심슨은 칼로 니콜의 목과 머리를 찔렀다.[2]

살인 사건이 난 후, 경찰서에 출두하기로 한 날 심슨은 친구 앨런 카울링스와 함께 브롱코로 도주했다. 심슨은 브롱코 뒷좌석에 탄 채 총을 자신의 머리에 겨누었다. 스무 대의 경찰 차량이 브롱코를 추격하는, 보기 드문 장면이 연출됐다. 브롱코로 도주전을 벌이기 전에 로버트 카다시안의 집에 남긴 심슨의 편지는 보기에 따라선 범인의 '자백'이라고 해석할 여지가 있다. 심슨이 탄 브롱코에서 8,000달러의 현금, 갈아입을 옷, 여권, 가족사진, 분장용 턱수염과 콧수염이 발견되었다. 이런 증거는 심슨이 범행을 저지르고 '자살'이라는 최후의 수단을 택하지 않았을까 하는 추정을 불러일으킨다.

그리고 두 피해자의 시신 옆에 발견된 피 묻은 신발 자국은 브루노 말리의 자국으로 드러났다. 오 제이 심슨이 브루노 말리를 신고 다닌 모습이 여러 사진에 찍혔다. 그리고 범행 현장에 발견된 신발 자국 크기도 심슨의 신발 크기와 비슷하다. 그렇다면 이런 사실은 심슨이 범행 현장에 다녀갔을 것이라는 추정을 낳는다.

그리고 여러 목격자들은 범행 시각 즈음, 심슨이 범행 현장 근처에 모습을 드러낸 사실이 있다고 말했다. 예를 들어, 니콜의 이웃인 로버트 헤이드스트라는 심슨의 브롱코와 비슷한 흰색 차량이 빠른 속도로 범행 현장을 떠나는 것을 보았다고 진술했다.

이런 증거들은 오 제이 심슨이 범인이라는 가설을 지지한다.

그런데 이 가설의 최대 약점은 피해자들의 몸에 난 상처와 오 제이 심슨의 몸 상태가 맞지 않는다는 데 있다. 증거에 의하면, 범인은 로널드 골드먼과 목숨을 건 사투를 벌였다. 골드먼은 가라테 유단자로, 운동으로 다져진 다부진 체격의 소유자다. 골드먼의 몸과 주먹에는 수십 군데 멍과 찰과상, 베인 상처가 있다. 그리고 골드먼의 신발에도 베인 자국이 남았는데, 이것은 골드먼이 칼을 든 범인에게 발로 공격했음을 의미한다.

법과학자 마이클 베이든 박사는 골드먼이 범인과 15분 가량 사투를 벌였을 거라고 추정했다. 사건 다음 날, 경찰은 오 제이 심슨의 몸을 조사하고 사진을 찍었다. 그런데도 오 제이 심슨에게는 손가락에 조금 베인 상처 외에는 아무런 상처가 없었다.

오 제이 심슨이 범인이라면, 어떻게 로널드 골드먼과 15분 동안 사투를 벌였음에도 전혀 상처를 입지 않을 수 있을까? 손가락에 조금 베인 상처 외에 전혀 싸움의 흔적이 남지 않았다는 사실에 대해서 검사는 이렇다 할 설명을 하지 못했다.

내가 어떻게 무죄를 도왔나

심슨의 스포츠 에이전트 마이크 길버트Mike Gilbert도 《내가 어떻게 심슨의 무죄를 도왔나 *How I Helped O. J. Get Away With Murder*》에

마이크 길버트는 마커스 앨런과 오 제이 심슨의 에이전트다. 그는 《내가 어떻게 심슨의 무죄를 도왔나》에서 심슨이 범인이라고 주장한다.

서 심슨이 범인이라고 주장한다. 길버트의 얘기를 들어 보자.

오 제이가 석방된 후 어느 조용한 저녁, 마이크는 "오 제이." "그날 저녁 무슨 일이 있었어? 6월 12일 저녁에 어떤 일이 있었던 거야?"라고 물었다.

심슨은 한숨을 내쉬더니 벽에 기댔다. 그리고 깊은 생각에 잠긴 듯 하더니 물끄러미 마이크를 바라보았다. "무슨 생각을 하는 거야?" "그날 무슨 일이 있었다고 생각하는 거야, 마이크?"

그리고 심슨은 말을 이어갔다.

"마이크, 그날 밤 그곳에 갔지, 그러나 칼은 갖고 있지 않았어."

"그래 알고 있어, 앨 카울링스에게 이미 말했잖아." "오 제이, 니콜이 손에 칼을 든 채 문을 열었다고 앨 카울링스에게 말했잖아."

"그래, 칼을 가지고 그곳에 가질 않았어. 니콜이 손에 칼을 들고 문을 열었지"라고 조용히 말했다. 그리고 심슨은 잠꼬대하듯 더듬거리며 말을 이어갔다.

"손에 칼을 들고 문을 열지만 안 했어도 지금쯤 살아 있을꺼야."

둘은 더 이상 아무런 말을 하지 않았다고 한다.[3]

마이크의 말대로라면 심슨은 범행 현장에 갔지만 칼은 가지고 가지 않았다. 그렇지만 니콜이 손에 칼을 들고 있었다는 것이다. 그러나 니콜이 손에 칼을 들었다는 것은 사실이 아닐 가능성이 크다. 사건이 난 뒤 경찰은 수많은 인력과 장비를 동원해서 범행에 쓰인 칼을 찾았지만 끝내 찾지 못했다. 그리고 연약한 여자가 범인에게 대항하려고 칼을 가지고 나왔다는 얘기도 믿기지 않는다. 그렇다면 범행에 쓰인 칼은 니콜이 가지고 나온 칼이 아니라 범인이 소지하고 있던 칼일 가능성이 있다. 그리고 이런 주장으로 심슨이 범인이라고 단정지을 수 있을까? 심슨이 보았다는 장면은, 니콜이 '다른 범인에게 문을 열어준 장면'일 수도 있다.

내가 범인이라면

심슨이 쓴 책도 심슨이 범인이라는 가설에 힘을 실어준다. 2006년 11월 〈리건 북스*ReaganBooks*〉는 심슨이 쓴 《내가 만약 범인이라면》이란 책을 발간했다.

이 책에는 심슨이 〈순전히 가정한 것〉이라고 전제하고 있음에도 범인이 아니고선 알 수 없는 사실에 대해서도 많이 언급하고 있다. 이 책의 내용에 대해서는 다음에 자세히 다루겠지만, 여기선 요지만 짚어 보겠다.

질 투

심슨은 과거, 니콜의 타운하우스를 가까이에서 보기 위해 다가간 적이 있다. 심슨은 이렇게 적고 있다. 집 안에서는 양초가 타고 있었고, 희미한 음악이 들려왔다. 니콜이 다른 사람을 기다리고 있음에 틀림없다. 이번에는 어떤 망할 놈일지. 내 아이들이 위에 자고 있는데, 페이(니콜의 친구 페이 레즈닉을 가리킨다)가 남자 친구들을 데리고 와서 진탕하게 놀는지 몰라.

열 받기 시작할 무렵 한 남자가 제집 드나들듯 이 망할 놈의 집 후문을 끽하니 열고 들어왔다. 그 자식이 날 봤을 때 난 얼어붙는 줄 알았다. 젊고 잘 생기고, 머리숱도 많더군. 누군지 떠올려 보려고 해도 생각나지 않았어. 론 골드먼이란 이름은 전혀 모르던 이름이야.

동 기

심슨은 니콜 브라운이 자신의 죽음에 책임이 있다고 주장한다. 심슨은 니콜이 아이들이 보는데도 버젓하게 다른 남자에게 추파를 던졌다면서 니콜을 "적"이라고 표현하면서 분노를 표시했다. 심슨은 두 명에 대한 살인이 일어나던 날인 1994년 6월 12일 끓어오르는 분노에 차 있었다고 말했다.

범행 현장

케이토 캘린과 식사한 후 검은색 스웨터를 입고 브렌트우드에 있는 니콜의 집으로 달려갔다. 골목에 차를 세우고 털모자와 장갑을 끼고서 브롱코에 있는 칼을 집어 들었다. 심슨에 따르면, 니콜을 죽이려 한 것이 아니라 겁주려 한 것이었다.

로널드 골드먼과 부딪침

심슨이 고장이 나서 부서져 있는 문으로 들어가서 니콜의 집으로 들어가자 로널드 골드먼이 니콜의 집으로 다가오는 걸 보았다. 심슨은 거의 책의 10장에 걸쳐 니콜과 골드먼이 같이 잠자려 했다고 적고 있다. 니콜은 심슨에게, 골드먼은 레스토랑에 놔둔 선글라스를 갖다 주려고 왔을 뿐이니 골드먼을 내버려 두라고 말했다. 그러나 니콜의 아티카(니콜이 기르던 '카토'란 개를 가리킨다)

가 골드먼을 보더니 꼬리를 흔들며 반겼고, 심슨은 이를 보고 둘이 예전에 관계하였다고 짐작했다. 심슨은 골드먼에게 "너 전에 왔었지"라고 외쳤다.

살 인

심슨의 주장에 의하면, 니콜은 이성을 잃고 자신의 머리를 떨구고 콘크리트 벽에 자신의 머리를 부딪히면서 심슨을 마치 저승사자 대하듯 하였다. 그때 골드먼이 오자 심슨은 이성을 잃었다. 심슨은 이 장면을 고백하듯 적고 있다. 그리고 무서운 일이 일어났다고 적고 있다. "무슨 일이 일어난 것 같지만 어떻게 일어났는지 말할 수 없어요." 후일 심슨은 책을 홍보하기 위한 육성 인터뷰에서 "골드먼이 가라테 동작을 하듯이 다가왔고…[책에서 적고 있는 범인이] 칼을 집어 든 것이 기억난다"라고 말했다. 인터뷰 때 책에서 적고 있는 범인이 칼을 집어 들기 전에 장갑을 벗었는지 묻자, 심슨은 "아시다시피, 무슨 일을 했는지 기억이 없고, 장갑을 발견했기 때문에 장갑을 끼고 있었음이 틀림없습니다"라고 대답했다.

범행 현장에서 도주함

심슨은 자신이 피로 물들었으며, 골드먼과 니콜의 시체 앞에서 피 묻은 칼을 들고 있었다고 묘사했다. 그리고 브롱코에 타기 전에 양말을 벗었다고 말했다(그러나 경찰에 따르면, 심슨의 양말은 로킹엄 저택 침실에서 발견되었다). 브롱코를 몰고 집으로 향했다. 집에 도착하자 리무진이 집 앞에 주차된 것을 보고 어두운 길을 따라 집으로 돌아가서 캘린의 침실을 향해 에어컨을 세게 쳤다.

복 선

심슨의 스토리에 의하면 심슨과 함께 니콜의 집에 갔다는 찰리는 공범이고, 진범은 심슨이다. 찰리는 심슨으로 하여금 살인을 못하도록 말렸다.[4] 심슨은 범행 현장에 찰리와 동행했다고 적고 있다. 심슨의 이런 주장이 가공과 실재가 섞여 있는 것이라 가정할 때, 범행 현장에 있었다는 찰리란 과연 누구를 암시하는 것일까?

암살범이란 가설

심슨의 형사 사건 변호사 조니 코크란Johnnie Cochran은 경찰관 톰 랭을 반대신문하면서 살인 현장에서 일어났을, 두 가지 가설을 제시하였다. 첫째는, 마약을 복용하고 있던 니콜의 친구 페이 레즈닉을 찾던 마약상이 심슨과 부딪치게 되었을 것이라는 가설이다. 둘째는, 골드먼을 뒤쫓던 암살범의 소행이라는 가설이다.[5] 그리고 TV와 라디오를 통해 심슨 변호인은 암살범 가설을 주장했다. 마약상이 사람을 잘못 보고 니콜 브라운을 살해했을 것이라고 주장했다. 여기에 대해 니콜의 친구 페이 레즈닉은 자신이 과거 마약에 손댄 사실이 있지만 변호인의 이런 주장은 터무니없다고 말했다.[6]

최후변론 때 코크란은 다시금 암살범 가설을 들고 나왔다.

"이런 주장이 타당하지 않은데도 검찰은 계속해서 자신들의 목소리를 높였습니다. 이 사건의 특징은 무엇입니까? 이 사건은 은밀하게 이루어졌습니다. 전문 암살범이 두 명을 살해한 겁니다.

검찰의 주장이 맞지 않다는 다른 사실을 살펴봅시다. 골드먼이 자신의 목숨을 걸고 격렬하게 싸웠다는 사실을 잘 아실 겁니다. 그런데도 왜 심슨의 몸에는 아무런 상처가 없는 걸까요? 두 명의 건장한 사람이 격렬하게 싸웠다는 것을 전제해 봅시다. 골드먼의 손에 난 상처를 살펴봅시다. 골드먼의 손마디에는 커다란 상처가 있는데, 베이든 박사(법과학자 마이클 베이든을 가리킨다)

에 의하면 이 상처는 골드먼이 목숨을 걸고 싸웠을 때 생긴 거라고 합니다. 골드먼은 상대를 쳤을 겁니다. 검찰도 이 점을 인정했지요. 검찰은 '골드먼이 잘못 쳐서 나무를 쳤을 겁니다'라고 말했습니다.

이와 같이 좁은 공간에서 사오 분 싸웠다면 두 사람에게 분명 많은 상처와 흔적을 남겼을 겁니다. 골드먼과 상대는 분명 그랬을 겁니다…."

심슨 변호인만 암살범 이론을 주장한 게 아니다. 〈해양의료 조사팀〉에서 일해 온 토마스 존슨Thomas H. Johnson 역시 《진짜 범죄The Real Crime》에서 암살범 가설을 주장했다. 존슨은 로널드 골드먼이 마약과 관계있고, 그래서 로널드 골드먼을 노린 범인이 골드먼과 함께 니콜을 살해했을 것이라고 추정한다. 그의 얘기를 들어 보자.

론 골드먼이 체비엇 힐스Cheviot Hills(브렌트우드의 한 지명이다) 테니스장 근처에서 마약 거래를 했다는 여러 주장이 있다. 골드먼은 테니스장 근처에서 살면서 테니스 강사로 일했다. 테니스장 관리인은 골드먼이 주차장에서 마약을 팔았다면서 불만을 털어놓았다. 이런 사람들은 전화로만 말했을 뿐이어서 정작 객관적 사실 관계를 확인할 수 없었다.

골드먼은 브렛 칸토어Brett Cantor란 사람이 운영하는 클럽에서 바텐더로 일한 적이 있는데, 칸토어는 1993년 칼에 찔려 사망했다. 골드먼의 지인 마이클 닉Michael Nigg은 자신의 수입에 어울리지 않게 부유하게 생활했고, 골드먼이 메잘루나 레스토랑에 일하도록 주선했다. 닉은 1995년 주차장에서 총에 맞아 사망했다. 이 사망 사건들은 모두 마약 거래와 연관되어 있으며, 메잘루나 레스토랑 역시 마찬가지다.

골드먼은 구속된 경력으로 인해 대부분의 합법적인 사업장에서 직장을 구하기 어려웠다. 골드먼은 1991년 운전면허가 정지된 상태에서 무면허 운전을 해서 16,500달러의 벌금을 부과받았다. 골드먼이 고급 레스토랑인 메잘루나에 취업한 것은 골드먼의 경력에 비추어 볼 때 의문이 있다.

골드먼은 이집트 투탕카멘의 이름을 딴 고급 레스토랑을 개업하리라 꿈꾸고 있었다. 그렇다면 레스토랑 종업원이 고급 레스토랑을 개업하는 데 드는 돈은 어디서 나온 것일까? 골드먼의 꿈이 곧 구체화 단계에 있었다는 사실에 비추어 볼 때 의문은 더 커진다. 골드먼의 부친 프레드는 그 정도의 돈을 댈 능력이 없어 보인다.[7]

존슨은 골드먼이 마약을 하는 것을 보았다는 목격자의 진술, 골드먼이 메잘루나에 취업하도록 주선한 닉이 총에 맞아 사망한 사실, 수입이 마땅찮은 골드먼이 고급 레스토랑을 개업하리라 계획한 사실로 골드먼이 마약 거래에 깊숙이 관여되었을 것이라 추정한다. 그리고 이런 추정을 토대로 골드먼을 노린 암살범이 두 사람을 살해했을 것이라 추정했다. 그러나 골드먼이 마약 거래에 깊숙이 관여되었을 것이란 추정을 뒷받침하는 증거는 부족해 보인다. 그리고 이런 추정을 토대로 마약과 관련된 암살범이 두 사람을 살해했을 것이란 추정은 논리의 비약이다.

이러한 암살범 가설은 모두 마약을 했다고 주장하는 니콜의 지인 페이 레즈닉, 로널드 골드먼과 관계있다. 그러나 이 가설의 가장 큰 약점은 이를 뒷받침할 객관적인 증거가 매우 부족하다는 데 있다.

제삼자란 가설

니콜 브라운의 손톱 밑에서 발견된 피와 피부 조직은 니콜 브라운, 로널드 골드먼, 오 제이 심슨의 것이 아니었다. 범행 현장에서 발견된 남색 털모자는 사건이 나기 전에 심슨의 아들 제이슨이 쓰고 있었다. 심슨에 대한 형사재판이 끝난 후 제이슨이 개와 함께 찍은 사진이 발견되었는데, 이 사진에서, 제이슨은 털모자를 쓴 채 비스듬히 누워 있다. 그리고 범행에 사용된 칼은 지금까지 발견되지 않았다. 사건이 발생한 후 경찰은 수많은 인력과 첨단 장비를 동원해서 니콜의 집이 있는 번디에서부터 심슨의 저택이 있는 로킹엄, 심슨이 사건 당일 비행기를 타고 간 시카고에 이르기까지 이를 잡듯 샅샅이 뒤졌다. 그러나 이런 노력에도 불구하고 범행에 쓰인 칼은 발견되지 않았다. 심슨이 범인이라면 심슨이 구속된 후 범행도구가 발견되었을지도 모른다. 이런 증거들이 《제삼자 가설》을 지지해 준다.

윌리엄 디어는 마이애미와 플로리다에서 근무한 경찰관이다. 경찰관직을 그만둔 후 1961년 사립 탐정 사무소를 열었고, 살인 사건에 있어서는 전문가다. 디어는 미제 살인 사건을 해결한 공로를 인정받아 미국 경찰청 명예의 전당에 입성하였다. 디어는 자신의 사무소에서 가동할 수 있는 인력과 법과학자, 병리학자와 함께 팀을 꾸려 1994년 6월 12일에 발생한 니콜 브라운과 골드먼 살인 사건을 조사했다. 디어는 40년간 이 분야에서 일한 자신의 경험에 의할 때, 세기의 재판에도 불구하고 의문이 있고 진실은 발견되지 않았다는 생각이 들었다고 한다. 그리고 심슨이 남긴 편지를 읽어 보니 더더욱 의문이 들었다고 한다.

디어는 경찰이나 검찰처럼 막강한 수사 권한은 없지만, 오랜 경험을 토대로 사건에 계속 파고들었고, 그래서 범인이 사용한 칼이 양날의 칼이란 사실 등을 밝힐 수 있었다고 한다. 그리고 피해자 가족들을 하나하나 조사하고, 의문이 있는 사람들을 점검하고 대상을 좁혀 갔다.[8]

심슨 사건을 17년간 조사한 끝에 디어는 심슨의 아들 제이슨이 살인과 관련있다는 41개의 정황증거를 찾았다고 주장한다. 《뉴욕 포스트*New York Post*》와의 인터뷰에서 디어는, 새로운 증거를 찾기 위해 제이슨의 쓰레기통을 뒤졌고, 제이슨이 버린 물건도 조사했다고 밝혔다. 이러한 조사 과정에서 디어는 칼을 찾아냈는데, 그 칼은 법과학자가 살인 무기로 쓰이는 칼이라고 판단하였다고 한다. 그리고, 이 칼은 수사 때 경찰이 전혀 찾지 못한 것이라고 주장했다. 디어는 제이슨을 〈간과된 용의자〉라고 불렀다. 그리고 2010년에 찍은 다큐멘터리 영화에서 디어는, 진범은 살인 사건 뒤에 묻혀 있다고 주장했다. 2011년 이 다큐멘터리 영화가 상영되는 닥마이애미 영화 축제장에서, 디어는 1994년 6월 12일 밤에 쓰였다고 주장하는 살인 도구를 전시했다.

디어는 살인 사건이 나기 두 달 전, 제이슨이 여자 친구를 성폭행했다고 주장했다. 《뉴욕 포스트》에 의하면, 요리사인 제이슨에게는 〈간헐적인 분노 조절 장애〉가 있다. 간헐적인 분노 조절 장애란 사소한 일에도 종종 극단적인 분노를 표출하는 증세를 말한다. 제이슨은 과거 칼로 레스토랑 사장을 공격하여 체포되었는데, 사건 당시 제이슨은 그 사건으로 보호관찰을 받고 있었다. 제이슨은 사건이 나기 두 달 전에는 여자 친구 제니퍼 그린Jennifer Green을 난폭하게 공격했다. 또한 과거 제이슨은 여자 친구를 공격하고 칼로 그녀의 머리카락을 자른 적도 있었다. 제이슨이 쓴 일기에는 폭력에 대한 강박관념이 있음이 드러나고 있다. 제이슨은 일기장에 이렇게 적고 있다.

"나에게는 칼의 세월이라 할만 해. 칼로 문제를 해결해 왔어. 내 친구를 건드리는 놈은 죽여 버릴거야. 지킬과 하이드가 되는 것에 지쳐 있어."

디어는 칼을 마구 휘두르는 사람일수록 자신이 무슨 일을 하고 있고, 자신이 칼을 잘 다룬다는 사실을 알고 있다고 주장한다. 그런데 오 제이 심슨은 그런 사람이 아니라는 것이다. 니콜과 로널드는 누군가가 마구 휘두른 칼에 의해 무참히 도륙당했다. 니콜 브라운은 머리와 목을 여러 번 찔렸다. 그리고 목이 잘린 부위는 너무 깊어 목구멍이 다 들여다 보인다. 로널드 골드먼도 머리와 목, 몸에 수십 군데나 찔렸다. 이 사실은 범인과 로널드 골드먼이 치열하게 싸웠다는 사실을 의미한다. 경찰은 이를 두고 '격분에 의한 야만적인 살인'이라고 묘사했다. 제이슨이 경찰이 표현한 대로 격분에 싸여 니콜과 로널드를 공격했을까? 그렇다면 디어의 표현대로 제이슨은 〈지킬과 하이드〉의 본능이 발동된 것이다. 더구나 제이슨은 주방장으로 늘 칼을 몸에 지니고 다녔으며, 그는 주방장으로 평소 칼을 잘 다루었을 것이다.

그리고 디어가 주장하는 〈동기〉 또한 그럴듯해 보인다. 살인 사건이 나던 날 니콜 브라운은 제이슨이 근무하는 레스토랑에서 가족과 식사하기로 해놓고선 불현듯 식사 장소를 로널드 골드먼이 근무하는 식당으로 옮겼다. 제이슨으로서는 주방장으로 잔뜩 기대했을 것이고, 많이 준비했을 것이다. 그럼에도 니콜은 아무런 설명 없이 약속을 저버렸다. 이것이 제이슨을 격분 상태로 몰고 갔을 것이라고 추정할 수 있다는 것이다. 더구나 제이슨에게는 〈간헐적인 분노 조절 장애〉가 있다. 그렇다면 남들에게는 시시해 보일 수도 있는 일이지만 제이슨에게는 큰 일로 받아들이게 할 수도 있을 것이다. 그리고 디어의 주장대로 이런 동기가 제이슨으로 하여금, 살인이라는 〈폭발〉로 몰고 가게 한 것일 수도 있다.

경찰은 제이슨을 용의자 선상에 올린 사실이 없다. 그리고 심슨만 유일한 용의자로 보았다. 그래서 제이슨은 조사받은 사실이 없고, 그래서 다들 제이슨이 사건 당시 베벌리힐스에 있는 《잭슨 레스토랑》에서 계속 근무하고 있었던 것으로 알고 있다. 그러나 사립 탐정 디어는 제이슨의 레스토랑 근무 시각표를 어렵게 입수했다. 그런데 그는 여기서 이상한 점을 발견한다. 다른 직원들의 근무 시각표는 모두 프린트 되어 있는데 유독 제이슨의 근무 시각표만 수기로 작성되어 있었다. 이상한 생각이 든 디어는 레스토랑 직원들을 만나 조사했고, 결국 그는 제이슨이 그날 일찍 레스토랑에서 나간 사실을 알아냈다.

디어는 심슨 스스로가 자신의 아들을 보호하기 위해 자신을 구렁텅이로 밀어넣은 것이라고 주장한다. 그리고 로스앤젤레스 경찰과 검찰은 이런 심슨의 의도대로 서둘러 심슨을 재판에 회부하려 했다고 주장한다. 여기서 디어는 형사재판 때 랜스 이토 판사가 "형사재판 제도는 재판에 회부된 것이 옳고 그른지만 가린다"라고 한 말을 인용한다.

디어의 주장이 있은 후 《워싱턴 포스트》는 식당에서 주방장으로 일하는 제이슨과 인터뷰하려고 했으나 실패했으며, 전화 연락도 못 했다고 보도했다. 디어는 텍사스에서 30년 넘게 사립 탐정으로 일했다.[9] 그는 《폭스사》의 〈미제 사건Unsolved Mysteries〉이란 프로그램에 출연한 적도 있다.

《심슨은 무죄다O. J. Simpson is innocent》에서 윌리엄 디어는 심슨은 니콜과 골드먼의 살인에 대해 무고하다고 주장한다. 이 책에서 디어는 진범이 심슨의 아들 제이슨일 것이라고 추정한다. 디어는 두 명이 살해된 직후 심슨이 범행 현장에 다녀간 것은 사실이지만 심슨은 범행을 저지르지 않았고, 심슨은 당시 제이슨이 범죄를 은폐하는 것을 돕고 자신의 아들을 보호하기 위해 행동했다고 주장했다. 디어는 사건을 조사하기 위해 오랫동안 범죄 현장을 조사하고 관련자들을 면담하고, 증거를 수집했다. 디어가 제시한 여러 정황증거를 살펴볼 때 이런 주장은 쉽게 무시할 수 없다. 디어는 이런 방법으로 범죄를 수사해서 오하이오 사람 딘 마일로Dean Milo 살인 사건을 해결해고, 그 결과 마일로의 형제를 포함한 11명이 유죄 판결을 받았기 때문이다.[10]

이 가설은 몇 가지에 근거를 둔다.

먼저 제이슨의 과거 전과를 든다. 제이슨은 마약과 칼을 사용해서 폭행한 죄로 처벌받았다. 그리고 간헐적인 분노 조절 장애로 약을 복용하는 등, 정신이상 증세가 있었다. 디어는 제이슨이 살인 사건이 일어나기 전 석 달 전부터 이 처방약을 복용하지 않았다고 주장한다. 그리고 제이슨은 살인 사건이 나기 6개월 전 분노를 느끼고 환청이 들려 응급실로 실려간 적이 있었다고 한다.

디어에 의하면, 1994년 6월 12일 가족들은 제이슨이 일하는 레스토랑에서 저녁 식사를 하기로 되어 있었다. 그런데 니콜이 갑자기 일정을 바꾸었고,

식당을 바꾸기 몇 분 전까지 제이슨에게 그런 사실을 알린다는 것을 깜박하고 있었다. 이런 사실이 제이슨으로 하여금 분노 조절을 못 하게 만든 것이라고 본다.

그날 제이슨은 오후 9시 50분 이후에 대한 알리바이가 없다(살인 사건은 그날 밤 10시 15분 이후에 발생했다). 그리고 잭슨 레스토랑의 전자시계는 잘 돌아가고 있었음에도 제이슨의 그날 근무 시간표는 수기로 작성되어 있다. 나아가 제이슨은 몇 개의 칼을 가지고 자신이 요리사로 근무하는 레스토랑을 떠났다.

살인 사건 후, 디어는 살인 사건이 나던 때의 제이슨의 쓰레기통을 추적했다. 제이슨이 거주하는 건물에서 디어는 자신의 가설을 지지하는 몇 가지를 발견했다. '1993년 3월 24일'이라고 적혀 있는 사진인데, 이 사진에서 제이슨은 남색 털모자를 쓰고 있다. 이 남색 털모자는 범죄 현장에서 피 묻은 장갑 옆에 있는 모자와 비슷하다. 경찰은 범행 현장에서 발견한 털모자를 검사했는데, 이 모자에서 흑인 모발이 발견되었지만, 오 제이 심슨의 모발과 완전히 일치되지는 않았다.

디어에 의하면 제이슨의 급우가 말하길, 제이슨은 육군과 해군에서 실시하는 육탄전과 검술 훈련에 참가했다고 한다. 급우는 회상하길, 오 제이는 피가 낭자한 장면을 싫어했다. 경찰은 오 제이의 집에서 발견한 빈 스위스 군용칼통을 두고 스위스 군용칼이 범행도구라고 추정했다. 그러나 조사한 결과, 범행에 쓰인 칼은 단검으로 드러났다. 디어는 범행 도구로 언급된 칼과 일치하는 칼도 발견했다. 저명한 범죄학자가 이 칼을 조사해 보더니, 니콜의 머리에 자상을 가한 칼과 일치된다고 말했다.

디어는 다른 법과학 증거에도 의문을 가졌다. 로널드 골드먼의 손에 난 많은 상처는 그가 범인과 힘겹게 싸웠다는 것을 드러낸다. 그러나 살인 사건 다음 날, 오 제이는 로스앤젤레스 경찰청 조사관에게 스스로 그 손을 보여 주었다. 손에는 찰과상이나 폭행을 드러내는 상처가 없었다. 골드먼은 가라테 검

윌리엄 디어는 전직 경찰관이자 사립 탐정이다. 디어는 《심슨은 무죄다》에서 심슨은 니콜과 골드먼의 살인에 대해 무고하다고 주장한다. 그리고 심슨의 아들 제이슨이 범인일 거라고 추정한다. 디어는 2011년 닥마이애미 영화 축제장에서 제이슨이 버린 칼과 칼집을 들고 인터뷰하고 있다.

은 띠 3단이다. 더욱이 범행 현장에 있던 17개의 지문은 오 제이 심슨의 것이 아니었다. 그 지문이 제이슨의 것인지에 대해서는 전혀 조사되지 않았다.

그리고 니콜의 몸과 손톱 밑에서 발견된 피와 피부는 오 제이의 것이 아니였다. 그리고 제이슨의 DNA는 전혀 조사되지 않았다. 그리고 디어에 따르면, 살인 사건이 발생한 다음 날 심슨이 체포되기 전 심슨은 한 번도 용의자로 지목되지 않은 제이슨을 위해 유명한 형사 변호사 칼 존스Cal Johnes를 선임해 주었다.

디어는 제이슨이 진범이라고 볼 다른 정황증거도 제시한다. 예를 들어, 제이슨이 분노가 나타난 기간 중 행동과 관련된 기록에 의하면, 제이슨은 그 기간 동안 과거 여자 친구를 거의 죽일 뻔 했으며, 칼로 다른 사람에게 중상을 입혔다. 제이슨은 니콜, 골드먼 살인 사건이 날 때 다른 사람을 칼로 공격하여 보호관찰을 받고 있는 중이었다. 반면 오 제이는 다툼과 관련하여 어떤 무기를 사용했다는 전과 기록이 없다.[11]

디어의 얘기는 흥미롭다. 디어의 주장과 같이, 로스앤젤레스 경찰관과 검사는 서둘러 범인을 심슨으로 단정하고, 심슨을 체포한 것으로 보인다. 그러나 디어의 이론의 약점은 시간대이다. 니콜의 이웃 사람 헤이드스트라에 의하면, 그날 밤 10시 38분쯤 어떤 남자가 니콜의 집 부근에서 "이봐!"라고 소리를 질렀다. 이 목소리의 주인공이 골드먼이면 골드먼은 그때까지 살아 있는 셈이다. 이후 제이슨이 두 사람을 살해한 것이라면, 이후 제이슨이 심슨을 부르고, 심슨이 급히 살해 현장으로 갔다가 10시 51분쯤 다시금 로킹엄 저택으로 돌아와야 한다. 다시 말해 13분 이내에 제이슨이 두 명을 살인하고, 심슨을 불러 자신의 행동을 설명하고, 오 제이 심슨이 현장에 도착하고, 오 제이 심슨이 리무진이 대기하고 있는 자신의 저택으로 돌아와야 한다. 과연 이런 일이 가능할까? 그러나 제이슨의 초기 가설은 이후 법과학자 헨리 리 박사가 조사한 사실에 힘입어 보완되고 정교해졌다. 그리고 오 제이 심슨에 대하여 무죄로 평결나던 날 법정을 찍은 사진을 보면, 심슨의 다른 가족들은 환호하고 있는 반면, 제이슨은 감정을 드러내지 않고 있거나 화가 난 것처럼 보인다. 이런 증거도 제이슨이 범인이란 가설을 지지한다.

살인범 동생

최근에는 제이슨이 아닌 또 다른 제삼자가 범인이라는 주장이 제기되었다. CNN의 보도에 따르면, 살인범의 형이라는 사람이 나타나서 자신의 동생이 니콜 브라운과 로널드 골드먼을 살해한 진범이라고 주장하였다. 글렌 로저스Glen Rogers란 사람은 1995년 11월 플로리다와 캘리포니아에서 여러 여성들을 살해한 혐의로 구속되어 사형을 선고받았다. 그는 여러 주에서 5명의 여성을 살해한 사실로 재판을 받았다. 그러나 당시 경찰은 로저스가 실제로는 70여 명의 여성을 살해하였을 것으로 추정했다. "나는 동생 글렌이 니콜 브라운과 론 골드먼을 살해했다고 확신하고 있습니다"라고 글렌의 형 클레이 로저스Clay Rogers가 말했다.

클레이 로저스는 《연쇄살인범 동생My Brother, The Serial Killer》이란 드라마 대본을 썼다. 이 드라마는 수사극 채널에서 방영되었다. "저는 제 동생이 범인이라고 봅니다. 동생이 그 자리에 있었다는 증거를 봤거든요."

그러자 로널드 골드먼의 부친 프레드 골드먼Fred Goldman은 즉각 반응했다. "형사재판에서 드러난 압도적인 증거는 하나의 범인, 오직 한 명의 범인이 니콜 브라운과 로널드 골드먼을 살해했다고 입증하고 있습니다"라고 CNN과의 인터뷰에서 말했다.

"그 사람은 글렌 로저스가 아니라 바로 오 제이 심슨인 것입니다" "심슨이 무죄로 풀려난 것은 형사재판 제도를 좀먹고 있는 졸렬한 오판 때문입니다"라고 말했다. "이제 모든 범죄인들이 오 제이 심슨의 제단에 올라가서 자신들의 죄를 사해 달라고 기도드리고 있습니다." "로스앤젤레스 감옥에 있는 수십만 명의 글렌 로저스가 한 목소리로 [로저스가 범인이라고] 자백하더라도 오 제이 심슨이 범인이라는 사실은 바꿀 순 없습니다"라고 목소리를 높였다.

로널드 골드먼의 누이 킴 골드먼Kim Goldman도 방송사와 제작자를 비난했다. "다큐멘터리 방송사와 제작자가 이런 무책임한 일에 나서다니, 끔찍한 일입니다"라고 CNN 방송국에 나와서 말했다. "이런 식으로 얘기가 흘러가는 것에 실망합니다. 이게 자백입니까?"

이 드라마의 제작자 데이비드 모나간David Monaghan은 CNN의 보도에 즉각 반응하지 않았다. 그리고 로스앤젤레스 경찰청 대변인은 글렌 로저스가 니콜과 로널드의 살인 사건에 가담하지 않은 것으로 안다고 발표했다.[12]

5장

내가 만약
범인이라면

"그래서 제 자신을 변호할 재주조차 없습니다."

셰익스피어의 《오셀로》에서

공분을 사다

타블로이드 신문 《내셔널 인콰이어러National Inquierer》가 처음으로, 오 제이 심슨이 쓴 《내가 만약 범인이라면》이 출판될 거라고 보도하였다. 심슨의 변호사는 즉각 그 사실을 부인했다. 그러나 2006년 11월 중순에 이르자 심슨 측은, 공식적으로 그해 11월 30일에 책이 출간될 예정이라고 발표했다. 그리고 심슨은 2006년 11월 27일이나 29일쯤 이 책에 대해서 TV로 인터뷰하기로 되어 있었다. 책에서 심슨은 1994년 니콜 브라운과 로널드 골드먼을 어떻게 살해했는지 밝히고 있다. 이 책에는 〈살인범의 고백Confessions of the Killer〉이란 부제가 달려 있다. 그리고 대필작가 파블로 펜하베스Pablo Fenjves가 심슨이 들려주는 얘기를 적어 책이 집필된 것으로 알려져 있다. 심슨은 니콜 브라운과 로널드 골드먼이 어떻게 살해되었는지를 가설로 썼다고 주장한다. 그러자 심슨의 과거 매니저인 노먼 파르도Norman Pardo는 《허핑턴 포스트Huffington Post》와 가진 인터뷰에서, 심슨은 책을 쓰는 데 관여하지 않았다고 주장했다. 그리고 자신의 만류에도 불구하고 심슨은 〈리건북스ReganBooks〉와 〈뉴스콥NewsCorp〉으로부터 60만 달러를 받고 인터뷰에 응했다고 한다.[1]

책이 발간되려 하자 니콜의 여동생 데니스 브라운Denise Brown은 책을 발간하는 것은 잘못된 범죄를 부추기는 것이고, 상업을 빙자한 행패라면서 출판사 〈리건북스〉를 맹비난했다. 데니스는 [고통스러운] 기억에서 벗어나기 위해 참고 살아 왔는데, 심슨이 악몽을 깨우기로 작정하였다니 매우 불쾌합니다"라고 덧붙였다.[2] 로널드 골드먼 가족의 비난은 한층 드셌다. 그들은 출판사를 향해 책을 출판하는 것은 "살인범으로 하여금 제 목소리를 내게끔 멍석을 깔아 주는 일"이라고 비난했다.

〈리건북스〉는 2006년 11월에 책을 발간하기로 했다. 책의 발간과 〈폭스TV〉의 심슨에 대한 특집방송을 같이 하기로 되어 있었다. "이것은 역사적 사

오 제이 심슨은 2006년 《내가 만약 범인이라면》이란 책을 썼다. 이 책에는 〈살인범의 고백〉이란 부제가 달려 있다. 그러나 이 책의 발간은 시민들의 공분을 불러일으켰다.

건이고, 책에서 언급하고 있는 건 심슨의 고백이라고 봅니다." 리건북스의 대표 쥬디스 리건Judith Regan이 기자들에게 설명했다. 그런데 시민들의 비판이 거세지자 〈리건북스〉와 〈폭스〉의 모회사인 〈뉴스 코포레이션News Corporation〉은 2006년 11월 20일, 책의 발매와 TV 인터뷰를 전격적으로 취소했다. 심슨의 책은 대중의 공분을 샀다. 〈리건북스〉와 〈머독 뉴스사Murdoch's News Corp〉의 오너인 주디스 리건도 논란이 된 심슨의 책 발매와 심슨의 TV 인터뷰를 취소하기로 결정했다고 밝혔다. 〈머독 뉴스〉의 경영인 루퍼트 머독Rupert Murdoch도 기자 회견장에서 "저와 이사들, 그리고 시민들은 이 일이 잘못된 사업이라고 봅니다"라고 말했다.[3] 머독은 "로널드 골드먼과 니콜 브라운의 가족에게 심려를 끼쳐 드려서 죄송합니다"라며 연신 사과했다.[4]

다시 출판하다

　　초판 《내가 만약 범인이라면》에서 심슨은 니콜을 만났을 때부터 결혼 생활에 이르기까지에 대해서 자세하게 적고 있다. 그리고 책 후반부에선 1994년 6월 12일에 벌어진 살인 사건에 대해서 자세히 다루고 있다. 심슨의 변호사는 "단지 한 장ᵖ에서 살인 사건을 다루고 있습니다. 그리고 제가 알기로 이 부분은 완전히 허구입니다"라고 말했다.[5] 이 책에는 찰리란 인물이 등장한다. 찰리는 살인을 막으려 애썼고, 그럼에도 심슨은 찰리의 제지를 뿌리친다.

　출판 계획이 발표되자, 온라인에서도 출판사에 대해 책 불매 운동을 벌이자는 움직임이 일었다. 그리고 비슷한 움직임이 호주와 유럽에서도 일었다. 그래서 출판사와 언론사는 책의 발간과 TV 인터뷰를 모두 취소하기로 한 것이다. 그러나 인터뷰는 이미 마쳐진 상태라 〈폭스〉와 〈뉴스 코퍼레이션〉은 심슨이 인터뷰한 장면이 인터넷에서 유포될지는 알 수 없다고 전했다. 이와 같이 책의 출판에 대해 거센 비난이 일었고 결국 책의 출판은 취소되었지만 책의 사본은 돌아다녔다. 인터넷 경매 사이트 〈이 베이ᵉ ᴮᵃʸ〉에선 사본에 대한 경매가 이루어졌다. 결국 사본 거래액은 250만 달러에 이르렀다. 우려했던 대로 2007년 6월 13일, 책은 PDF 형태[6]로 인터넷을 통해 급속하게 유포되었다. 2006년 11월, 사본의 발간이 잠시 중단되었지만 2007년 6월까지 40만 부에 이르는 복사본이 거래되었다. 그리고 《내셔널 인콰이어러》는 심슨이 선인세로 350만 달러를 받았을 것이라고 추측했다.

　2007년 8월 플로리다 파산법원이 책에 대한 권리를 골드먼 가족에게 부여하자 이 권리는 골드먼의 가족에게 돌아갔다. 나아가 골드먼의 가족은 책의 복사권, 보도권, 영화에 대한 권리도 취득했다. 골드먼 가족은 심슨의 이름, 일대기, 책과 관련된 공개권도 취득했다. 골드먼 가족은 책의 인세를 〈로널드 골드먼 정의재단〉에 기부했다. 이 재단에서는 폭력 범죄의 피해자를 지원

심슨이 쓴 《내가 만약 범인이라면》에 대한 권리는 로널드 골드먼의 가족에게 돌아갔다. 골드먼의 가족은 책의 인세를 〈로널드 골드먼 정의재단〉에 기부했다. 왼쪽부터 로널드 골드먼의 부친 프레드 골드먼, 프레드 골드먼의 부인 패티, 민사소송에서 원고들을 대리한 변호사 다니엘 페트로셀리, 로널드 골드먼의 누이 킴 골드먼이다.

하고 있다.[7] 2007년 8월 14일, 로널드 골드먼의 가족의 대리인은 부제 〈살인 범의 고백〉을 달고 책을 다시 출간하기로 결정했노라고 발표했다. 책의 원래의 내용에는 손대지 않고, 논평만 덧붙이기로 했다. 책은 2007년 10월 13일에 발간되었다.[8] 책 제목 《내가 만약 범인이라면》은 바뀌지 않았지만 출판사는 〈뷰포트 북스*Beaufort Books*〉로 바뀌었다. 그리고 골드먼 가족의 논평이 덧붙여졌고, 초판의 제목에서 '만약*If*'이란 글자는 대폭 축소되었다.

심슨의 고백인가
아니면 허구인가

　　　심슨은 이 책에서, 1994년 6월 12일 밤에 벌어진 전처 니콜 브라운 심슨 살인 사건에 대해 아무에게도 말하지 않은 사실을 털어놓겠다고 말문을 연다. 심슨은 자신이 범행했지만 진짜 자신이 범행했는지 모른다고도 말한다. 그리고 '사실'과 '허구'를 구별할 수 없다고 말한다. 책의 제목이 《내가 만약 범인이라면》이므로 책의 내용이 허구임을 드러내고 있지만, 〈살인범의 고백〉이란 부제에서 암시하듯 사실과 허구가 섞여 있다는 복선을 깔고 있다. 심슨은 이 책에서 저자의 이름이 오런설 제임스 심슨Orenthal James Simpson이며, 사람들이 자기를 오 제이O.J.라고 부른다고 밝힌다.[9]

니콜에 대한 소문

심슨은 책에서 딸 시드니의 댄스 공연 후 그날 밤, 아래와 같이 니콜에 대한 좋지 않은 소문을 들었다고 적고 있다.

딸의 공연 후 피곤했다. 그리고 론 피시먼과 짧은 대화를 하고 언짢았다. 론은 니콜에 대해 좋지 않은 소문을 늘어놓았다.

나는 서재로 가서 시카고로 갈 여장을 꾸렸다. 수중에 100달러 짜리밖에 없어 공항에서 쓸 5달러가 있는지 물어보려고 케이토에게 갔다. 케이토에게는 100달러를 바꿀 돈은 없었고 20달러밖에 없었다. 그래서 케이토에게 맥도널드에 같이 가자고 하자 케이토는 좋다고 말했다. 우리 둘은 벤틀리를 타고 창구에서 주문했다. 그리고 차량 뒷좌석에서 햄버거를 먹었다.

햄버거를 다 먹으니 노곤해졌다. 집으로 돌아가서 짐을 싸기 시작했고, 침대에 물건을 늘어놓았다. 골프채를 가지러 차고에 갔다. 가방 속에 골프공 몇 개가 있는 것을 보고, 바닥에 놓고 칩샷 연습을 했다. 니콜 생각을 그만두려고 했으나 떨치지 못했다.

밤 9시 반쯤 되었다. 니콜과 아이들이 저녁을 먹고 자기들 방으로 갔을 것이다. 니콜에게 전화하자, 니콜은 친정모친이 선글라스를 메잘루나 식당에 놔두고 떠났고, 그래서 니콜에게 전화했고 니콜이 전화해서 선글라스를 찾았으며, 로널드 골드먼이 전화를 받고 근무가 끝나면 기꺼이 번디 집으로 갖다주기로 했다고 말했다. 이건 나와는 상관없는 것이다.

골프채를 정리하고, 전화를 마치고, 찻길에서 폴라를 불렀다. 폴라는 집에 없는지, 대답하지 않았다. 다시 몇 번 더 불렀다.

나는 시드니와 저스틴을 떠올렸다. '애들은 잠들어 있겠지. 그런데 애들 엄마 니콜은 대체 뭘 할까. 아이들과 나한테 불쾌한 일을 하지 않을까?'

심슨은 그레트나 그린 집(니콜은 잠시 그린 집에서 살다가 번디 집으로 이사했다) 쇼파에서 애들이 있는 가운데 니콜이 수십 개의 촛불을 켜 놓고 버젓이 키스와 낯 뜨거운 장면을 연출한 장면이 떠올랐다. 그리고 론 피시먼의 말이 다시 떠올랐다. "우리가 아는 것은 절반도 안 돼." '피시먼의 말이 맞을지도 몰라.'[10]

심슨이 그날 밤, 케이토 캘린과 같이 맥도널드에 가서 버거를 사 먹은 것은 사실이다. 그러나 론 피시먼은 심슨의 친구이고, 심슨은 그날 딸 시드니의 댄스 공연 때 론 피시먼의 가까이에 앉았다. 그러나 그 자리에는 니콜도 같이 있었으므로 론 피시먼이 니콜에 대한 나쁜 소문을 얘기할 리 없어 보인다. 론 피시먼으로부터 들었다는 니콜에 대한 소문은 허구일 수도, 그날 심슨이 다른 사람한테서 들었거나 아니면 과거에 들은 내용일 수 있다. 〈내가 만약 범인이라면〉이라는 가정문에서 암시하듯, 범인이 〈격분〉에 이르기 위해선 이런 스토리가 필요했을 것으로 보인다. 그리고 심슨이 여자친구 폴라 바비에리를 불렀다는 부분은 허구이다. 폴라는 그날, 시드니의 댄스 공연에 참석하겠다고 우기다가 심슨과 다투고 난 뒤, 라스베이거스로 가서 마이클 볼튼과 같이 있었기 때문이다. 그리고 심슨이 니콜 브라운과 낯 뜨거운 장면을 연출했다는 '키스'는 키스 즐람조위치Keith Zlomsowitch를 가리킨다. 키스는 니콜 브라운 가족이 살인 사건이 나던 날 식사한 〈메잘루나〉 레스토랑의 지배인이다. 그는 심슨의 형사 대배심 때 증인석에 섰다. 키스는 그 자리에서, 자신이 니콜 브라운과 사귀었고, 그러자 심슨이 니콜을 질투했다고 주장했다.[11] 그리고 심슨이 그날 밤 골프채를 가지고 칩샷 연습을 했다는 부분은, 형사재판 때 심슨의 변호인이 심슨이 범행 현장에 없었다는 알리바이를 대기 위해 주장한 사실이다. 그러나 게스트하우스에 머물던 케이토 캘린은 그날 밤 골프공 치는 소리를 듣지 못했다고 증언했다.

찰리가 전한 소문

책에서 심슨은 그날 밤 시카고로 가려고 할 때 찰리란 인물이 와서 또다시 니콜에 대한 나쁜 얘기를 털어놓았다고 적고 있다.

시계를 보니 10시 3분이었다. 샤워하고 짐을 꾸렸다. 발 아래를 보니 낯선 차가 주차하고 있었다. 운전자가 차에서 내려 손을 흔들었다. 처음에는 누군지 몰랐다. 옷장으로 다가가자 찰리로 보였다. 몇 달 전에 저녁 식사 때 만난 적이 있다. 몇 주 전에도 봤다. 찰리는 잘 웃고, 매너가 좋았다.

찰리가 현관 쪽으로 다가왔고, 나는 찰리의 얼굴에 미소가 없음을 보았다.

찰리는 "심슨, 잘 지내지?"라고 물었다.

"잘 지내?"라고 대답했다. 문을 열자 들어섰고, 악수를 했다.

"그럭저럭. 밖에서 친구들과 산타모니카 근처에서 식사했어. 오다가 잘 있는지 들린거야"라고 말했다.

"요즘 이상해 보이는데.", "무슨 일 있어?"라고 물었다.

찰리는 시선을 피하면서 "별일 아니야"라고 대답했다.

"괜찮아, 얘기해 봐"라고 말했다.

"둘이(니콜과 페이를 가리킨다) 오늘 식사하고 있더라고, 우리 둘이 친구 사이인 걸 모르는 것 같아.", "어디 여행하는 걸 얘기했는데, 내 생각에 카부트(트렁크 세일을 말한다. 자동차 트렁크에서 물건을 팔면서 경비를 조달해서 여행을 다닌다는 뜻임)로 몇 달간 여행가려는 것 같았어"라고 말했다.

"그래?"라고 말하자, "니콜과 페이 얘기야"라고 했다.

"듣고 있어"라고 조용하게 말했다.

"술과 마약도 많았고, 변태적인 것도 보였어."

"왜 그런 걸 나한테 얘기하는데?"라고 불편한 심기를 내비쳤다.

"미안해, 알아야 할 것 같았어."

"듣기 싫어. 지긋지긋한 얘기야."

"미안해."

"애들 엄마 얘기란 말야."[12]

찰리란 인물은 가공의 인물로 보인다. 그리고 찰리가 그날 심슨에게 했던 니콜이 술과 마약을 했다는 것도 심슨에겐 새삼스런 얘기가 아니다. 범행 현장에서 발견된 모발, 혈흔 등과 목격자의 진술 등에 의할 때, 심슨은 그날 범행 현장에 다녀갔을 개연성이 있다. 그러나 제3자가 심슨의 집으로 찾아왔다는 사실은 그날 로킹엄 집에 있던 그 누구도, 그리고 심슨조차도 말한 사실이 없다. 더구나 심슨을 범인으로 볼 때 심슨이 캘린과 헤어지고 다시 로킹엄에 모습을 드러내기까지의 매우 촉박한 시간을 감안한다면, 실제 제3자가 그날 심슨 집으로 찾아온 것으로는 보이지 않는다. 그리고 심슨이 언급한 '페이'란 니콜 브라운의 친구 페이 레즈닉을 가리킨다. 니콜과 페이는 친하게 지내고 둘은 여행도 같이 다녔다. 그리고 심슨에 의하면 두 사람은 자유분방한 생활을 했다고 한다. 그리고 페이는 마약을 복용해서 마약재활시설에 입소하기도 했다. 그리고 페이 자신도 《비밀일기》에서 사건이 생긴 때가 마약재활시설에 입소하기 전이었다고 털어놓았다.[13] 그러므로 이런 얘기는 심슨에게는 그리 새삼스런 일이 아닐 것이다.

브롱코를 타고 가다

심슨은 책에서 그날 밤 브롱코를 타고 니콜의 집으로 가게 된 경위를 적고 있다. 심슨 집과 니콜의 집은 차로 가면 5분 정도 걸리는 가까운 거리에 있다.

나는 돌아서서 숨을 쉬고 열을 셌다. 시계를 보니 공항으로 태워 갈 리무진이 도착하려면 1시간이 남았다.

"그래?"라고 말하고 브롱코로 다가갔다.

"어디로 갈까?"

"그냥 가자."

찰리도 탔다. 브롱코를 운전해서 대문을 지나 도로로 나왔다.

"오 제이, 어디로 가는데?"

"그 망할 여자한테 가는 거야."

"지금?, 좋은 생각이 아닌 것 같아."

"제길, 전남편이니 참고 지내려 했어. 그런데 애들을 생각하면….'

"그러지 말고 차 돌려 봐."

계속 니콜에 대한 불편한 심기를 드러내자 찰리는 놀란 표정을 지었다.

"진정해."

"그냥 니콜에게 얘기만 하려고 해. 피곤한 상태로 시카고로 가야겠지."

"얘기한 내가 잘못이야."

"그렇지 않아. 잘 얘기했어."

"변호사하고 얘기해 봐."

"변호사라고, 제길, 이혼 변호사들은 약한 사람들을 사냥해…. 벌써 100만 달러나 썼어."

"그럴 만하니까 그런 게 아니겠어."

"제길, 내 일은 내가 직접 챙겨야겠어."

산 빈센트 대로와 만나는 번디길에 도착했다. 왼쪽으로 몇 미터 가다가 오른쪽으로 갔다. 우리는 몬타나를 지나 번디집에 도착했다. 나는 계속 가서 도로시로(니콜의 집은 도로시로 근처 번디길에 있다) 오른쪽으로 가서 집 뒤에 차를 주차했다. 시동을 끄고 집 쪽을 바라보았다.

(…)

나는 뒷좌석으로 손을 뻗어 푸른 털모자와 장갑을 챙겼다.

"뭘 하려고 그래?" "강도 같다."

"좋아." 시트 아래에서 칼도 찾았다.

"치워." "얘기하러 간다며, 뭐 하러 칼은 가지고 가는데?"

"네가 알아 둘 게 있어."라고 말하고 브롱코에서 내렸다.

니콜의 집은 두 채가 나란히 붙어 있다(니콜의 집과 니콜의 이웃 사람 파블로 펜하베스의 집은 나란히 붙어 있다). 이 집에는 원래 후문이 있지만 니콜 집 후문은 고장났다. 니콜에게 수십 번 고치라고 말했지만 말을 듣지 않았다. 정문으로 들어가 좁은 마당을 지나 현관 쪽으로 갔다. 현관문으로 가서 다가가자 집안에는 초가 타고 있었고, 희미한 음악소리도 들렸다. 다른 남자와 있는 것으로 보였다. 심심풀이 남자라고 짐작했다.

"애들이 자고 있는데 이런 미친 짓을 하다니."[14]

찰리도 가공의 인물이고, 찰리와 같이 브롱코를 탔다는 사실도 가공으로 보인다. 경찰도 심슨이 누군가와 동행해서 브롱코를 타고 니콜의 집에 갔다고 주장한 사실이 없다. 그리고 그 시각 심슨의 브롱코를 보았다는 목격자 누구도 심슨이 브롱코에서 다른 사람과 같이 있었다고 말한 사실이 없다. 심슨이 시카고 공항으로 갈 때까지 50분 내지 1시간 가량밖에 여유가 없고, 비록 니콜 집과 심슨 집이 가깝더라도 왕복하는 시간, 차에서 내려서 걸어가는 시간 등을 감안한다면 매우 긴박한 소식을 접하지 않은 이상 갈래야 갈 수도 없어 보인다. 더구나 책에서 적고 있는 것처럼 평소 심슨이 지긋지긋하게 들어오던 니콜에 대한 나쁜 소문이라면 그 소문을 확인하려고 갈 리는 더더욱 없어 보인다. 그리고 차 뒷좌석에 털모자와 장갑이 있었다고 적고 있는데, 이 털모자는 심슨이 평소 쓰던 모자가 아니다. 그리고 나이가 지긋한 심슨이 젊은이나 쓸 법한 스키모자를 평소 쓰고 다닐 리 없어 보인다. 온 나라 사람들이 시청한 심슨 재판 때 어느 누구도 심슨이 이 털모자를 쓴 걸 보았다고 나선 사람이 없었다.

로널드 골드먼과 부딪치다

심슨은 책에서 그날 밤 니콜의 집 앞에서 자신이 로널드 골드먼과 만났고, 두 사람은 얘기를 나누었다고 적고 있다.

열 받고 있을 때 후문이 삐걱거리며 열리는 소리가 들리더니 웬 남자가 그곳이 마치 자신의 집인 양 걸어오고 있었다. '그놈이 날 보았을 때 난 얼어붙은 것 같았다. 젊고 잘 생기고, 검고 숱이 많은 머리카락을 갖고 있었어.' 누군지 떠올려 보려 했으나 생각나지 않았다. 그 남자가 론 골드먼인 줄 몰랐다.

"웬 놈이야?"라고 묻자

"저는… 그냥 선글라스를 갖다 주러 왔어요"라고 말을 더듬었다.

"그래. 그 선글라스 말이지?"

"예."

"쥬디(니콜의 친정모친 쥬디사 브라운을 가리킨다)가 레스토랑에 놔뒀어요. 저는 메잘루나 레스토랑 직원입니다."

(…)

그때 후문이 다시 삐걱거렸다. 찰리가 좁은 곳으로 걸어왔다. 칼을 들고 있었다.

"잘돼 가?"

"웬 남자가 문으로 걸어가는 걸 보고 별문제가 없는지 보러 왔어"라고 찰리가 말했다.

나는 "이놈이 선글라스를 갖다 주러 왔다는 말을 나더러 믿으라고 하네"라고 말했다.

"정말입니다"라고 긴장된 목소리로 골드먼이 대답했다.

봉투(당시 로널드 골드먼은 쥬디사의 선글라스를 흰색 봉투에 넣어 왔다)를 열더니 "직접 보세요"라고 말했다.

(…)

"니콜이 초를 켜고 음악을 틀고 포도주 잔을 두고 널 기다리고 있을걸."

"절 기다린 게 아닙니다."

"내가 바본줄 아냐."

그때 현관문이 열렸다. 니콜이 나왔다. 얇은 가운을 입고 있었다. 니콜은 놀라 입을 벌리고 있었다. 나와 골드먼을 보더니 이어 찰리를 보았다.

"오 제이, 뭐하는 짓이야!"

돌아서서 니콜을 보았다. "내가 묻고 싶은 말이야."

카토란 개가 집 밖으로 나왔다. 나를 보더니 꼬리를 흔들었다. 골드먼이 흥분해 있는 걸 보았고, 찰리 손에 칼이 들려 있는 것도 보았다.

"잘 들어, 이놈아"라고 골드먼에게 말했다.

"오 제이!" 니콜이 소릴 질렀다.

"가 버려. 여기서 뭐하는 짓이야. 시카고로 간 줄 알았는데."

"썹할."

"이봐요."라고 골드먼이 말했다.

"그런 욕은 하지 마세요."[15]

로널드 골드먼이 선글라스를 갖다 주러 왔다는 얘기, 니콜이 초를 켜고 음악을 틀고 포도주 잔을 두고 골드먼을 기다린 사실, 그날 카토가 니콜의 집 근처에서 배회했다는 사실 등은 형사재판과 민사재판 내내 양측에서 날선 공방을 한 주제이다. 따라서 이러한 것들은 누구나 다 아는 사실이다. 그러므로 이걸 적어 놓았다고 하여 남들이 알지 못하는 사실을 적었다고는 보이지 않는다. 그리고 이런 대화를 했다는 사실은 사건 후 정황증거와 맞질 않는다. 니콜 이웃 사람 헤이드스트라는 그날 누군가 "이봐, 이봐, 이봐!"라고 세 번 소리치는 걸 들었다고 했다. 그렇다면 범인은 이미 니콜과 심각한 국면에 접어든 상태였다. 따라서 이런 내용은 거의 '허구'로 보인다. 그리고 싸움을 말리려 했다는 찰리의 손에 칼이 들려져 있었다고 적은 부분은 아무리 허구와 사실이 섞인 글이라 하더라도 너무 엉성해 보인다!

살인 사건이 벌어지다

심슨은 책에서 그날 밤 찰리가 보는 가운데 격분에 이르러 니콜과 골드먼을 차례로 쓰러뜨렸지만 어떻게 해서 그런 무시무시한 일이 벌어졌는지 기억나지 않는다고 적고 있다.

찰리가 끼어들고 "오 제이, 여기서 나가자."

"질문 좀 하자. 여기서 뭐 하는데, 마약 전하러 왔나?"

"오 제이, 날 내버려 둬!"라고 니콜이 소릴 질렀다.

"네가 마약한다는 얘길 들었거든"라고 말하자 니콜이 다가오더니

"나가 줘. 여긴 내 집이고, 내가 하고 싶은 대로 할거야"라고 소릴 질렀다.

"애들 앞에서 그러면 안 되지."

그러자 그 순간 니콜은 몸의 균형을 잃고 바닥에 쓰러졌다.

"제발, 오 제이, 여기서 나가자." 찰리가 애원하듯 말했다.

골드먼을 보자 내가 때릴 줄 알았는지 가라테 방어자세를 취하고 있었다

(로널드 골드먼은 가라테 유단자다).

"뭐 하는데? 가라테로 날 어떻게 해볼 수 있을 것 같아?" 그러자 골드먼이 나를 빙빙 돌면서 발로 뛰고, 좌우로 몸을 흔들었다.

(…)

니콜은 신음소리를 낸 뒤 정신을 차리려 했다. 바닥을 더듬고, 눈을 떠서 나를 바라 보았다. 찰리가 나에게로 와서 가로막았다.

"그만하자, 가자."

그때 찰리의 손에 칼이 있는 걸 봤고, 오른손 장갑을 벗고, 칼을 낚아챘다.

"딴 데 갈 일 없어"라고 말하고, 골드먼을 향해 몸을 돌렸다. 골드먼은 여전히 나를 향해 발을 구르고 몸을 흔들며, 돌고 있었다.

"터프해 보이려는 거지"라고 웃으며 말했다.

찰리가 계속해서 뒤에서 나를 말리려 했지만 나는 찰리를 밀치고 골드먼에게 다가갔다.

"그래 좋아. 얼마나 터프한지 보여 줘."

그때 뭔가 무시무시한 일이 일어났다. '무슨 일이 일어났지만 말할 수 없어. 여전히 니콜의 집 마당에 서 있지만 순간 무슨 일이 있었는지 언제 이곳에 왔는지, 왜 왔는지 생각이 나지 않아.'

천천히 의식을 찾았을 때 시드니가 무대에서 공연하는 모습이 떠올랐다.[16]

검시관의 증언에 의하면 범인은 칼뭉치나 칼자루 등 뭔가 묵직한 물건으로 니콜 브라운의 머리를 내리쳤고, 그래서 니콜 브라운이 바닥에 쓰러진 것으로 추정했다. 그러므로 니콜이 스스로 몸의 균형을 잃고 바닥에 쓰러졌다고 묘사한 부분은 사실이 아니다. 그리고 검시관은 범인이 먼저 니콜에게 치명상을 가한 뒤 칼로 골드먼을 찔렀고, 이어 의식을 찾은 니콜에게 마지막 일격을 가한 것으로 추정했다. 따라서 몸의 균형을 잃고 쓰러졌다 일어난 니콜과 골드먼을 순식간에 처리했다는(여기에 대해 심슨은 무시무시한 일이 일어났다고

만 적고 있다) 부분은 이런 검시관의 추정에 반한다. 그리고 검사는 피해자들의 상해 부위 등 물적 증거에 비추어 볼 때, 범인이 니콜을 먼저 공격한 뒤, 골드먼이 다가와서 범인은 골드먼도 공격했다고 추정한다. 따라서 심슨이 골드먼과 니콜과 한참동안 대화하다가 니콜을 공격하고 이어 골드먼을 공격했다는 부분은 이런 물적 증거에 맞지 않고, 엉성해 보인다. 그런데 심슨은 왜 찰리란 가공의 인물을 내세웠을까? 그리고 찰리가 왜 칼을 가지고 온 것이라고 말하면서 찰리가 말리려고 했다고 한 걸까? 찰리란 인물은 혹시 심슨이고, 범인은 따로 있는 것이 아닐까? 그리고 엉성한 주장이긴 하지만 심슨이 자꾸 현장에 있었다고 주장하므로, 실제로 심슨이 살해한 직후의 상황을 목격한 것은 아닐까?

6장
윌리엄 디어

"그들이 감히 그럴 리가 없어."

셰익스피어의 《리어왕》에서

사립 탐정이 나서다

윌리엄 디어는 댈러스에서 활동하는 사립 탐정이다. 디어는 〈윌리엄 디어와 동료들William C. Dear & Associates〉이란 사립 탐정 사무소를 운영하고 있다.

윌리엄 디어는 일평생 정의에 헌신하기로 다짐했다. 디어는 14살 때 마이애미에서 신문 배달 일을 하고 있었다. 나이는 어렸지만 디어는 범인의 차량 번호판에 표시해서 경찰이 범인을 체포하는 데 일조했다. 이 얘기가 《마이애미 헤럴드》란 신문을 타고 전해지자, 보석으로 풀려난 범인은 디어의 입을 틀어막아 죽여 버리겠다고 협박했다. 그 다음 날, 디어는 경찰의 신병보호 조치에도 불구하고 사건에서 발을 빼고 싶은 심정이었다고 한다. 십대 때 겪은 이 일을 계기로 디어는 경찰에 투신하게 되었다. 그러나 평생 경찰직에 헌신하겠다는 디어의 다짐도 현실에 부닥치자 표류하게 되었다. 디어는, 동료들이 불법도박을 눈감아 주고, 뇌물을 받고, 범죄 현장에서 습득한 물건을 횡령하는 걸 목격하게 되었다. 그래서 디어는 평생 사람들에게 도움을 주는 다른 일을 하기로 마음먹었다. 그리고 자신이 눈을 감을 때까지 하루도 쉬지 않고 계속해서 일하기로 결심했다고 한다. 그리고 디어는 불과 1달러를 받고 실종된 아이를 찾는데 나서기도 했다.[1]

디어는 20세기에 벌어진 유명한 범죄 사건에도 관심을 갖고 예리한 시각으로 살펴보고, 뭔가 이상한 낌새를 채면 직접 조사에 나서기도 했다. 1961년 디어는 자신의 사립 탐정 사무소를 열었다. 그리고 가장 유명한 사립 탐정이라는 명성도 얻었다.[2]

1980년 9월 11일, 딘 마일로Dean Milo란 마흔한 살 된 성공한 사업가가 오하이오 주 배스에서 싸늘한 시체로 발견되었다. 마일로는 소규모 가족 회사를 연 매출 5,000만 달러에 이르는 굴지의 기업으로 일구었다. 발견될 때 마일로는 머리에 총알 두 발을 맞고 쓰러져 있었다. 처음 마일로의 시체를 발견

사립 탐정 윌리엄 디어는 딘 마일로 살인 사건을 조사했다. 디어의 조사로 살인범은 딘 마일로의 동생 프레드 마일로임이 밝혀졌다. 디어는 이 사건에 참여한 경험을 바탕으로 《제발, 살려줘*Please… Don't Kill Me*》란 책을 썼다.

했을 때 경찰은 이 사건을 그저 대수롭지 않은 살인 사건으로 생각했다. 그럼에도 몇 가지 의문점은 있었다. 마일로의 속옷이 뒤집혀져 있었고, 마일로의 입과 시체 주위에 면 섬유가 발견되었다. 그러나 사건을 깊이 파헤칠수록 사건은 점점 더 복잡해졌고, 결코 평범한 사건이 아님이 드러났다. 넉 달이 지났건만 사건은 점점 미궁 속으로 빠져드는 듯했고, 마일로가 마피아와 마약에 연루되었다는 단서도 드러났다. 가족 기업인 마일로가 경영하는 이 회사는 전국적으로 가장 큰 미용업체였다. 그리고 이 업체의 성공은 가족 사이에 심한 갈등을 일으켰다. 그리고 마일로가 어떻게 사업 자금을 조달해서 사업을 크게 확장했는지도 의문이 있었다. 그래서 절망에 빠진 마일로의 미망인은 사립 탐정 윌리엄 디어에게 사건을 조사해 달라고 부탁했다.[3] 디어가 조사하자, 범행은 면식범의 소행으로 드러났다. 디어의 노력으로 범인은 딘 마일로의 동생 프레드 마일로Fred Milo임이 드러났다. 프레드는 재판에서 유죄 답변을 했고, 결국 15년의 징역형을 선고받았다.[4] 프레드는 1988년 심장마비로 사망했다.

1963년 11월 24일 리 하비 오스월드Lee Harvey Oswald는 미국의 35번째 대통령 존 에프 케네디John F. Kennedy를 살해한 암살범으로 지목되어 체포되었다. 오스월드는 체포되어 다른 교도소로 후송되던 중, 나이트클럽 사장 잭 루비Jack Ruby에게 암살되었다. 이후 잭 루비도 사망하자, 오스월드가 왜 케네디 대통령을 죽였는지, 과연 그 배후가 있는지도 밝혀지지 않았다. 1964년 워렌위원회는 사건을 조사했고, 결국 오스월드 단독 범행으로 결론 내렸다.[5] 법과학

증거, 탄두, 목격자의 진술에 의하면 단독 암살범의 소행으로 추정된다. 그럼에도 많은 미국 사람들은 오스월드 단독 소행이 아니라 배후에 다른 공범이 있다는 〈음모론〉을 지지하였다. 더구나 오스월드는 1962년까지 구 소련의 민스크에서 살다가 러시아인 처와 함께 미국 댈러스로 건너왔다.[6] 조사에 착수한 윌리엄 디어는 암살에 쓰인 총알에 의문을 제기하면서 소련의 지령을 받은 요원의 소행이라고 주장했다. 디어는 1981년, 텍사스에 안장된 리 하비 오스월드 시신을 발굴해서 조사하는 일에도 참여했다.

리 하비 오스월드는 미국의 존 에프 케네디 대통령을 암살했다. 윌리엄 디어는 암살에 쓰인 총알에 의문을 제기하면서 소련의 지령을 받은 요원의 소행이라 주장했다. 그림 앞 줄의 남자가 오스월드다.

1986년 윌리엄 디어는 글렌 콜슨Glen Courson 살인 사건에도 참여했고, 1988년에 경찰청 명예의 전당에 입성하였다. 사립 탐정이 이런 명예를 얻은 것은 드물다. 윌리엄 디어는 전통적인 수사 기법에서 탈피했다. 예를 들면, 그는 죽은 사람의 옷을 입고 잠을 자기도 하고, 사건을 해결하기 위해 분장과 변장을 시도하기도 했다. 이런 노력으로 그는 세계에서 가장 유명한 사립 탐정이라는 칭송도 받게 되었다.[7] 디어는 1995년, 폭스TV의 《의문의 검시Alien Autopsy》에서 수사관으로 활약했다. 그는 2000년 BBC가 제작한 다큐멘터리 《오 제이: 비화OJ: The Untold Story》에 참여했다. 그리고 수사 기법에 대해서 강의해 왔다.

디어는 여러 권의 책을 썼다. 1984년 제임스 댈러스 어그버트 사건을 다룬 《지하감옥의 주인The Dungeon Master》을 발간했다. 1989년에는 딘 마일로 사건을 다룬 《제발, 살려줘 *Please, Don't Kill Me*》를 썼고, 1992년에는 《사립 탐정 *Private Detective*》을 썼다. 2001년, 그는 《오 제이는 죄인이나 살인범은 아니다 *O. J. Is Guilty But Not of Murder*》를 발간했다. 그리고 2012년, 《오 제이는 무죄이고, 입증할 수 있다 *O. J. is Innocent and I Can Prove It*》를 썼다.[8]

디어는 오 제이 심슨 사건을 다룬 책을 쓰기 위해 살인 현장이나 심슨과 니콜의 집 등을 조사했다. 그리고 사건에 관련되는 사람들은 직접 만나서 면담했다. 그리고 이를 토대로 범행 시각대의 일련의 사건들을 재조명했고, 범행 알리바이에 대한 경찰의 주장이 틀렸음을 밝히려 했다. 디어는, 심슨이 범인이라는 경찰의 추정이 잘못되었음에 초점을 맞추었다. 그리고 이런 노력을 통해, 궁극적으로는 특별 대배심이 열리도록 해서, 이런 자신의 노력이 진범이 체포되도록 하는 데 일조하기를 바란다고 밝힌다. 그는 브롱코 추격전을 TV로 본 것이 이 일에 나서게 된 계기라고 밝혔다. 브롱코 추격전을 본 디어는 직감으로, 심슨이 범인일 리 없다는 생각이 들었다고 한다. 그리고 한 번도 용의자 선상에 떠오르지 않은 오 제이의 아들 제이슨이 범인이라고 추정한다.[9]

합리적 의심이 들다

니콜과 로널드 골드먼 살인 사건이 나자 수사관, 검찰, 언론 모두가 나흘간 조사한 결과를 토대로 심슨이 범인이라고 단정하였다. 디어가 알기로, 심슨은 하이즈먼 상 수상자이고 런닝백 선수이고, 스포츠 해설자이고 백만장자 영화인이다. 그런데 이런 사람이 살인 사건의 유일한 용의자이자 정의에서 도망간 사람으로 지목되고 있었다.

심슨이 브롱코로 도주하는 장면이 TV로 생생하게 보도되던 날, 심슨의 변호인 로버트 샤피로는 인터뷰를 하면서 심슨이 정서적으로 연약하고 부서지기 쉬운 상태라고 말했다. 서던캘리포니아 대학교 때부터 심슨의 절친한 친구인 로버트 카다시안은 심슨이 자살을 암시하는 편지를 남기자 경찰과 함께 심슨에게 투항하라고 호소했다. 카다시안이 편지를 읽는 장면을 본 디어는 순간, '과연 심슨이 두 아이의 어머니인 니콜을 살해한 사람일까'라는 의구심이 들었다고 한다. 그리고 살인 사건이 나던 날 이른 저녁, 로널드 골드먼이 근무하는 메잘루나 레스토랑에서 니콜 가족들이 식사하였는데, 그날 로널드 골드먼과 니콜, 그리고 심슨 사이에 진짜 무슨 일이 있었는지 궁금해졌다고 한다. 디어는 일평생, 살인범의 심리를 연구해 왔는데, '범인이라면 과연 어떤 심리로 이런 잔인무도한 살인을 저질렀을까'를 추리하였다고 한다.

브롱코 추격전이 계속되자 기자들의 보도가 연이었고, 심슨을 한 번도 만나거나 직접적으로 관계가 없는 사람들이 TV에 나와서 심슨에 대해서 이러쿵저러쿵 얘기했다. 라디오 진행자는 심슨에게 항복하라고 설득했고, 수백 명의 관객이 심슨이 지나가는 곳에 서서 심슨을 응원하였다. 다양한 분야의 전문가, 심슨 가족이 TV에 속속 출연했다. 디어는 이런 장면을 보면서 뭔가 석연찮다는 생각이 계속 들었다고 한다. 그리고 심슨의 행동은 더욱 미심쩍어 보였다. 가족사진을 품고 다닐 정도로 가족을 사랑한다면 자살이라는 행동을 해선 안 될 것이다. 그리고 TV에 비친 심슨의 모습은 진짜 자살하려는 듯 비치지 않았다. 디어는 브롱코 추격전이 나중에 재판 때 정신이상 항변(정신이상이 있을 경우 살인죄가 성립되지 않아 처벌을 받지 않는다)을 하거나 아니면 배심원이 선입견이나 편견에 사로 잡혔다는 것을 이유로 해서 항소하기 위해 사전 전략으로 꾸민 일이 아닌가 생각했다. 아니면 심슨의 말이 진실일 수도 있다는 생각이 들었다고 한다.[10]

의문점을 파헤치다

차량 추격전이 있은 지 2주 후, 디어는 로

스앤젤레스행 비행기표를 샀다. 디어는 맨 먼저 심슨의 로킹엄 저택으로 발길을 돌렸다. 문이 닫힌 로킹엄 저택에서 과연 무엇을 알아낼 수 있을지는 아예 생각하지 않기로 했다. 무엇보다 심슨과 니콜 두 사람의 사이가 벌어진 곳이 이 집이고, 이곳에서 심슨이 체포되었기 때문에 알아볼 가치가 충분하다고 생각했다. 디어와 동료는 로킹엄 저택을 둘러 보았다. 디어가 보기에, 이 집은 니콜과 심슨이 아이들과 뒹구는 모습을 그려볼 수 있는 그런 가정 주택이었다. 주택에는 수영장과 테니스 코트가 있었다. 디어는 더 이상 가까이 접근할 수 없어 문을 통해 저택 내부를 엿보았다.

그날 케이토 캘린이 맥도널드에서 햄버거를 사러 갔다가 심슨의 차에서 내려 밤 9시 36분쯤 이 집으로 돌아왔다. 이때부터 심슨이 리무진에 짐을 실은 밤 11시까지 80여 분이 문제된다. 경찰 주장대로라면 80여분 동안 심슨은 2층 침실에서 검은색 바지와 검은색 스웨터를 입고 비싼 브루노 말리란 신발을 신고 털모자를 쓰고 고동색 장갑을 낀다. 그리고, 서랍에서 스위스칼을 꺼내 들고, 몰래 집에서 나와 창고로 가서 증거물을 묻을 때 쓸 삽을 고르고, 미리 준비한 검은색 비닐봉지(경찰은 심슨의 브롱코에서 발견된 삽과 비닐봉지가 증거물을 숨기기 위한 것이라고 주장했다)를 고르고 이를 흰색 포드 브롱코에 싣는다. 이어 케이토 캘린이 눈치채지 않도록 길에 세워 둔 브롱코의 시동소리가 들리지 않도록 조심하고, 번디길로 직행한다.

디어가, 과연 경찰 주장대로 사건이 일어날지 상상해 보니 쉽지 않았다고 한다. 왜냐하면 바깥에서 저택 본채나 애시포드 대문 등을 자세히 들여다볼 수 없었기 때문이다. 경찰의 주장에 따르면, 심슨은 흰색 브롱코로 밤 10시 45분 내지 11시에 로킹엄 집에 도착한다. 그리고 브롱코 문과 브롱코 내부에 여러 방울의 피를 흘렸지만 너무 작아 보지 못했다. 리무진 운전사의 눈을 피하기 위해 심슨은 브롱코에서 나와서 어두움을 이용해서 오솔길로 걸어가서 집 담장을 넘는다. 어두워서 심슨은 에어콘 실외기를 더듬고 게스트하우스 뒤에 있는 벽을 친다. 그리고 현기증이 나서 그만 피가 묻은 장갑을 떨어뜨린다. 잠시 후 게스트하우스 뒤에서 나와서 집으로 들어간다. 집에서 샤워하고, 캘린과 리무진 운전자를 만난다. 디어가 생각하기에, 경찰 시나리오의 가장 큰 결함은 심슨이 과연 캘린 모르게 브롱코를 몰 수 있느냐이고, 리무진 운전자 모르게 집으로 들어올 수 있느냐이다. 브롱코를 운전해 본 사람이라면 브롱코가 결코 조용한 차가 아니란 사실을 안다. 이 차량은 고출력인데다가 사륜구동이다.

경찰이 증거를 숨기기 위해 가지고 갔다고 주장하는 비닐봉지는 브롱코에 달려 있는 스페어 타이어의 덮개였다. 심슨은 비닐봉지를 가지고 가지 않았으며, 삽도 평소 심슨이 개똥을 치우는 데 쓰던 것이었다. 디어는 심슨이 집으로 돌아오다 흘린 피에도 의문이 있다고 주장한다. 그 피는 디어가 보기에 현관 쪽으로 쭉 흘러 있는 것 같지 않았다. 심슨이 캘린이나 리무진 운전자의 눈에 띄지 않으려면 로킹엄 현관으로 들어와서는 안 되고, 뒤쪽 담장을 넘어 부엌이나 다용도실 문으로 들어와야 한다.

디어가 보기에, 장갑, 칼, 피 묻은 옷에도 의문이 많았다. 심슨이 옷과 칼을 묻으려 했다면 경찰이 게스트하우스 뒤에서 발견했다는 장갑도 같이 묻어야 한다. 디어가 보기에, 심슨은 이런 물건들을 파 묻을 시간이 없었으며, 그래서 안전하게 처리하기 위해 시카고로 가서 안전한 곳에 숨겼다는 경찰 주장도 설득력이 없어 보였다. 번디에서 모자와 오른쪽 장갑이 발견된 사실로 미루어볼 때, 심슨이 증거를 숨기려고 했다는 주장도 납득되지 않았다. 이러한 행동은 살인을 계획한 범인치고는 너무 어슬픈 행동이고, 특히 수백만 달러의 수입이 보장되는 여러 이사직을 맡고 있는 심슨에게는 더더욱 그러해 보였다. 디어가 보기에, 이러한 행동은 어리숙하다고 말할 수밖에 없다는 것이다.

심슨과 같이 깔끔한 성격의 소유자가 살인 도구로 휴대용 접이식 나이프

(경찰은 범행의 도구로 쓰인 칼이 심슨의 집에서 빈 통으로 발견된 스위스칼이라고 추정했다)를 골랐다는 것도 믿기지 않았다고 한다. 심슨은 평소에 차에 나뭇잎이 떨어질까 봐 나무 밑에도 차를 주차하지 않았고, 다른 사람이 자신의 집에서 담배를 피우는 것도 허락하지 않았다. 그리고 항상 손톱을 깔끔하게 깎았다. 주위 사람에 의하면, 심슨은 낚시바늘에 미끼를 꿸 때 행여 피가 날까 염려하여 직접 꿰지 않았다고 한다. 그날 밤과 그 다음 날 심슨의 행동은 두 사람을 살해하리라고 계획한 범인의 모습과는 동떨어져 보였다. 그래서 디어는 직감으로, 심슨이 뭔가 숨기려 하고 있다고 생각했다.

디어는 다음으로 메잘루나 레스토랑으로 향했다. 그리고 골드먼의 아파트로 향했다. 레스토랑이나 아파트는 외관으로는 특이한 것이 보이지 않았다. 디어는 이어 니콜의 집으로 향했다. 디어가 니콜의 집에 이르자, 많은 사람들이 살인 사건 현장에 몰려와서 나름의 가설을 세우고 토론하고 있었다. 니콜의 집은 심슨의 저택처럼 부촌에 있지는 않았지만 골목길에 접해 있고, 아늑해 보였다. 니콜의 집에서 바라본 전경 안에는 수백 채의 단독주택, 타운하우스가 있어 누가 길에 다니면 금세 눈에 띌 것 같았다.

베벌리힐스와 달리 브렌트우드에서는 사람들이 개를 데리고 다니며 조깅하고 쇼핑하며, 식당에 다닌다. 니콜이 데리고 다니던 카토란 개는 살인 사건 후 범행 현장에서 멀지 않은 곳에서 이웃 사람에 의해 발견되었다. 이것은 살인범이 미리 범행을 계획하고 잠복한 장소가 범행 현장에서 그리 멀지 않은 곳이란 사실을 의미한다. 니콜의 집은 이웃집과 접해 있는데, 얇은 돌벽돌이 두 집의 경계를 이루고 있다. 그리고 이웃집 2층 창문에서 바라보면 범행 현장이 내려다 보인다. 더욱이 큰 나무나 수풀 등 시야를 가릴 만한 물체가 없다. 다만 야자수가 길을 따라 드문드문 심겨져 있을 뿐이다. 그리고 라벤다나 백합 같은 화초류가 심어져 있지만 범인이 숨을 만한 그늘을 제공하지 않는다. 디어가 보기에, 이곳은 심슨이 니콜과 골드먼의 눈을 피해 스토킹할 만한 장소가 아니었다. 그리고 흰색 브롱코나 벤틀리를 주차하고 기다렸다면 금세 남의 눈에 띄기 마련이다(심슨이 타고 다니던 차는 브롱코와 벤틀리였다). 그리고 주차한 사실을 숨길 만한 곳도 없다. 그리고 매우 빠듯한 시간 내에 니콜이 집에서 나오기를 기다렸다가 범행할 시간적 여유도 없어 보였다.

가장 유일한 논리적 추론은 심슨이, 훔친 니콜의 집 열쇠로 니콜의 집 출입문으로 들어가는 것이다. 디어는 밤에 니콜의 집에 가서 과연 심슨이 가로등을 피해 숨어 있다가 니콜과 골드먼을 습격할 수 있을까 생각해 보았다고 한다. 그러나 출입문과 집 현관 사이는 몇 미터밖에 되지 않고, 출입문에서 길까지의 거리도 몇 미터밖에 되지 않았다. 따라서 그곳은 살인을 계획한 범인이 숨어 피해자들을 습격할 만한 장소로 보이지 않았다.

2층의 니콜의 집 뒤에는 흰색 페라리를 주차한 차고가 있다. 차고 옆에 손님 침실과 부엌이 있고, 번디길 쪽으로는 복층형 거실이 있고, 3개의 침실은 2층에 있다. 경찰은 그 침실 중 한 곳에서 양초를 발견했고, 스포츠 방송 채널로 TV가 켜 있는 상태임을 확인했다. 그 옆에 니콜과 아이들 침실이 있고, 두 아이 시드니와 저스틴은 범행 시각에 잠들어 있었다. 이러한 사실, 즉 아이들이 잠들어 있었으므로 심슨이 이들의 어머니를 살해한다는 계획을 하지 않았을 것이라는 디어의 추정에 확신을 주었다고 한다. 아이를 사랑하는 아버지라면 언젠가는 가족이 합치리라는 기대를 하기 마련이다. 그리고 아이들의 어머니를 잔인하게 살해한다는 끔찍한 생각을 할 수 없다. 디어는 댄스 공연이 끝난 후 니콜 가족이 저녁식사를 한다는 사실을 심슨이 알고 있었는지 조사해 보았다. 그러나 심슨으로서는 그 사실을 알기 어려웠던 것으로 보였다. 디어는 경찰이 주장하는 범행 방법과 같이 니콜의 집에 몰래 접근해서 숨은 행동을 취해 보았다. 그러나 가로등과 차량 불빛으로 쉽지 않았고, 몇 차례 시도하자 행인이 바로 경찰에 신고했다고 한다.[11]

터널 시야

심리학에서는 〈터널 시야tunnel vision〉를 말
한다. 오랫동안 얘기를 하면서 길을 걸을 때 주변 환경이 시야에서 사라지
고, 길을 걷는 사람 전방 중심부에만 물체가 나타나는 현상을 말한다. 다시
말해, 긴 터널을 지날 때처럼 주변부가 시야에서 사라지게 된다.[12] 마찬가지
로 수사관이나 검사, 변호사나 판사와 배심원이 사건에 대한 여러 가능성을
고려하지 않고 하나의 가능성에만 집중하게 되면, 주변의 증거들을 무시하
게 된다. 이런 현상이 심슨 사건에서도 나타났을까?

디어가 보기에, 크리스토퍼 다든 검사와 마셔 클라크 검사는 선입견에 사
로잡혀 엉뚱한 길을 걷고 있었고, 심슨 변호사 조니 코크란은 끊임없이 경찰
수사를 헐뜯고만 있었다. 그래서 디어는 화가 치밀어 올랐다고 한다. 경찰관
랭은 즉시 검시관을 부르지 않았으며, 니콜이 살해되기 전 성관계를 했는지
에 대해 검시해 달라고 요청하지 않았다. 그리고 니콜의 등에 있는 피는 보
존처리하지 않았으며, 니콜의 집에서 담요를 가지고 와서 시신을 덮음으로
써 증거를 훼손시켰다(심슨의 변호인은 경찰이 담요를 덮음으로써 집안에 있던 섬유,
모발 등을 대거 범죄 현장으로 유입시켰다고 주장했다).

마셔 클라크 검사는 케이토 캘린을 신문할 때 자제력을 상실한 것처럼 보
였다. 마치 적대적인 증인처럼 대했으나, 그럼에도 케이토는 차분하게 증언
을 마쳤다. 범죄학자 데니스 펑의 증언을 필두로 법과학 증거가 제출되었다.
펑은 번디와 로킹엄의 증거를 수집했다. 검사 핸크 골드버그는 펑에게 성의
없이 질문했다. 그러자 변호사 배리 셰크는 DNA 전문가로서 날카로운 질문
공세를 폈고, 펑을 궁지에 몰아넣었다.

경찰과 검찰, 언론은 〈터널 시야〉로 인해 단 한 명의 피의자로 심슨을 지목
했다. 디어는, 1개의 무기와 1명의 범인이라는 시나리오에 따라 실타래처럼
퍼져 있는 사건의 숲을 보지 못한 것이라 생각했다. 그들은 심슨을 유일한

용의자로 지목하였기에 로킹엄 외에 다른 곳의 증거를 조사하지 않았다. 결국 이로 인하여 사건의 진실에 다가서지 못했다. 디어는 심슨이 배우자를 폭행했다는 사실은 접어두고, 사실 그 자체로 사건을 바라보고 판단해야 한다고 지적한다.

일반인들은 브롱코가 피로 뒤범벅된 것으로 알고 있지만 사실은 그렇지 않다. 11개의 아주 작은 핏방울이 묻어 있고, 다 합쳐도 어른 엄지손톱만큼도 되지 않는다. 그리고 격렬한 싸움이 있었음에도 브레이크 페달이나 가속 페달에 피가 없었다. 헨리 리 박사에 의하면, 범인이 범죄 현장에 있을 동안 모래나 먼지가 범인의 신발에 묻게 마련이고, 이것이 브롱코 바닥과 가속 페달, 브레이크 페달에 묻어야 한다. 로킹엄 저택의 심슨의 침실에서 발견된 혈흔도 마찬가지다. 계단에 놓여 있는 흰색 카펫에는 피가 없었고 양말에 한두 방울의 피가 묻었을 뿐이다. 옷바구니에는 피 묻은 옷이 없었고, 세면기 배수구에도 혈흔이 없었다. 드라이, 싱크대, 집안 어느 곳에서도 혈흔이 발견되지 않았다. 단지 현관 쪽으로 난 계단 입구에 두 방울이, 정문으로 난 도로에 작은 몇 방울이 발견되었을 뿐이다.[13]

디어는 이렇게 말한다. "로스앤젤레스 경찰은 터널 시야에 사로잡혀 있었습니다. 그들은 심슨의 짓이라 단정했습니다. 결국 심슨을 체포했지만 진범을 놓쳐 버린 겁니다. 언론이 훌륭한 역할을 했지요. 마치 드라마 같았습니다. 몇 달 동안 하루 종일, 심슨 이야기를 들려 주었습니다. 그리고 전 세계에 방송되었지요. 사실 처음에 저도 심슨이 범인인 줄 알았습니다."[14]

디어의 추정

디어는 다음과 같이 추정한다. "심슨이 장갑을 끼고 스키모자를 쓰고 브루노 말리란 신발을 신고 허겁지겁 로킹엄을 나와서 우회전하여 몬타나 쪽으로 우회전하여 번디길로 갔고, 좌회전하여 골목길로 접어들었다. 이어 주민들이 주차해 둔 차 옆에 주차한 뒤 골목길을 달려 니콜의 집 뒤쪽에서 현관 쪽으로 다가갔다. 계단 앞에서 전처가 죽은 모습으로 누워 있는 것을 보고 캄캄한 어둠 가운데 자세히 보려고 모자와 고동색 장갑 한 짝을 벗었다. 몸을 구부려 니콜의 맥박을 짚어보았으나 생기가 없어 이미 죽은 몸임을 확인했고, 충격을 받았다. 그리고 주위에 낭자한 피를 보고 정신이 흐릿해졌고, 그 옆에 로널드 골드먼이 죽어 있는 모습도 봤다. 그 충격으로 놀라고 당황하여 그만 장갑과 모자를 흘렸고, 재빨리 오던 길로 되돌아가서 브롱코에 탔다. 피가 흥건히 흘린 곳을 디디지 않으려고 조심했지만 조금 피가 묻었다. 그래서 피가 브롱코와 워킹엄 저택에서 발견되었다."

"로킹엄에 도착해 보니 리무진 운전자가 공항으로 가려고 대기하고 있었고, 심슨은 한쪽 장갑을 낀 채 브롱코를 주차하고, 충격으로 멍한 상태에서 옆집 뒤로 들어갔고, 무릎이 좋지 않은 몸으로 1.2m 가량 되는 울타리를 넘다가 그만 몸에 균형을 잃고, 에어콘 실외기 쪽으로 떨어졌다. 그래서 장갑을 떨어뜨렸고, 밖이 너무 캄캄했고, 장갑을 찾기에는 시간이 없었다."

"그리고 리무진 운전자에게 다가갔고, 저택에 들어간 뒤 범행 현장에 간 사실과 관련된 유일한 증거라고 생각한 브루노 말리란 신발을 벗어, 배낭에 넣어 1층 문 안쪽에 두었다. 그리고 흰색 카펫이 깔린 계단으로 올라가서 양말을 벗고 옷을 갈아입고, 피 묻은 구두가 든 배낭을 들고 케이토 캘린과 앨런 박이 기다리는 바깥으로 나섰다. 그리고 브롱코에 탈 때 배낭을 포함한 두 개의 가방을 들었다. 골프가방과 옷가방은 트렁크에 실었다. 그래서 공항으로 갈 때 심슨은 너무 덥다고 투덜거렸고, 그때 박은 심슨이 차창을 내리는 것을 보았다."

"차가 로스앤젤레스 공항지역으로 접어들자 심슨은 배낭을 밖으로 집어던졌다. 심슨은 넝마장수나 거지가 주워 가리라 생각했다. 심슨은 가장 중요한 증거를 없애 버렸으므로 안도의 한숨을 돌렸다. 그래서 공항에 도착했을 때 원래의 다정다감한 모습으로 돌아왔고, 사인도 했다."

"심슨은 시카고에 도착해서 골프장에 나타날 때 니콜과 골드먼의 시신이 발견되길 기대했다. 그래서 호텔방을 서성거렸고, 시간이 빨리 지나가길 기도했다. 새벽 5시에 전화가 걸려 왔고, 심슨은 경찰이나 살인 사건을 알리는 누군가의 전화로 짐작한다. 그래서 자신도 모르게 유리잔을 움켜잡았고, 그때 손에서 피가 났다."

디어는 이와 같이 추정했다. 그리고 시카고 경찰은 부서진 유리잔을 찾았고, 거기에 심슨의 피가 묻어 있는 것도 발견했다. 경찰은 심슨이 피 묻은 옷을 옷가방에 넣어 시카고로 가지고 가서 거기에 버린 것으로 추정한다. 그러나 사실 공항에서 마중갔다가 시카고에서 떠날 때 배웅한 카다시안이 옷가방을 들고 로킹엄을 지키는 제복 입은 경찰관에게 건네려고 하였는데, 로킹엄으로 진입이 제지당했다. 당시 심슨은 배네터, 랭, 다른 제복 입은 경찰관과 대면하고 있었다. 디어는 범인이 골드먼을 노렸다면 골드먼이 식당에서 나설 때 미행했을 것이고, 집에 도착했을 때나 아파트에서 나설 때, 차문을 열 때 공격했을 것이라 추정한다.

디어는 니콜이 공격받고 있을 때 로널드 골드먼이 골목을 통해 범행 현장에 도착한 것으로 본다. 디어는, 목격자 로버트 헤이드스트라가 "이봐, 이봐, 이봐!"라고 소리지르는 것을 들었을 때, 범인의 칼뭉치 부분이 니콜의 머리를 공격했으리라 추정한다. 니콜이 의식을 잃어 쓰러지자 얼굴이 바닥 타일에 부딪쳤고, 그때 범인은 골드먼과 부닥친다. 격렬한 싸움 끝에 골드먼이 살해당했고, 달리 도리가 없게 된 범인은 니콜마저 살해한다.[15]

디어는 니콜과 제이슨이 그날 밤 다투었다고 추정하여 그 상황을 가정해 보았다.

식당에서 나서기 전 제이슨은 술을 마셨을 것이다. 마약을 복용했을 수도 있고, 니콜이란 이름을 곱씹었을 것이다. 제이슨은 여자 친구 제니퍼 그린을 그녀의 아파트에 내려 주고, 니콜을 만나서 직원들 앞에서 왜 나를 개망신 주었냐고 따져 볼 작정이었다. 제이슨은 격분한 채 니콜의 집 현관문을 두드렸고, 해명하라고 요구했을 것이다. 니콜의 입장에서는 제이슨에게 해명할 필요가 없었을 것이다. 왜냐하면 니콜은 로널드 골드먼이란 남자를 보고 싶었기 때문이다. 상상해 보면, 니콜은 "또 술 마셨구나. 여기서 나가 줄래. 내가 어디서 식사하든 말든 니가 무슨 상관인데"라고 말했을 것이다. 제이슨은 "대답해요. 저녁 식사를 위해 다 준비해 놨거든요. 전화라도 해야죠"라고 말했을 것이다. 그러나 니콜은 "설명할 필요가 뭐가 있니. 더 이상 계모가 아니잖아"라고 냉정하게 말하고 문을 꽝 닫았을 것이다. 이에 제이슨은 격분해서 지프로 돌아가서 칼을 들고 왔을 것이다. 그리고 다시 문을 두드리고 니콜이 문을 열자 제이슨은 칼을 들었고, 니콜이 방어하려고 손을 들 때 골드먼이 멀리서 그 광경을 보고 "이봐, 이봐, 이봐!"라고 소리지르며 달려왔고, 그러자 제이슨은 칼뭉치로 니콜의 머리를 내려쳤다. 니콜은 바닥에 쓰러졌고, 골드먼이 다가왔다. 그때 골드먼은 제이슨이 칼을 든 것을 보았다. 골드먼이 가라테 고수이지만 칼을 든 제이슨을 감당할 순 없었다. 제이슨은 칼로 연거푸 골드먼을 공격했다. 골드먼은 가라테 방어자세로 엉덩방아를 찧으며 발길질을 했다. 그러나 허사였고, 106kg이나 되는 거구의 옛날 미식축구 선수는 칼로 골드먼의 목을 내리쳤고, 골드먼은 바닥에 쓰러져 사망에 이른다. 제이슨은 공황 상태에 빠졌다가 자신이 무슨 짓을 저질렀는지 깨달았을 때에는 이미 사태는 다 끝장난 상태였고, 어떻게 해 볼 수가 없고, 영락없이 살인범이 되어 있었다. 이때 니콜이 정신을 차리려고 움직이는 것을 보았고, 그러자 제이슨은 발로 니콜의 등을 밟고 니콜의 머리채를 잡아 뒤로 당겨 목이 드러나게 한 다음 칼로 니콜의 목을 도려냈다.

디어는 추측한다. 제이슨은 휴대폰으로 심슨에게 전화해서 "아빠, 아빠! 이럴려고 한 게 아닌데 니콜을 죽이려고 한 게 아니였어요!"라고 말했다. 심슨은 "무슨 말이냐? 니가 니콜을 죽였단 말이야? 동생들은?"라고 물었다. 제이슨은 "동생들은 괜찮아요. 어떻게 해야 할지 모르겠어요"라고 말하자, 심슨은 "거기서 빨리 나와, 본 사람은 없지?"라고 말했다. 제이슨이 "모르겠어요"라고 하자, 심슨은 "내 말 잘 들어. 곧장 집으로 가. 아무한테도 말하지 마"라고 말했다.[16]

7장
살인의 동기

"너의 말이 날카로운 칼이 되어 내 귀를 찢는구나."

셰익스피어의 《햄릿》에서

살인의 관계

범죄학자들은 살인 사건에서 살인범과 피해자의 관계에 주목한다. 어떤 살인 사건은 가까운 사이에서 화나 분노처럼 감정적으로 격분이 나서 발생한다. 때론 낯선 사이에서 강도나 마약 거래의 결과로 나타나기도 한다. 범죄학자들은 다음의 세 가지 관계를 주목한다.[1]

먼저 〈배우자 관계〉를 들 수 있다. 남성은 배우자를 통제할 수 있는 능력이나 권한을 상실했다는 두려움으로 살인을 저지른다. 삼각 관계에서 가해자는, 상대방이 거짓말을 했거나 자신을 배신했다고 믿을 때 살인 등의 행동에 나설 가능성이 높아진다. 상대방이 불륜 관계를 시작할 때, 가해자가 배우자로부터 거짓말을 당하거나 배신당할 때 살인 등의 치명적인 폭력이 발생한다고 한다. 심슨 사건에서 니콜과 심슨은 이혼한 사이이므로 배우자 관계는 아니다. 니콜은 니콜대로, 심슨은 심슨대로 각자 이성 친구를 둔 것으로 보인다. 그렇다면 이들 사이에서, 배우자 관계에서 볼 수 있는 배신으로 인해 살인했다고 보는 것이 과연 올바른 판단일까?

다음으로 〈개인 관계〉를 들 수 있다. 개인 사이에선 오랫동안 복수심으로 끓어오르는 감정 폭발, 싸움을 종결시키는 수단으로의 선택, 질투심, 마약 거래 등이 동기가 된다. 제이슨이 범인이라고 보는 진영에서는 니콜이 제이슨을 배신하였고, 그래서 제이슨의 감정이 폭발했을 것이라 추정한다. 그리고 암살범 소행이라고 주장하는 측에서는 니콜의 친구 페이 레즈닉이나 골드먼의 마약 거래와 관련이 있을 거라고 추측한다. 암살범이란 주장은 이를 뒷받침하는 증거가 너무 부족하다. 그리고 제이슨이 격분 상태에 있었다고 주장하는 사람은, 니콜이 돌연 식당 예약을 취소해서 제이슨을 격분 상태로 몰고 갔을 것이라고 추정한다. 그러나 이것만으로 범인이 두 사람을 잔인하게 살해한 동기로 보기에는 뭔가 부족해 보인다.

마지막으로 들 수 있는 것은 〈낯선 관계〉이다. 최근 살인 사건을 살펴보면 피해자와 잘 알지 못하는 사람 사이에 벌어지는 경우도 있다고 한다. 낯선 사람에 의한 살인은 강간, 강도, 절도 등의 범죄와 동시에 진행된다. 그러나 심슨 사건에서 니콜의 집은 털리지 않았고 강간 등 다른 범죄도 없었다. 나아가 여러 정황증거에 의할 때, 니콜은 자신이 아는 사람의 소리를 듣고 현관문을 연 것으로 추정된다. 따라서 낯선 사람이 가해자일 가능성은 낮다.

살인의 관계 중에서 범죄학자들은 지인 관계에 주목한다. 다른 범죄와 달리 살인은 서로 알고 있는 사이에서 발생하는 경우가 많다는 것이다. 가해자는 피해자에 대해 오랜 기간에 걸친 복수심, 질투, 분노, 원한 등이 폭발하여 살인을 저지르기도 하지만, 서로 아는 사이에서는 과거에 갈등이 없었더라도 발생한다고 한다. 그리고 범죄학자들은 살인범과 피해자 사이에 일정한 〈행위 유형〉이 나타나는 것을 발견했다. 피해자는 가해자가 공격적인 행위를 하도록 자극하는 경향이 있으며, 이럴 경우 가해자는 보통 말이나 폭행 등의 물리력으로 보복한다. 피해자의 도발적인 반응으로 가해자가 폭력을 행사하면 싸움이 일어나고, 피해자는 죽거나 죽어 가는 상태에 이른다. 그리고 서로 잘 알고 있는 관계에서 피해자가 먼저 가해자에게 공격적인 행동을 하도록 부추기는 것이 두드러진 특징 중의 하나라 본다. 이런 현상을 〈피해자 유발〉이라 부른다. 그리고 살인의 동기는 의외로 사사로운 것에서부터 출발한다고 한다. 평소에 잘 알고 있던 사이인 친구나, 직장동료, 고용주와 종업원 사이, 심지어는 부부나 친족 사이에서 사소한 말다툼이나 의견 대립이 살인으로 이어지는 경우가 많다. 이때 가해자는 이런 말다툼이나 의견 대립을 빠르고 효과적으로 끝낼 수 있는 방법으로 살인을 택한다. 특히 가해자와 피해자의 관계가 경직되어 있을 때라든지, 상하 관계에 있어 가해자가 상대방을 논리적으로 설득할 수 있는 방법을 찾지 못할 때라든지, 피해자가 가해자를 먼저 인격적으로 도발할 때, 가해자는 자신의 자존심과 명예를 회복하기 위해 살인의 위험까지 무릅쓰게 된다.[2] 그렇다면 심슨 사건에서도 피해자인 니콜이 범인에게 인격적으로 도발한 사실이 있는지, 범인의 자존심이나 명예를 훼손한 사실이 있는지, 지인으로 추정되는 범인과 의견 대립이나 말다툼이 있었는지, 그리고 〈피해자 유발〉이라는 행위 유형이 있었는지를 살펴보는 것이 범인을 찾는 길일 수 있다는 얘기다.

순교자인가 살인마인가

두 피해자의 상처 부위를 보면, 범인이 '격분'한 상태가 아니고선 이렇게 무참하게 도륙하듯 살해할 수는 없는 것으로 보인다. 그래서 검사는 재판 내내, 오 제이 심슨이 가정 폭력 끝에 격분해서 살인에 이르렀다고 주장했다. 이런 검사의 주장에 대하여 사립 탐정 윌리엄 디어는, 심슨은 결코 '격분' 상태가 아니었다고 주장한다. 디어는 다음과 같이 얘기한다.[3]

살인 사건이 나던 날 심슨이 니콜을 스토킹했다는 증거는 없다. 그리고 심슨이 그날 술을 마셨다거나 마약을 복용했다는 증거도 없다. 심슨이 그날 니콜에 대해 집착하거나 공격적인 행동을 보였다는 증거도 없다. 범행 시각 2시간 전에 심슨은 《플레이보이》의 〈이달의 친구〉로 선정된 그레천 스톡데일Gretchen Stockdale과 전화로 데이트하였다. 금발의 늘씬한 그녀는 형사재판 때 증인으로 출석해서 두 사람이 전화로 통화한 사실에 대해서 증언했다. 심슨은 그날 저녁 7시 32분에 스톡데일에게 전화했다. 민사소송 때 원고 변호사 페트로셀리는 심슨의 전화통화 내역을 제출했다. 그 내역에도 심슨과 스톡데일이 통화한 기록이 나온다.[4] 그리고 그 전에 심슨은 딸 시드니 댄스 공연에 참석하려고 꽃을 사러 분주히 돌아다녔다.

가정 폭력의 전문가 르노 워커Lenore Walker 박사는 심슨을 오랫동안 조사한 뒤 "살인에 이른 여느 가정 폭력범과 다릅니다. 심슨은 자신을 잘 다스렸고,

감정도 잘 소화하고 있었어요"라고 말했다. 여성인 르노 워커 박사는 〈매맞는 여성 운동〉의 선구자이다. 그녀는 매맞는 여성에 대해 오랫동안 연구해왔다. 그래서 가정 폭력에 대해선 시민들과 법조인들에게 많은 영향력을 끼치고 있었다. 그리고 가정 폭력으로 인해 사망에 이른 수백 명의 여성들에게 도움을 주었다.[5] 그렇다면 심슨이 가정 폭력 끝에 니콜을 살해한 것이 아니란 얘기다.

나아가 심슨의 폭행 전력은 가정 폭력이 살인에 이른 전형적인 모습과 많이 다르다. 심슨과 니콜은 평화롭게 문제를 해결해왔다. 그리고 가정 폭력이 점점 과격해졌다는 증거도 없다. 심슨이 전설적인 스포츠 영웅이고 영화인이라는 이미지를 제외해서 보더라도 심슨은 헌신적인 아버지요, 자신이 이룬 업적을 자랑스럽게 여기고 있는 사람이다. 그리고 사건이 나던 날도 심슨은 이런 모습을 비쳤다. 심슨은 장래가 보장되고 있고 상당한 자산을 갖고 있으며, 대중이 열광하는 사람이다. 이런 사람이 냉혈한 살인마로 돌변하여 사랑하는 여인을 살해한다는 것은 생각하기 어렵다. 그리고 언론 보도에 따르면 1993년 5월 10일, 니콜이 폐렴으로 누워 있을 때 심슨은 그 옆에 앉아 니콜을 간병하였다고 한다. 언론과 경찰이 니콜이 심슨을 가정 폭력으로 고소한 사실을 들고 있지만, 심슨은 가정 폭력으로 체포되거나 감옥에 간 사실이 없다. 경찰은 범인이 장갑과 털모자를 흘린 것으로 보아 범인이 살인을 계획했다고 주장했다. 그러나 계획범이라면 엉성하기 짝이 없게도 장갑이나 모자를 범행 현장에 흘릴 리 없을 것이다. 이와 관련하여 디어는, 심슨이 자신이 살인과 연루되어 있다는 사실에 대해 적극적으로 자신을 방어하려고 하지 않았다는 사실에 주목한다. 피 묻은 장갑이나 혈흔이 아니더라도 심슨은 범행 시각상 자신이 살인 사건의 유력 용의자로 떠오르리라는 사실을 잘 알고 있을 것이다. 그럼에도 심슨은 살인 사건 전에 친구나 가족들에게 "니콜을 죽여 버릴꺼야"라고 말하기도 했고, "니콜을 죽이고 싶다"라고 말했다.

이런 디어의 주장이 아니더라도 심슨이 '격분'에 이르렀다는 검사의 주장은 설득력이 없어 보인다. 니콜은 심슨의 두 아이를 양육하고 있는 어머니이고, 그날 두 사람은 나란히 댄스 공연에 참석했다. 그리고 두 사람은 각자 이성 친구에게 관심을 갖고 있었다. 그리고 니콜에게 남자 친구가 있다는 사실은 심슨에게 결코 새로운 사실이 아니므로, '배신감'으로 '격분'에 이르렀다고 보기 어렵다. 그렇다면 심슨은 살인마가 아니라 아들 제이슨을 보호하기 위해 자기 자신을 구렁텅이로 본 순교자일까?

심슨의 아들 제이슨

심슨과 마거릿 사이의 자녀인 제이슨과 아넬은 심슨과 그들의 친모 마거릿이 이혼한 후에도 한동안 로킹엄 저택에서 니콜과 같이 살았다. 사건이 나던 해, 제이슨은 스물네 살로 키는 아버지 심슨과 비슷했지만 체중은 심슨보다 훨씬 더 많이 나갔다.

심슨의 리무진 운전사 말에 따르면 제이슨은 미식축구 선수로 한두 시즌은 뛰었지만 계속 뛰질 못했고, 아버지와 같은 훌륭한 운동선수가 아니었다. 그리고 아버지를 닮으려 애쓰지도 않았고, 대학교도 중퇴하였다. 리무진 운전사의 말에 의하면 제이슨은 정신적으로 문제가 많았다.

"제이슨은 정신이 온전하지 않아요. 모두가 그 사실을 알고 있지요. 늘 싸우려 하고, 문제를 일으킵니다. 언론에 제이슨이 나타나지 않은 것은 심슨이 제이슨을 보호했기 때문이지요."

디어가 조사한 바에 따르면, 제이슨은 서던캘리포니아 대학교에 다닐 때 마약과 알코올 문제로 말썽을 피웠다. 그리고 고등학교 때에도 마찬가지였다고 한다. 제이슨이 마약에 빠져들자 심슨은 서던캘리포니아 대학교 교정에 나타나서 대학 관계자에게 온갖 질문을 퍼부으면서 누가 제이슨에게 마약을 공급했는지 밝히라고 요구했다고 한다. 제이슨은 친모 마거릿과도 갈등을 빚었다. 두 사람은 다퉜고, 그래서 제이슨은 모친과 헤어져서 심슨과 니콜이 사는 집으로 와서 살게 되었다. 그러나 여기서도 갈등은 이어졌고, 심슨과 니콜 사이에 딸 시드니가 태어나자 니콜은 제이슨과 한집에 살길 원하지 않았다. 제이슨은 우울증을 앓았으며, 자학 증세를 보였고 알코올, 마약 등으로 인해 다른 사람을 해치려고도 하였다. 제이슨은 대학교를 중퇴한 후 버스 조수와 요리사로 일했다.

제이슨은 1990년 7월 21일, 마약을 복용한 뒤 혈중 알코올 농도 0.08%의 상태에서 고속 도로를 운전한 혐의로 조사받았다. 8월 15일 기소인부 절차 때, 제이슨은 변호사 없이 나타났다. 재판 절차는 8월 16일로 속행되었고, 그 날 제이슨의 변호사 찰스 잉글리시Charles English가 참석했으나, 제이슨은 불출석했다. 제이슨 측은 무죄 답변을 했고, 1990년 10월 3일로 재판 기일이 잡혔다. 10월 3일, 제이슨은 참석하지 않은 채 변호사가 속행을 구했다. 재판은 11월 10일로 속행되었고, 그날 제이슨과 변호사는 나란히 참석했다. 그런데 그날 제이슨은 오른손을 들더니 유죄 답변을 했다. 제이슨은 48개월의 보호관찰과 365일의 운전면허 정지처분, 교육프로그램 이수명령을 받았다. 여기에 덧붙여 90일간의 치료처분을 받았고, 1015.5달러의 벌금이 병과되었다. 체포 당시 제이슨의 혈중 알코올 농도는 0.12%로 만취 상태였다(위드마크 공식으로 역산하자 운전 시 혈중 알코올 농도가 0.08%로 산정되었다). 후속 절차로 1991년 2월 7일 법정에서 제이슨에 대한 치료처분에 대한 보고가 있었다. 정신과 의사가 제이슨을 치료하였고, 1991년 2월 7일 제이슨에게 1047.5달러의 벌금이 추가로 부과되었다.

제이슨은 1992년 5월 26일, 두 번째로 체포되었다. 교통법규를 위반하였으나 음주나 마약을 했다는 증거는 없었다. 제이슨은 운전면허 정지기간 중 무면허로 운전한 사실을 시인했다. 1992년 7월 30일 보석금 958달러를 냈고,

심슨은 첫 번째 부인 마거릿과 사이에 아들 제이슨, 딸 아넬을 두었다. 제이슨과 아넬은 심슨과 마거릿이 이혼한 후에도 계모 니콜과 함께 로킹엄 저택에서 살았다. 왼쪽부터 제이슨, 심슨, 아넬이다.

법정에 출두하지 않아 벌금 448달러를 냈다.

제이슨은 1993년 1월 7일, 영장이 발부되어 세 번째로 체포되었다. 1992년 12월 6일에 벌어진 사건인데, 〈리바이벌 레스토랑〉에서 일할 때 레스토랑 사장 폴 골드버그Paul Goldberg를 주방칼로 공격한 혐의가 있었기 때문이었다. 1993년 1월 2일, 제이슨은 무죄 답변을 하였다. 재판은 5월 19일로 잡혔다. 재판 때 제이슨은 손을 흔들고 유죄 답변이나 다름없는 불항쟁 답변을 하였다.[6] 〈리바이벌 레스토랑〉에서 근무하던 직원 필리베르토 에르난데즈Filiberto Hernandez는 언론과 인터뷰를 할 때 식당에서 요리사로 근무하던 사람은 제이슨이라고 말했다. 그는 제이슨이 사장을 공격하는 걸 직접 보지는 못했지만 그 일이 있고 나서 제이슨은 해고됐다고 말했다.[7] 식당 사장이 유일한 요리사를 해고할 정도면 제이슨이 사장을 심하게 폭행했다는 얘기가 된다.

살인 당시로 돌아가면 니콜은 누군가에게 현관문을 열어 주었다. 그렇다면 범인과 니콜은 안면이 있다는 얘기다. 범인은 니콜과 간절히 하고픈 얘기가 있었던지 모른다. 그날 밤, 니콜과 간절히 얘기를 하고자 했던 사람은 과연 누구였을까? 니콜과 간절히 얘기를 하길 원했던 사람이 바로 정신병이 있고 싸움질을 일삼고, 마약과 알코올 문제로 말썽을 피운 제이슨이라면 그 이후의 상황은 어떻게 진행되었을까?

정신장애가 나타나다

　　　　　　　　　　제이슨은 〈세다스 시나이 병원Cedars Sinai Hospital〉에 자주 가서 그곳에서 정신병으로 치료받았다. 이 병원은 로스앤젤레스에 있고, 비영리 단체가 운영한다. 그곳에서 제이슨은 발작증세에 따른 처방약도 받았고, 조울증세도 보였다. 이후 제이슨은 3년간 다섯 곳의 병원을 전전했다. 다섯 곳 모두 응급실이었다.

　제이슨은 1991년 3월 17일 자신의 배를 찔러 자해를 시도했다. 그해 10월 12일, 제이슨은 약물을 과다복용해서 자살을 기도했다. 스물한 살 때, 제이슨은 〈브라보 쿠치나 레스토랑Bravo Cucina Restaurant〉에서 일했다. 그때 제이슨은 고기를 썰다가 오른손 엄지를 다쳐 응급실로 실려 갔다.

　제이슨은 1991년 3월 18일, 더 심각한 상해를 입어 병원을 찾았다. 역시 자살 기도가 원인이었다. 그때 제이슨은 가위로 배를 두 번 찔러 자해하였고, 이때 제이슨의 여자 친구 디디Dee Dee가 간병했다. 치료를 담당한 의사 말에 의하면, 제이슨이 응급실에 올 때 여자 친구와 다투었다고 한다. 두 사람은 '진실'을 두고 다투었다. 의사의 말에 의하면, 두 사람은 서로 거짓말을 했다면서 다투었다고 한다.

　제이슨은 치료를 받기 위해 〈캘리포니아 대학교 로스앤젤레스 캠퍼스UCLA〉 신경정신과 연구소에 가서 검사를 받은 사실이 있다. 이때 제이슨은 간질로 진단받았으며, 발작에 대한 처방약도 받았다. 제이슨은 간헐적으로 뇌 신경물질 이동에 있어 장애가 발생하곤 했다. 그로 인해 일시적으로 의식을 잃거나 팔과 다리를 조절하는 능력이 상실되기도 하였다. 정신과 의사들은 이를 〈과잉 정신운동〉이라고 한다. 제이슨은 이릴적부터 신경정신 증세가 있었지만 이후 병적인 증세로 진전되어 이를 치료받으면서 증세가 드러나게 되었다. 제이슨의 간질에 대해서는 어느 정도이고, 그것이 어떤 행동을 가져오는지에 대해서는 알려진 게 없다.

또한 디어가 조사한 제이슨의 진료기록에 의하면 제이슨에게는 '원인 불명의 정신병' 증세가 있다. 이로 인해 제이슨은 충동적으로 행동하였다. 제이슨을 진단한 정신과 의사는 이렇게 언급했다. "과거 이 환자는 음주하면 충동적으로 된다. 벽을 때리고, 유리잔을 부순다…." 제이슨은 술을 마시고 마약을 복용하면 이런 증세가 시작되고, 통제가 안 되는 경련이 일어나고, 통제불능의 행동으로 이어진다. 야구방망이로 아버지 심슨의 청동상을 내리친 행동도 이러한 예로 들 수 있다.

디어가 조사한 사실에 따르면, 제이슨은 자신의 아버지인 심슨과의 관계로 인해 우울해 한 적이 있다. 한번은 제이슨이 새벽 3시에 맥주와 데킬라를 마신 후 30알의 정신병 약을 들이켰다. 이 양은 권고량의 10배 가량 된다. 약을 들이킨 후 제이슨은 어머니 마거릿집으로 전화했고, 마거릿이 "무슨 일이니?"라고 묻자 제이슨은 "사랑해요"라고 말했다. 이 후 아파트 관리인은 거의 의식을 잃은 제이슨을 발견했다. 제이슨이 당시 왜 자살을 기도했는지는 밝혀지지 않았다.

1993년 1월 20일, 제이슨이 주방칼로 〈리바이벌 레스토랑〉 사장을 공격한 행위로 재판기일을 기다리고 있을 때 그는 응급실에 실려 왔다. 약물 복용이 중단된 것이 원인이었고, 그는 더 많은 정신과 약을 처방받게 된다. 1994년 1월 6일 살인 사건이 나기 6개월 전쯤 제이슨은 약물 복용을 중단해서 다시 응급실로 후송되었다.[8]

간헐적 분노조절 장애

제이슨은 〈성 요한 병원St. John's Hospital〉에 두 번 갔다. 첫 번째는 1984년 9월 27일이다. 당시 열네 살이던 제이슨은 응급실에 실려 갔는데, 전형적인 발작 증세를 보였다. 파티에서 마신 코카인으로 인해 생긴 것이었다. 보도에 따르면, 제이슨은 이날 밤새도록 놀았다. 파티는 심슨의 로킹엄 저택에서 열렸다. 병원에 실려 온 제이슨의 팔과 다리는 통제불능 상태였고, 눈동자는 뒤집혀져 있었다. 성 요한 병원의 의사는 여러 검사를 했다. 뇌에 대한 CT 촬영, 뇌파검사, 피와 소변검사도 했다. 그러나 특이 사항은 발견되지 않았다. 후일 서던캘리포니아 대학교 병원에서 제이슨은 간질이 있다고 진단받았다. 1991년 10월 15일, 제이슨은 다시 성 요한 병원으로 실려갔고, 이후 세다스 시나이 병원으로 후송되었다. 정신병동으로 입실해서 관찰과 심층 검사, 그리고 치료를 받는 데 2주가 걸렸다.

이러한 증상이 생긴 것은 심슨과 제이슨의 친모 마거릿이 이혼한 것이 하나의 원인일 수 있다. 그리고 여동생 애런이 로킹엄 수영장에서 익사한 것도 원인이 될 수 있을 것이다. 디어는 또 다른 원인으로, 제이슨의 여성에 대한 반감을 든다. 특히 계모 니콜과 제이슨의 여자 친구에 대한 반감이 있었다. 제이슨은 니콜과 여자 친구 디디에 대해 애정을 표현했지만 이들로부터 배신당한 것으로 생각했다고 한다.

의사는 제이슨에게 나타난 증상을 〈간헐적 분노조절 장애intermittent rage disorder〉라고 말했다. 정식 명칭은 〈간헐적 폭발 장애intermittent explosive disorder〉이다. 제이슨에 대한 정신과 진료기록에 의하면 제이슨은 뇌의 조직에 이상, 다시 말해 간질이 있다. 이러한 간질은 정신적이고 신체적인 조건에 따라 여러 증세로 나타난다. 전형적인 예는 뇌신경 세포의 과잉 혹은 간헐적인 활동이다. 간헐적 분노조절 장애를 앓고 있는 사람은 일반인보다 뇌의 회백질 부피가 작은 것으로 나타나고 있다. 이 부위에서는 감정 등의 정서를 조절한다.[9] 뇌에서의 과잉 또는 간헐적인 활동은 정신이나 신체에 이상을 가져온다. 발작, 기억의 상실, 근육 경련, 비자발적인 행동 등이 그 예가 된다. 이런 발작은 음주, 마약 복용이나 나이, 환경, 스트레스 등이 원인이 될 수 있다. 간헐적 분노조절 장애에 원인은 분명하게 밝혀지지 않았지만 대개 뇌와 관계된다고 보고 있다. 그리고 어릴 적에 부모나 다른 사람으로부터 학대를 받거나 무시를 당했던 경험이 원인이 될 수도 있다. 그리고 가족 중에 이런 폭력 성향이 있는 경우에 증상이 나타날 수도 있다고 본다.[10] 디어에 의하면, 제이슨에게는 음주를 해 온 오랜 가족력이 있다. 특히 제이슨의 모계 쪽으로 그러하다. 심슨이 격분하여 니콜을 폭행한 것처럼 심슨이 제이슨의 일탈행동을 보고 제이슨의 머리를 쳤을 수 있다. 심슨의 집사 론 십에 의하면, 심슨은 과거 제이슨을 구타했다고 한다. 제이슨의 정신 이상은 어릴 적부터 있었지만 제대로 진단받거나 치료받지 못했다. 제이슨은 계속해서 코카인을 복용했으며 다른 신경 흥분제를 복용함으로써 중추신경계에 영향을 주었다.[11]

발작 증세를 가진 환자 중 상당수가 분노조절 장애를 수반한다. 이러한 충동은 계획에 따라 한 것이 아니므로 가족이나 가까운 사람에게까지 이어진다. 사람이란 어느 정도까지 의식하고 의사소통이 가능하지만 다른 한편으로 모든 것을 합리적으로 제어하지 못한다. 예를 들어, 피해자가 사과하더라도 공격하는 사람은 이것을 사과로 받아들이지 않고 오히려 격분을 증가시킬 수 있다. 분노에 따른 공격행위는 한 번 시작되면 계속 반복된다. 이런 환자들을 다룬 보고서에서는 '한 번 공격이 시작되면 멈추지 못한다'고 적고 있다. 전문가조차 이런 공격행위가 있을 동안 뇌에서 무슨 일이 일어나는지 정확하게 설명하지 못하고 있다. 다만 다수가 받아들이는 견해에 의하면, 신경세포에서 마치 거대한 전기 폭풍이 일어나는 것처럼 일종의 소란이 발생하면 정상적인 뇌의 작동에 혼란을 야기시킨다는 것이다. 이럴 경우 행위자는 자신을 제어하지 못하고, 충동을 감지하지 못한다. 행위자가 충동을 제어하지 못하게 되면 이로 인해 자신이나 타인에게 공격행위로 나아간다. 그리고 안에서 일어나는 스트레스에서 벗어나려고 밖으로 향한 직접적인 공격행위에 모든 주의를 기울인다. 이런 공격행위의 피해자는 배우자, 연인, 친구나 부모 등 매우 다양하다. 한 연구에 따르면 매우 친밀한 사이에서 이러한 폭력행위가 빈발한다고 한다. 특히 정신적으로 유대 관계가 밀접한 사이에서 행위자는 직접적이고 영향을 끼치는 상대방을 표적으로 삼아 공격행위로 나아간다. 그렇지만 진짜 분노조절 장애자는 상대나 상황을 가리지 않는다고 한다.[12]

특히 군대 내에서 이런 조건 등이 갖추게 되면 이로 인해 많은 사람들이 피해를 입게 된다. 정신과 의사에 따르면 군대 내에서 이런 일들이 더욱 빈발하다고 한다. 제이슨은 규격화된 사관학교 생활을 견디지 못했고, 대학교에서도 중퇴했다. 디어는, 제이슨이 피어싱을 하고, 체중 조절을 하지 못해 과체중에 이르고, 우울증을 앓고, 세 번이나 자살 기도를 한 것도 이런 일련의 정신질환의 표출이라고 본다.[13]

그런데 사립 탐정 윌리엄 디어는 어떻게 제이슨의 이런 의료기록에 접근할 수 있었을까? 언론 보도에 따르면, 디어가 의료기록에 접근하기 위하여 어떤 방법을 동원했는지 엿볼 수 있다.[14] 매일 아침 디어는 마치 의사처럼 흰색 가운을 걸쳐 입고 옆구리에는 클립보드를 끼고, 의사가 회진하듯 정해진 시각에 병원 안을 순회했다고 한다. 디어는 병원 경비원에게는 미소를 띠며 인사를 건네고, 간호사에게는 커피를 사 주었다. 그리고 원무실 의무기록 담당 직원에게는 환한 미소를 보냈다. 디어는 명찰을 차지도 않았고, 자신이 의사라고 밝히지도 않았다. 그러나 의무기록 담당 직원에게 꽃을 건네는 등의 방법으로 환심을 샀다. 그리고 며칠 후 전화를 걸어 제이슨의 의무기록 사본을 달라고 요청했다. 디어를 의사라고 생각한 직원은 아무런 의심 없이 디어의 요청에 따라 제이슨의 의무기록 사본을 준비해 두었다. 그러나 디어는 막상 의무기록을 얻게 되려 할 즈음, 자신이 제이슨의 의무기록을 입수할 경우 처벌받을 것을 염려하였다고 한다. 특히 캘리포니아 법에 따르면 의사를 사칭해서 의무기록을 편취할 경우 엄히 처벌받는다. 그래서 디어는 끝내 제이슨의 의무기록의 사본은 입수하지 않았다고 한다. 그렇지만 디어가 스스로 밝혔듯이 자신은 제이슨의 의무기록을 보았다고 하므로, 디어가 비록 사본은 입수하지 않았을지라도 이런 방법으로 제이슨의 의무기록을 열람한 게 아닐까?

증거가 드러나다

디어는 매주 화요일 아침, 제이슨의 쓰레기통을 뒤졌다. 여기서 데킬라병, 술병, 맥주병이 나왔다. 그리고 우연히 500mg의 데파코트Depakote란 약병도 발견했다. 처방 날짜는 1999년 10월 18일, 1999년 11월 17일, 2000년 1월 24일이었다. 그리고 약병에는 주의사항으로 "약 복용 시 술을 드시지 마세요"라고 적혀 있었다. 그러나 제이슨은 처방전과 달리 음주를 일삼았다.

1999년 6월 8일 500달러의 청구금액이 적힌 처방전은 제이슨의 당시 여자친구 다니엘 사피아Danielle Sapia가 사인했는데, 다음과 같이 적혀 있다.

> 이 청구서를 보는 즉시 지급하시기 바랍니다.
> 오 제이 씨는 지급하길 거절했습니다.

제이슨은 당시 분노조절 장애로 데파코트를 복용하고 있었고, 오 제이는 약값을 계산해 주지 않았다. 그리고 이 약은 술과 같이 복용하면 약을 복용

하기 전보다 상태가 더 악화될 수 있다. 그리고
쓰레기더미에는 전기요금, 가스요금을 납부를
독촉하는 청구서도 있었다.

디어는 브라이언 더글라스Brian Douglas란 사람
으로부터 제이슨이 버린 물건을 건네받았다.
더글라스도 심슨 사건에 관심을 갖고 있어 이
물건을 입수하였던 것이다. 그는 디어가 심슨
사건을 깊게 조사한다는 얘기를 듣고 디어에게
자신이 갖고 있던 물건을 주기로 결심했다고
한다. 디어가 더글라스로부터 받은 물건에는
제이슨의 일기도 있었다. 이 일기는 1991년부
터 1993년까지 쓰여진 것이었다. 이 일기에서
제이슨은 알코올과 마약에 중독되어 있고, 정신

제이슨의 쓰레기통을 뒤지던 윌
리엄 디어는 데파코트란 약병을
발견했다. 이 약은 분노조절을 못
할 때 복용한다. 그런데 제이슨은
살인 사건이 나기 두 달 전에 약
을 복용하길 중단했다.

문제로 의사와 상담하고, 여자 친구 때문에 질투심을 느끼고, 분노를 느낀
다고 표현하고 있다. 디어는 일기를 보고, 당시 제이슨은 전문가의 도움이
절실한 상황임을 알았다고 한다.[15]

1994년 1월, 살인 사건이 나기 6개월 전에 제이슨은 병원 응급실에 실려
갔다. 제이슨에게 옆에 있지도 않는 사람의 목소리가 들리는 환청 증세가 나
타났다. 그리고 데파코트란 약이 떨어지자 '격분'을 느꼈다. 그리고 제이슨은
살인 사건이 나기 두 달 전에 약을 복용하길 중단했다.[16]

격분에 이르기

충동이란 인간이 갖고 있는 본능이다. 정
신의학에서는 충동 본능이 늘 부정적으로 작용하지는 않지만 충동이 너무

강하거나 억제 기능이 약화되면 많은 문제를 일으킬 수 있다고 본다. 그리고 충동으로 인해 긴장이 고조에 이르고, 긴장을 해소하기 위해 행동으로 나타나는 것을 〈충동조절 장애〉라 한다. 이러한 충동조절 장애 중 하나가 〈간헐적 폭발장애〉이다. 간헐적으로 공격 충동이 억제되지 않으면 심각한 폭력이나 파괴적으로 행동한다. 이 장애는 주로 10대나 20대에 시작되고, 여성보다 남성에게 많은 것으로 알려져 있다. 이 장애는 불안정한 성장 환경이나 공격적인 부모와 자신을 동일시하는 등의 심리적이고 환경적인 요인으로 나타날 수 있다. 그리고 뇌 기능 장애도 생길 수 있으며, 알코올 등으로 유발할 수 있다.[17] 제이슨은 〈간헐적인 분노조절 장애〉가 있다고 진단받았다. 그래서 데파코트란 약을 처방받았다. 이 약은 충동적인 행동을 조절하지 못할 때 먹는 약이다. 의약품 사전에서는 약의 효능에 대해서 이렇게 설명하고 있다.

1. 단독 또는 다른 형태의 발작과 관련되어 발생하는 복합 부분발작 치료의 단독요법 및 보조요법
   단순 결신성 발작(소발작) 및 혼합 결신성 발작 치료의 단독요법 및 보조요법, 결신성 발작을 포함하는 여러 형태의 발작의 보조요법
2. 양극성 장애(기분이 고조되고 저하되는 증상이 반복되는 장애)와 관련된 조증(조울증)의 치료
   단, 조증에 대하여 3주 이상 장기 사용 시 안정성·유효성은 체계적으로 확립되어 있지 않으므로, 장기 사용하는 경우에는 각 환자에 대한 유용성을 지속적으로 재평가하여야 한다.
3. 편두통의 예방
   단, 편두통의 급성 치료에 유효하다는 증거는 확립되지 않았다.

이 약을 복용할 때 체중 kg당 5~10mg까지 증량하도록 권장하고 있다. 제이슨은 오 제이와 키는 비슷하지만 과체중에 이를 정도로 몸무게는 많이 나간다. 그러므로 체중에 따라 늘려야 할 테파코트의 양도 많을 것이다. 그럼에도 사건 당일 제이슨은 투약을 그만둔 상태였다.

제이슨은 심슨과 같은 혈액형이고, 유전 특징도 비슷하다. 그리고 발 크기도 거의 같다. 그리고 제이슨은 수시로 심슨의 옷과 신발을 빌렸다. 제이슨은 고등학교를 다닐 때부터 요리사가 되길 원했지만 심슨은 여기에 관심이 없었다. 심슨은 아들이 미식축구 선수가 되길 바랬다. 반면 심슨의 아버지는 요리하기를 즐겨했고, 요리사로도 일한 적이 있다. 이와 같이 요리사로서 유전적 내력이 있음에도 심슨은 아들이 자신이 이룬 전설적인 길을 이어가길 바랐다. 심슨은 아버지로서 제이슨의 일탈 행동에 책임감을 느꼈을 것이다. 자신의 왕관을 물려받길 원했지만 제이슨은 여기에서 먼 길을 걸었다. 그러자 부모로서 역할을 다하지 못했다고 자책했을 것이다. 심슨은 은퇴한 후에도 바쁜 사업 때문에 가족들을 제대로 추수르지 못했다. 심슨은 제이슨을 요리학교에 보내는 대신 서던캘리포니아 대학교에 보냈다. 제이슨은 의기소침해졌고, 미식축구도 그만두고 대학교도 중퇴하였다. 그리고 약물에 의존하게 되었다.[18] 사건 당일, 제이슨은 가까운 가족 니콜의 행동에 심한 배신감을 느꼈다. 그래서 니콜 집으로 가서 니콜에게 강하게 항의조로 말했을 것이다. 이러한 제이슨의 행동에 니콜은 어떻게 반응했을까? 제이슨의 과거 병력, 데파코트란 처방약의 복용 중단, 가족의 배신 등 여러 사정 등은 '격분'에 이를 여러 개연성을 설명하고 있다. 그럼에도 경찰은 왜 제이슨에 대해 전혀 조사하지 않은 걸까?

검찰은 오 제이 심슨이 '격분'에 이르렀다고 주장했다. 오 제이 심슨과 니콜 브라운은 2년 전에 이혼했지만 니콜이 새로운 남자 친구를 사귀고 있다는 사실을 알고 심슨은 질투심에 불타게 되었다. 그리고 니콜 브라운의 여동생 데니스 브라운에 따르면, 심슨은 난폭한 성격을 갖고 있다. 데니스에 따르면, 심슨은 니콜을 붙잡고 벽 쪽으로 밀치거나 니콜을 붙잡아 집 밖으로 내동댕이치는 행동을 보였다. 따라서 검찰에 따르면, 심슨이 격분에 이른 것은 질투심과 심슨의 난폭한 성격이다.

그러나 당시 심슨은 새로운 여자 친구 폴라 바비에리와 같이 살고 있었으며, 그날 전화로 여러 여자 친구와도 데이트했다. 그리고 골프를 치고, 딸의 댄스 공연에 참석하는 등, '격분'과는 동떨어진 모습을 보였다. 반면 제이슨은 동생의 사망이라는 악몽과 어머니 마거릿의 이혼이라는 충격에서 벗어나지 못했다. 그리고 여자 친구와 식당 사장 등에게 난폭한 행동을 보였다. 그리고 칼로 위협을 가한 적이 있었으며, 주방장으로 평소 칼세트를 소지하고 있었다. 그리고 그날, 니콜은 제이슨이 주방장으로 근무하는 레스토랑에서 식사하기로 한 약속을 저버렸다. 그리고 제이슨은 정신과 약도 복용하지 않았다. 제이슨에겐 마약과 알코올 문제도 있었다.

니콜 브라운은 그날 제이슨에게 전화해서 제이슨이 근무하는 식당에서 식사하는 대신 로널드 골드먼이 근무하는 식당에서 식사하겠다고 통보했다. 제이슨은 니콜의 집에도 자주 드나들었고, 그래서 니콜과 로널드 골드먼의 사이도 알 수 있었을 것이다. 그리고 그날 제이슨은 전화를 받고 몹시 화를 내더니 전화를 끊었다고 한다. 그리고 니콜 브라운이 자기 대신 로널드 골드먼을 선택한 것에 분노가 끓어올랐을지도 모른다. 이런 상황을 감안하면 지인 관계에서 나타나는 〈피해자 유발〉이라는 행위 유형이 제이슨과 니콜 사이에도 나타났을 것이라 추측할 수 있다. 제이슨이 가해자라고 가정할 때, 피해자인 니콜은 약속을 저버림으로써 제이슨을 자극했다. 그리고 제이슨은 이를 따지기 위해 니콜의 집에 갔고, 그곳에서 두 사람은 다투었을 것이다. 그리고 이것이 폭력으로 이어져 살인과 사망이라는 결과에 이르렀을 것이다.

민사소송 때 제출한 진술서에서 제이슨은 그날 저녁 9시 반쯤 식당에서 나섰다고 진술했다. 제이슨은 니콜의 집에도 자주 드나들었고, 니콜과 종종 언쟁도 했다. 그리고 오 제이는 그날 밤 누구로부터 전화를 받았다.[19] 혹시 제이슨이 오 제이에게 전화해서 도움을 요청한 것은 아니었을까? 그렇다면 그날 격분에 이른 사람은 과연 누구였을까?

8장

알리바이

"다행히 빨리 오셨군요."

셰익스피어의 《오셀로》에서

심슨의 알리바이

검사는 리무진 운전사 앨런 박의 진술을 토대로 니콜 브라운과 로널드 골드먼이 살해된 시각이 12일 밤 10시 15분이라고 추정했다.[1] 심슨이 로킹엄 저택에 모습을 드러낸 시각이 밤 11시쯤이므로 심슨이 범행을 하고 증거를 숨기고, 집으로 돌아올 시간은 충분하다고 보았다.[2] 심슨이 케이토 캘린과 헤어진 것은 그날 밤 9시 36분이다. 그리고 리무진 운전사 앨런 박은 그날 밤 10시 54분에 심슨으로 보이는 사람이 로킹엄 저택 정문으로 걸어오는 걸 보았다. 그렇다면 그 사이 1시간 18분 동안 심슨이 과연 무엇을 했느냐가 관건이다.

그리고 범행 시각이 중요하다. 범행 시각에 대해선 검사에게 입증책임이 있다. 검시관이 제때 시체를 검시했더라면 좀 더 객관적으로 사망 시각을 추정할 수 있었다. 시신의 피는 시간이 지남에 따라 변화된다. 그리고 시신도 살해된 후 부패가 시작되고, 수축되거나 부풀어 오르는 등 상태가 바뀐다.[3] 따라서 경찰이 신속하게 검시관에게 연락해서 시신을 검시하게 했더라면 사망 시각의 폭을 줄일 수 있었을 것이다.

로버트 헤이드스트라Robert Heidstra는 니콜의 집과 한 블록 떨어진 집에서 17년째 살고 있었다. 그는 매일 일정한 경로를 정해 놓고 산보하는 습관이 있었다. 그날 밤도 헤이드스트라는 니콜의 집 반대편에 있는 길을 개와 함께 산책하고 있었다. 10시 38분에 헤이드스트라는 니콜의 집 쪽에서 "이봐, 이봐, 이봐!"라고 소리를 지르는 백인 남자의 목소리를 들었다고 말했다.[4] 이 목소리의 주인공이 로널드 골드먼이라면, 로널드 골드먼은 그날 밤 10시 38분까지는 살아 있는 셈이다. 따라서 골드먼이 살해된 시각은 10시 38분 이후이다. 이를 토대로 심슨의 변호인 코크란도 범행 시각이 10시 40분 쯤이란 사실에 동의했다.

헤이드스트라의 진술에 의하면, 심슨이 범인일 가능성은 낮아진다. 10시

《시간대》

밤 9시 36분	심슨과 케이토 캘린이 헤어짐
밤 10시 2분	심슨은 브롱코에서 폴라 바비에리에게 전화하려 함
밤 10시 15분	살인 사건이 발생함(검사)
밤 10시 22분 10시 30분	리무진 운전자 앨런 박은 로킹엄 저택에서 브롱코를 보지 못함
밤 10시 40분	살인 사건이 발생함(심슨의 변호인)
밤 10시 40분 10시 43분 10시 49분	앨런 박이 로킹엄 대문 초인종을 세 번 눌렀으나 아무런 대답이 없었음
밤 10시 51분 (혹은 52분)	케이토 캘린이, 게스트하우스 밖에서 세 번 '쿵'하는 소리를 들음
밤 10시 54분	앨런 박은 심슨과 비슷한 체격의 사람이 로킹엄 정문 쪽으로 걸어오는 걸 목격함

38분 이후 심슨이 두 명의 건장한 사람을 해치우고, 다른 사람들의 눈에 띄지 않게 니콜의 집 뒤 골목길로 숨어 걸어가서 브롱코를 타고, 증거를 없애고 10시 54분까지 로킹엄에 나타나야 한다. 그야말로 숨쉴 겨를 없이 두 사람을 살해하고 귀신같이 로킹엄에 나타나야 한다. 이런 시간대를 감안한다면 과연 심슨을 범인으로 볼 수 있을까?

헤이드스트라의 시간대

형사재판 때, 심슨의 변호인 조니 코크란은 니콜 브라운의 개가 구슬프게 짖는 걸 들었다는 증인을 통해 배심원들에게 범행 시간대에 대한 인상을 심어 주려고 했다. 니콜의 이웃인 펜하베스는 카토란 개가 구슬프게 짖던 시각이 10시 15분 내지 10시 20분이라고 증언했다. 카토가 그 시각, 자신의 주인인 니콜 브라운의 시신을 발견하고 짖었다고 주장함으로써 살인이 그 이전에 벌어졌다는 추정을 불러일으켰다. 살인 사건이 10시 15분 이전에 발생했다면 심슨이 9시 36분에 케이토 캘린과 헤어지고 10시 2분에 폴라 바비에리에게 전화하려 했으므로 심슨이 그동안 번디 현장에서 두 명의 건장한 사람을 해치우기는 어렵게 된다.

그리고 심슨의 변호인은 니콜 브라운의 이웃사람 헤이드스트라를 증인으로 세워 다시금 심슨의 알리바이를 보완하려고 했다. 헤이드스트라가 들은 "이봐, 이봐, 이봐!"란 외침은 로널드 골드먼이 범인에게 살해되기 전에 지른 소리라는 인상을 심어 주었다. 물론 이런 추정이 성립하더라도 심슨을 범인에서 완전히 배제시킬 순 없다. 그래서 민사소송 때 원고 변호사 페트로셀리는 헤이드스트라를 원고 측 증인으로 신청했다. 페트로셀리는 헤이드스트라의 증언을 통해 헤이드스트라가 어떤 남자가 외치는 소리를 들었을 때, 로널드 골드먼은 범인 심슨이 니콜 브라운의 목을 찌르는 것을 봤다는 인상을 배심원들에게 주려 한 것이다. 페트로셀리는 로널드 골드먼이 지른 소리가 워낙 커서 길 건너편에 걸어가던 헤이드스트라도 들었고, 범인 심슨은 니콜 브라운에 이어 로널드 골드먼도 살해했다는 사실을 입증하려 했다.

헤이드스트라는 자동차 딜러로, 로스앤젤레스 90049번지에 있는 조그만 집에서 살고 있었다. 그곳은 니콜의 집과는 한 블록 떨어진 곳이다. 그는 17년째 그곳에서 살고 있었고, 늘 개 한두 마리를 키우고 있었다. 1994년 6월 12일, 그는 개 두 마리를 데리고 있었는데, 그중 한 마리는 뒷다리에 관

사건이 나던 날 밤 헤이드스트라는 개를 데리고 번디길 부근을 산책하다가 "이봐, 이봐, 이봐!"라고 세 번 외치는 소리를 들었고, 이어 흰색 차량을 보았다.

절염이 있었다. 그럼에도 그는 하루에 세 번씩 개를 데리고 산책했다. 그리고 맨 마지막으로 밤 10시쯤 산책했다. 그는 늘, 니콜 브라운의 집 건너편을 돌아가는 길을 산책하곤 했다. 그는 집을 떠나 어떤 남자가 외치는 소리를 듣고, 이어 흰색 차량이 빠르게 지나가는 걸 목격했다(그림). 헤이드스트라가 산책한 거리는 결코 짧은 거리가 아니다. 그래서 과연 관절염을 앓고 있는 개를 데리고 이런 거리를 빠른 걸음으로 걸을 수 있었을까 라고 의문을 제기하는 사람도 있다.[5]

다른 한편으로 로널드 골드먼이 본 사람이 심슨이었고, 심슨이 니콜 브라운을 칼로 난자하는 장면을 목격했더라면 과연 로널드 골드먼이 "이봐, 이봐, 이봐!"란 소리를 질렀을지도 의문이 있다. "이봐, 이봐, 이봐!"란 소리는, 로널드 골드먼이 모르는 사람과 부닥쳤을 때 지른 소리로 들린다. 심슨처럼 유명인사가 니콜 브라운을 살해하고 있었더라면 달리 질렀을 것이다. 예를 들어, "오 제이! 무슨 짓입니까?"라고 하지 않았을까?

알리바이가 충돌하다

심슨은 민사소송 때 증인석에 섰다. 심슨은 선서하고 증언하길, 니콜 브라운과 로널드 골드먼이 살해될 시각에 골프채를 잡고 칩샷 연습을 했고, 침실에서 이리저리 거닐었다고 말했다. 형사재판 때, 심슨의 변호인 조니 코크란도 심슨이 그 시각, 칩샷 연습을 했다고 변론했다. 심슨이 증인석에 선 후 언론은 심슨에게, 알리바이에 대해 인터뷰하고 싶다고 취재 요청을 했지만 심슨은 거절했다고 한다.

그러나 이런 심슨의 주장은 리무진 운전자 앨런 박의 진술과 모순된다. 심슨은 밤 10시가 조금 지나서 저택 밖에서 휴대폰으로 여자 친구 폴라 바비에리에게 전화하려 했고, 마당에서 칩샷 연습을 시작했다고 증언했다. 그런 뒤, 차에 있는 골프 장비를 살피러 저택 내 찻길에 주차된 벤틀리와 애시포드로^街에 주차해 둔 브롱코를 살펴보았다고 한다. 이후 브롱코를 몰고 찻길에 세우고, 골프가방을 꺼내 현관 근처에 있는 벤치에 두었다. 그리고 브롱코를 로킹엄가^街에 다시 주차했다고 한다. 그런데 1994년 6월 13일, 파커센타에서 조사받을 때 심슨은, 브롱코는 대개 길에 주차해 둔다고 진술했다. 그리고 골프를 칠 때면 물건을 싣고 내리려고 찻길에 브롱코를 세울 때도 있다고 말했다. 경찰은 심슨에게, 언제 마지막으로 브롱코를 몰았는지 물었다. 심슨은 살인 사건이 나기 전날 운전했다고 대답했다. 경찰에서 조사를 받은 후, 심슨은 저녁 7시 내지 9시쯤 브롱코를 로킹엄에 주차했다고 말했다. 심슨이 대문을 열었을 때 개는 이웃집 마당에 놓고 있었다고 한다.

심슨에 의하면 이후의 상황은 다음과 같다. 밤 10시 20분에 심슨은 침실로 가서 잠시 침대에 앉아 있다가 책을 가지고 왔다. 이후 공항으로 가기 전 샤워했다. 그때 누군가 대문 초인종을 누르는 걸 들었다. 샤워를 마친 후 여장을 꾸렸다. 리무진 운전자 박은 증언하길, 인터폰으로 심슨과 통화했는데, 당시 심슨은 늦잠을 잤다고 말했다고 한다. 그러나 심슨은 늦잠을 자지 않

6월 12일, 13일 시간대

6월 12일	9:00-9:30 p.m.	심슨과 케이토 캘린이 저녁식사 하러 맥도널드에 감
	9:36 p.m.	심슨과 케이토 캘린이 헤어짐
	9:48-9:50 p.m.	로널드 골드먼이 〈메잘루나〉에서 나섬
	10:51 p.m.	케이토 캘린이 세 번 '쿵'하는 소리를 들음
	10:54 p.m.	앨런 박은 심슨과 비슷한 사람이 찻길로 걸어오는 걸 봄
	11:00 p.m.	케이토 캘린은 소리를 확인하려고 대문 쪽으로 걸어감
	11:00-11:15 p.m.	심슨은 리무진에 짐을 실음
	11:15 p.m.	심슨은 리무진을 타고 로스앤젤레스 공항으로 향함
	11:35 p.m.	리무진이 로스앤젤레스 공항에 도착함
	11:45 p.m.	심슨은 비행기를 타고 시카고 공항으로 떠남
6월 13일	12:10 a.m.	니콜 브라운, 로널드 골드먼의 시신이 발견됨
	5:00 a.m.	마크 퍼만과 필립 배네터가 로킹엄에 도착함
	5:15-5:30 a.m.	수사관들이 브롱코에서 혈흔을 발견함
	5:40-5:50 a.m.	마크 퍼만이 담장을 넘고, 수사관들이 로킹엄에 들어와서 심슨의 딸 아넬을 만남
	7:00-7:15 a.m.	필립 배네터가 수색영장을 발부받으러 떠남

왔고, 시카고로 가는 동안 비행기 안에서 잠자려고 했다고 증언했다. 심슨은 무죄 판결을 받은 후, 래리 킹 쇼에 출연해서 그날 박이 현관 앞길에서 본 검은 물체는 바로 자신이라고 말했다. 이와 같이 두 사람의 증언에서 크게 차이가 나는 부분은 바로 박과 심슨이 인터폰으로 나눈 대화 내용이다.

심슨은 살인 사건이 나던 날, 박과 나눈 대화와 관련해서 서로 다른 얘기를 했다. 심슨은 옷가방을 들고 밖으로 나가기 전에 박과 통화했다고 말했다. 그러나 박은 밤 10시 55분, 현관 앞길에서 검은 물체를 보고 난 후 인터폰으로 심슨과 통화했다고 증언했다. 이후 심슨은 옷가방을 밖으로 가지고 나간 후 인터폰으로 박과 통화했다고 말을 바꾸었다. 박은 어둠 속의 인물은 어두운 색의 옷을 입고 있었다고 증언했다. 그러나 심슨은 집 밖으로 나갈 때 욕실 가운을 걸치고 있었다고 진술했다. 형사재판에서 박은 그 사람이 입고 있었던 옷은 가운일 수도 있다고 증언했다. 비행기 시각에 맞추어 공항으로 서둘러 갈 때 심슨은 박에게 자신은 에어콘 바람을 싫어해서 에어콘을 꺼 달라고 했다고 증언했다. 그리고 공항으로 급히 가기 위해 서둘러 여장을 꾸리느라 땀이 났다고 진술했다.[6]

캘린의 주장

케이토 캘린은 사건 당일 9시 36분 심슨과 헤어졌다. 그리고 10시 51분 내지 52분에 게스트하우스 밖에서 세 번 '쿵' 하는 소리를 들었다. 이런 사실은 사건 다음 날 케이토 캘린이 경찰에게 죄다 얘기해 버린 터라 심슨에게 유리하거나 불리한 다른 알리바이를 제공할 수 없으리라 보인다. 그럼에도 사건이 발발한 지 20년이 지난 2014년, 케이토 캘린은 언론을 향하여 오 제이 심슨이 자신에게 유리한 알리바이를 대어 달라고 부탁한 사실이 있다고 주장했다.

니콜 브라운과 로널드 골드먼 사망 20주년을 맞이해서 NBC 방송국의 뉴스 프로그램 《투데이*Today*》와 가진 대담 자리에 캘린은 골드먼의 부친, 여동생과 자리를 같이했다. 캘린은 형사재판 때 검찰 측 증인으로 소환되었다. 증인으로 나선 캘린은 횡설수설했고, 그가 증언하는 모습은 거만하게 비쳤다. 이로 인해 시청자들의 분노를 샀다.

"어느 날 저는 법정에 불려갔고, 그곳에서 나왔습니다. 그러자 모두가 저의 이름을 불렀습니다. 졸지에 저는 유명 인사가 되었고, 모두가 저를 알아봤습니다"라고 캘린은 말했다. "저는 케이토란 인물이 된 겁니다. 여전히 저는 언론을 통해 저를 향한 미움이 일고 있다는 사실에 놀랐습니다."

캘린은 NBC 방송국의 뉴스쇼 《데이트라인*Dateline*》에도 출연했다. 이 자리에서도 캘린은 심슨이 자신에게 알리바이를 대어 달라고 부탁한 사실이 있다고 말했다. 캘린은 "어느 날 심슨이 저에게 말을 걸어 왔습니다. '내가 너하고 같이 있었던 걸 알잖아. 내가 너랑 부엌에 같이 있었던 것도 알잖아'라고 말했습니다." "심슨은 부엌에서 저와 얘기를 나눌 때, 제가 심슨에게 알리바이를 대어 줄 수 있을 거라고 말했습니다."[7]

형사재판 때, 캘린은 심슨에게 곤란한 질문에 대해선 얼버무린 것으로 보인다. 그러나 캘린은 사건 다음 날, 심슨의 알리바이에 대해서 경찰에게 모두 얘기해 버린 터라 심슨에게 도움이 될 알리바이를 제공할 순 없었을 것이다.

알리바이를 보강하다

심슨의 이웃집 가정부로 일하던 로사 로페즈*Rosa Lopez*가 심슨의 알리바이를 지원하는 목격자로 나섰다. 로페즈는 6월 12일 밤 10시쯤, 골든 리트리버(잡은 짐승을 회수하는 능력이 뛰어난 사냥용 개)란 집주인의 개를 데리고 산책하다가 심슨의 저택 밖에서 저택 쪽을 바라보았다.

형사재판 때 "로킹엄 저택 밖 도로에 어떤 차가 주차되어 있었는지 말할 수 있나요?"라고 심슨의 변호인 조니 코크란이 질문했다. "예"라고 엘살바도르 출신의 로페즈는 스페인어로 대답했다. 로페즈는 자신이 미국을 떠나 모국인 엘살바도르로 돌아가게 된다면 자신의 진술이 담긴 테이프를 배심원이 들어도 좋다고 말했다.

로페즈는 한밤중에 심슨의 저택 밖에서 수상한 남자의 목소리도 들었다고 진술했다. 로페즈는 이 수상한 목소리의 주인공을 그 다음 날 아침에 만났다고 말했다. 경찰 수사관들은 다음 날 아침, 니콜 브라운과 로널드 골드면의 살인과 관련된 단서를 찾기 위해 심슨의 저택 주위를 수색하고 있었다. 그러나 수사관은 자신의 애기를 적지 않았고, 다른 수사관을 보내 조사하지도 않았다고 한다. 그 수사관의 이름이 뭐냐고 묻자 로페즈는 '마크 퍼만Mark Fuhman'이라고 대답했다. 그러나 로페즈는 마크 퍼만Mark Fuhrman이란 이름을 정확하게 발음하지 못했다. 처음에는 '마이크 퍼만Mike Fuhrman'이라고 하다가 다음에는 '마크 프레이먼Mark Frayman'이라고 발음했다. 그래서 보다 못한 코크란이 분명하게 발음해 달라고 요구했다. 그러나 로페즈는 "저는 발음을 잘하지 못합니다. 당신이 저보다 낫네요"라고 말했다.[8]

로페즈의 진술에 대하여 검사는 신빙성이 없다고 다투었다. 그러나 심슨의 변호인에게 로페즈의 진술은 매우 소중했다. 로페즈의 진술은 범행 시각에 집에 머물고 있었다는 심슨의 알리바이를 보강해 준다. 나아가 수사관 마크 퍼만이 심슨을 옭아매려고, 심슨에게 유리한 증거는 무시하고 심슨에게 불리한 증거를 심었다는 변호인 측의 〈음모론〉도 지지해 준다. 형사재판에서 심슨의 변호인은 마크 퍼만이 자신의 경력에 큰 획을 그으려고, 인종주의에 집착하여 피 묻은 장갑을 로킹엄 오솔길에 갖다 놓았다고 주장했다.

거짓 알리바이를 대다

제이슨이 자살을 기도하거나 약물을 과다복용한 것은 도움을 구하고 관심을 끌기 위한 행동임이 드러나고 있다. 사립탐정 윌리엄 디어는, 제이슨이 범인이라면 심슨이 아버지로서 마땅히 자신이 도움을 주지 못한 사실에 대해 일종의 책임감을 느끼지 않았을까라고 생각해 보았다고 한다. 디어는 '만약 제이슨이 범인이고, 심슨이 뒤늦게 두 사람이 살해된 현장에 나타났다면 심슨은 어떻게 바라보았을까?'라고 추정해 보았다. 심슨은 자신의 세계가 무너지는 것을 보았을 것이고, 그러함에도 저스틴과 시드니의 침실 불이 꺼져 있는 것을 보았을 때 일말의 안도감을 느꼈을 것으로 본다.

디어는 다른 사람을 고용하여 제이슨의 눈을 피해 제이슨의 행적을 추적했다. 그리고 디어 자신도 비행기를 타고 정기적으로 로스앤젤레스로 가서 직접 조사하기도 했다. 디어와 동료는 6년 동안 끈질기게 제이슨을 추적했다. 제이슨이 버린 쓰레기를 샅샅이 뒤지고, 우편함을 살펴보고 제이슨이 누구와 접촉하는지 조사했다. 그리고 제이슨의 이웃 사람을 만나 면담하고, 제이슨이 근무했던 식당 사람들도 만났다. 그리고 제이슨이 타고 다니던 차량도 추적했다. 심지어 디어는 제이슨이 타고 다니던 차량이 팔린 사실을 확인하고 그 차를 산 주인도 만났다고 한다.[9]

제이슨은 사건 당일, 〈잭슨의 농장 레스토랑〉에서 일한 것으로 알려져 있었다. 그래서 디어는 그 레스토랑에 찾아가서 제이슨의 알리바이에 대해 조사했다. 디어는 동료 허만Herman을 그 레스토랑으로 보냈고, 허만은 자신이 마치 제이슨의 대학 동창인 것처럼 말하며 주방장에게 말을 걸었다. 그러나 좀 더 조사해 보니 〈잭슨의 농장 레스토랑〉은 살인 사건이 날 때 아직 오픈하기 전이었다. 그렇다면 제이슨은 〈잭슨의 농장 레스토랑〉이 아닌 잭슨이 운영하던 다른 식당인 〈잭슨 레스토랑〉에서 근무하고 있었을 것으로 추정된다.[10] 그렇다면 제이슨의 사장 잭슨이 왜 제이슨이 그날 〈잭슨의 농장 레스토랑〉에서 근무했다고 거짓 알리바이를 대었을까?

니콜에게 제의하다

여러 정황증거에 의할 때, 그날 밤 아는 사람이 찾아와서 니콜이 현관문을 열어 준 것으로 추정된다. 그렇다면 면식범의 소행이란 얘기다. 그럼에도 경찰은 심슨과 비슷한 체격을 가졌고, 니콜의 집을 수시로 드나든 제이슨에게 질문조차 하지 않았다.

제이슨은 심슨을 상대로 한, 두 피해자의 가족이 제기한 민사소송에서 여러 진술서를 작성했다. 그리고 원고 변호사 페트로셀리가 질문하고 제이슨이 대답한 녹음이 조서로도 제출되었다.[11] 이 진술서에서 제이슨은, 니콜을 좋은 친구라고 표현하면서 누나보다 더 좋은 사이였다고 적고 있다. 제이슨은 심슨과 니콜이 이혼한 후에도 니콜과 계속 좋은 관계를 유지해 왔다고 밝힌다. 제이슨은 1주일에 서너 번씩 니콜의 집에 들리곤 하였다. 제이슨은 진술서에서, 자신이 심슨의 브롱코를 종종 몰았다고 밝히고 있다. 브롱코의 열쇠는 로킹엄 주방에 있는 컵에 있었다고 한다. 그리고 심슨의 옷장을 수시로 열고 옷이나 신발 등 필요한 것도 가져다 쓰곤 했다. 이 대목에서 디어는 제이슨이 심슨의 장갑이나 브루노 말리란 신발도 빌릴 수 있을 거라 추정한다. 제이슨의 발은 심슨의 발보다 반 인치가량 작다. 살인 사건이 나기 전날인 6월 11일 오후, 니콜이 제이슨을 불러서 그다음 날 시드니의 댄스 공연이 있다고 말했다. 그리고 제이슨이 참석하기를 바란다고 말했다. 제이슨은 그날 밤 〈잭슨 레스토랑〉에 일하기로 되어 있어 참석하기 어렵다고 말했다고 진술서에 적고 있다. 그러나 제이슨은 니콜과 자신이 가족들의 중요한 날에는 꼭 함께 한다고 밝히고 있다.

제이슨은 니콜에게, 그날 저녁 일해야 한다고 말한 뒤 댄스 공연을 마치고 가족들이 저녁식사를 할 때 자신이 근무하는 레스토랑에서 식사하는 게 어떻겠냐고 제의했다. 제이슨은 진술서에 "근무에 빠질 수 없어서 일석이조라고 생각했죠. 동생들도 볼 수 있고, 시드니도 볼 수 있구요. 내가 공연에 참석하지 못하니까 어차피 밖에서 식사한다면 여기로 와서 식사하는 게 어떠냐고 물었죠"라고 적었다.

"니콜은 [내가] 공연에 와 주길 바랬지만 그럴 수 없었죠. 근무해야 했으니까요. 그래서 '우리 식당으로 오는 게 어때요?'라고 말했죠. 니콜도 좋은 생각이라고 말했죠. 그래서 니콜과 저는 신이 났고, 우리 가족이 모두 식당에 모이고, 그리고 공연에 참석하지 못했지만 이곳에서 가족 파티가 열릴 것이라 생각하니 신났죠"라고 적었다.

그래서 살인 사건이 나던 저녁, 제이슨은 니콜과 가족의 식사를 위해 정성껏 준비하고 있었다. 그런데 그날 저녁, 니콜의 가족이 메잘루나 레스토랑으로 가기로 계획을 바꾸자 제이슨은 큰 충격을 받았을 것이다. 그리고 가족도 볼 수 없게 되었다.

제이슨은 또 다른 진술서에서 이렇게 적고 있다.

"앨런 잭슨은 일요일에는 요리하지 않아요. 나는 곧 주방장이 될 겁니다. 동생들과 친구들 그리고 아버지한테 잘 보일 기회지요. 스타가 된 기분이예요. 수백만 명이 열광하는 축구장에서 달리는 기분이랄까요? 내 생애 최고의 기회죠."

제이슨에 따르면 니콜도 제이슨의 제의를 수락했다. 니콜과 가족들이 모두 오기로 되어 있었다. 제이슨은 저녁 7시에 예약을 잡아 놓았다. 제이슨은 가족 모두를 식당에서 보리라 생각하고 들떠 있었다. 그런데 니콜은 다른 생각을 하고 있었던 듯하다. 그 다음 날 살인 사건이 나기 바로 1시간 전, 니콜은 돌연 일정을 바꾸었다. 니콜은 제이슨에게 "갈 수 없어, 그곳이 조금 비싸거든. 그래서 가까운 곳에 가려고 해"라고 말했다. 그런데 제이슨은 이미 그날 가족들을 위해 특별한 손님이 온다면서 미리 다 준비해 두고 있었다. 어디에서 니콜과 통화했는지 묻자 제이슨은 애매모호하게 대답한다. "아마 아파트인지, 집인지 거기서 니콜에게 전화했어요." 그런데 진술서에서 제이슨은 분명히 아파트에서 니콜에게 전화하지 않았다고 밝히고 있다.

디어는 이러한 일이 제이슨을 혼란스럽게 만들고, 직장 동료를 볼 면목이 없게 만들었을 것이라고 추정한다. 살인 사건이 나던 날 저녁, 제이슨은 자신이 〈아틀라스 레스토랑〉에서 근무했다는 허위 알리바이를 대기도 했다.

제이슨은 골드먼의 변호사 페트로셀리와 통화할 때, 1994년 6월 무렵 휴대폰이 없었고, 자신의 아파트에도 전화가 없었다고 대답했다. 그렇다면 니콜이 식당 예약을 취소했다는 얘기를 듣고 니콜의 집으로 찾아가지 않았을까?

제이슨은 아무에게 들키기 않고 로킹엄 주택을 드나들 수 있다는 사실에 대해서도 언급했다. 제이슨은 로킹엄에 오랫동안 살았고, 몰래 드나들 수 있었다고 한다. 어느 한쪽 문은 항상 열려 있거나 아니면 밀고 들어갈 수 있었다. 테니스 코트 뒤쪽으로 가면 남의 눈에 띄지 않고 쉽게 드나들 수 있었다.

진술서에서 제이슨은 자신이 살인 사건이 나던 시각에 식당에서 근무하고 있었다고 주장한다. 그날 밤 10시 내지 10시 30분에 근무를 마쳤고 퇴근 체크를 했고, 10시 30분 내지 11시쯤 아파트로 갔다고 적고 있다. 아파트로 돌아가서 여자 친구와 전화했고 TV를 보았으며, 그 다음 날 새벽 3시쯤 잠이 들었다고 적고 있다. 그런데 이 진술서 바로 뒤에는 살인 사건이 났다는 사실은 TV를 통해 봤고, 이후 전화하지 않았다고 적고 있다. 그런데 제이슨은 누나 아넬로부터 니콜이 살해당했다는 얘기를 듣고 곧바로 로킹엄으로 가지 않고, 여자 친구에게 달려갔다. 제이슨은 그곳에서 발작증세가 나려는 증세를 느꼈다. "여자 친구 집으로 가게 된 것은 운전할 수 없었기 때문이예요. 숨을 쉴 수가 없었죠. 아무것도 할 수 없었어요"라고 적고 있다. 그리고 주방칼 세트를 항상 지니고 다니며 가방에 넣고 다닌다고 말했다. 그리고 6월 12일 밤에도 칼 세트를 가방에 넣어 갖고 있었다고 말했다.

제이슨은 그날 밤 10시나 10시 반쯤 식당에서 나섰고, 니콜이 자신이 근무하는 식당에 오지 않아 속상해 하고 있었다. 그리고 날카로운 칼 세트를 지니고 있었다. 그런데 제이슨은 혼자 퇴근했다는 자신의 말을 바꾸어 살인 사건이 나던 날 밤 식당에서 나설 때, 여자 친구를 차를 태워 주었다고 말했다. 그리고 여자 친구 아파트 쪽으로 갔고, 그곳에서 여자 친구를 내려 주고 자신의 아파트로 왔다고 적고 있다.[12]

제이슨을 비호하다

　　　　　　　그래서 디어는 제이슨의 여자 친구 제니
퍼 그린을 찾아 보기로 했다. 디어는 제니퍼가 근무하는 의상실로 찾아갔다.
제니퍼는 그날 제이슨이 9시 45분에 레스토랑에서 나왔다고 말했다. 그리고
제니퍼가 제이슨의 지프에 제이슨을 태워 주었다고 말했다. 그러나 제이슨
의 진술서에는 10시나 10시 30분에 레스토랑에서 나왔다고 적혀 있다. 그리
고 그 레스토랑에서 니콜의 집까지는 불과 15분 거리다. 일요일 저녁에는 차
량 통행도 많지 않다. 그렇다면 제이슨에게 45분이란 시간이 생긴 셈이다.

　제니퍼는 제이슨을 열심히 방어하려고 애썼다.

　"우리 둘은 곧바로 내 집으로 갔어요. 지프를 주차하고 제이슨과 저는 우
리 아파트로 들어갔어요. 제이슨은 그날 밤 알리바이가 있어요. 제이슨은 내
옆에서 밤 11시까지 TV를 보았어요."라고 말했다. 제니퍼가 거짓말하고 있
는 것은 분명했다. 제이슨은 진술서에서 제니퍼를 그녀 집에 내려 주고 혼자
집으로 돌아왔다고 적고 있기 때문이다.

　디어는 도서관에서 살인 사건이 나기 두 달 전에 제이슨과 관련된 사건이
1994년 10월 4일 자 《뉴스위크*News Weeks*》에 실린 것을 보았다. "심슨의 아들은
여자 친구를 죽이려 했다"라는 제목이 눈에 띄었다. 기자들은 목격자들을 면
담했는데, 그들은 제이슨이 술에 취해 격분한 채 제니퍼 그린을 살해하려 했
다고 한다. 이 사고는 1994년 4월 21일에 로스앤젤레스 나이트 클럽에서 있
었는데, 그날 제이슨은 자신의 스물네 번째 생일이었다. 그날 제니퍼는 제이
슨과 동행했는데, 그곳에서 제이슨이 옛날 여자 친구와 얘기를 나누는 것을
보고 말다툼을 했다.

　제니퍼의 친구는 "제이슨은 술에 만취된 채 그 여자와 떨어지지 않았어요.
제니퍼가 '집으로 갈거야'라고 말하고 밖으로 나갔어요. 제이슨이 따라 나가
서 '가면 안 돼.', '내 생일이거든'이라고 소릴 질렀죠. 그리고 주차장까지 따라

나섰고, 비명소리가 들렸죠."

친구들이 이들을 차에 태워 집으로 데려갔다. 그러나 싸움은 차에서도 계속되었고, 제이슨은 술에 취해 격분한 채 건물 벽에 화초를 집어 던졌다. 제니퍼는 아파트로 들어갔고, 제이슨은 침실로 쫓아갔다. 제이슨은 나무 테이블을 집어 들더니 제니퍼를 향해 집어 던졌다. 테이블 다리 하나가 제니퍼의 가슴에 맞았다. 제니퍼는 아파트

심슨의 아들 제이슨이 여자 친구를 죽이려 했다는 기사가 1994년 10월 4일 《뉴스위크》에 실렸다. 이 기사에 따르면, 제이슨은 1994년 4월 21일에 여자 친구 제니퍼 그린의 아파트까지 쫓아가서 가재도구를 집어 던졌고, 자동차에 피신한 제니퍼의 목을 졸랐다.

에서 빠져나왔고, 자신의 폭스바겐 승용차에 몸을 숨겼다. 그러나 제이슨은 소리를 지르며 제니퍼를 쫓았다. 차가 출발하려고 하자, 제이슨은 차문을 열고 제니퍼를 조수석으로 밀었다. 제니퍼가 "다리가 차 밖에 나와 있어 꼼짝할 수 없어!"라고 소리쳤으나 제이슨은 제니퍼의 목을 누르고 제니퍼는 숨을 쉴 수 없어 거의 죽을 것만 같았다. 제이슨은 통제되지 않은 괴물 같았고, 정신줄이 나가 질투심으로 완전히 돌아버린 사람처럼 보였다. 제니퍼는 "정말 죽을 것만 같았어요"라고 고백했다.[13]

증거를 입수하다

디어는 제이슨의 근무표를 어렵게 입수했다. 그 카드에는 '이름: 심슨 제이슨, 근무 종료: 1994년 6월 19일, 일요일 오후 2시 57분에 출근하여 밤 10시 20분에 퇴근하다'라고 적혀 있었다. 그런데 이

근무표는 수기로 작성되어 있었다. 더구나 제이슨이 퇴근한 날은 6월 12일이 므로 근무표는 조작된 것이다. 그리고 직원은 누구나 출근할 때와 퇴근할 때 근무시각 버튼을 눌러 확인절차를 거친다. 그리고 출퇴근 시각은 전산으로 처리된다. 그렇다면 제이슨이 고의로 살인 사건이 나던 날 근무표를 수기로 작성한 것이다.[14] 왜 그랬을까?

무죄 평결이 난 날 찍은 사진을 보면, 오 제이 가족들은 무죄 평결이 나자 일제히 환호하고 있다. 그러나 유독 제이슨만 감정을 드러내지 않은 채 오히려 우울한 표정을 짓고 있다. 무죄 평결이 난 후 가족을 대표하여 제이슨이 언론 기관을 향해 심슨의 성명을 발표하기 위해 준비하는 동안에도 제이슨은 심각한 표정을 지었다. 왜 그랬을까?

이제 제이슨은 마흔아홉 살이 되었고, 결혼도 했을 것이다. 그는 조지아 주 애틀란타에 살고 있으며, 주방장으로 일하고 있는 것으로 알려져 있다. 제이슨에게는 알리바이가 없다. 그러므로 윌리엄 디어의 추정은 확실히 설득력이 있다. 살인 사건은 9시 45분부터 10시 40분 사이에 벌어졌다. 제이슨은 9시 50분부터 혼자 있었다. 제이슨은 살인이 벌어진 시간대에 대한 알리바이가 없다.[15] 따라서 그 시간과 제이슨의 알리바이가 부재하는 시간이 일치된다는 사실은 디어의 추정을 설득력이 있게 다가오게 한다.

"저는 제이슨이, 처음부터 니콜 브라운을 죽일 생각은 없었다고 봅니다"라고 디어는 말했다. "제이슨은 몹시 당황했을 겁니다. 제이슨의 정신 병력을 보면 제이슨은 여자들이 거짓말하는 걸 참지 못한다는 걸 알 수 있습니다. 사건이 나기 전에도 제이슨은 격분해서 여자 친구 제니퍼 그린을 거의 죽일 뻔했습니다. 그리고 제이슨은 신발이나 혁띠에 늘 칼을 갖고 다닙니다. 물론 제이슨도 그런 사실을 잘 알고 있었겠지요."[16]

9장

살해도구

"어서들 칼을 집어넣어. 이슬 맞으면 녹슬지."

셰익스피어의 《오셀로》에서

검시관의 추정

심슨이 기소된 후에도 살해도구가 발견되지 않았다. 그래서 형사재판은 살해도구가 증거로 제시되지 않은 채 진행되었다. 검시관 락슈마난 사티아바기스와란Lakshmanan Sathyavagiswaran은 배심원 앞에서, 두 피해자는 다음과 같이 살해당했을 것이라고 증언했다.

"집 현관 앞에서 니콜 브라운은 한밤중에 범인으로부터 습격받았습니다. 힘이 센 범인으로부터 칼자루나 쇠막대로 머리를 맞고 의식을 잃었을 겁니다. 그리고 칼날이 15cm인 칼로 목과 머리가 찔리고 베였습니다. 니콜이 자신의 피웅덩이에 쓰러질 때 범인은 로널드 골드먼을 향했습니다. 골드먼은 범인을 움켜잡았으나 범인은 칼로 골드먼의 몸 두 군데를 베었습니다. 골드먼은 여전히 일말의 저항을 할 수 있었겠지만 비좁은 곳이라 꼼짝없이 머리와 심장, 폐가 찔렸습니다. 그리고 범인은 몸을 돌려 니콜에게 마지막 일격을 가했습니다."[1]

그러자 심슨의 변호인은 여러 범인이 여러 흉기로 두 사람을 살해했다고 주장했다. 여기에 대해 락슈마난은 믿기 어려울 정도로 세밀하게 칼의 크기나 살해 방법에 대해서 언급했다.

"니콜 브라운은 짧은 검은색 상의와 바지를 입었고, 신발은 신지 않았습니다. 팬티에서 정액이 나오지 않았으므로 니콜은 살해당하기 전, 강간당하지도 않았고, 성관계도 하지 않은 것으로 추정됩니다. 니콜은 약을 복용하지 않았습니다. 장기에서 소량의 알코올이 나왔는데, 저녁식사 때 두 잔의 와인을 마셨기 때문에 그런 거라 추정합니다. 범행 초기에 범인은 니콜의 머리에 치명타를 가했습니다. 이렇게 판단하는 근거는 니콜의 머리 오른쪽에 있는 2.5cm가량의 찰과상입니다. 찰과상이 선홍색을 띤 것으로 보아, 니콜은 머리를 가격당한 뒤에도 1분이나 몇 분 정도 숨쉬고 있었던 것으로 추정됩니다. 니콜의 머리는 둔기에 의해 가격당했습니다. 뭔가 부드럽거나 둥글고,

혹은 딱딱한 재질로 된 칼자루나 쇠막대로 맞았습니다. 그리고 주위에 있는 거친 벽에 긁혀서는 이와 같은 찰과상이 나지 않는다고 판단합니다. 머리에 가한 충격이 매우 강해 뇌피질에도 손상을 입었습니다."

그러자 검사 브라이언 켈버그Brian Kelberg가 "이렇게 하려면 어느 정도로 힘을 가해야 한다고 봅니까?"라고 질문했다.

"글쎄요, 케이오 펀치라고나 할까요?"라고 대답했다. 그리고 다음과 같이 추정했다. 범인은 니콜의 머리에 일격을 가한 다음 니콜의 목 왼쪽을 세 번 찔렀다. 찔린 곳에서 피가 뿜어져 나왔으므로 찔릴 때까지 니콜은 살아 있었다. 검시관은 칼에 찔린 형태나 크기에 의해 살해도구를 추정했다.

"제 견해로는 세 군데의 자상은 외날의 칼에 의한 것으로 봅니다. 그리고 세 개의 자상은 무딘 칼날과 예리한 칼날에 의한 것입니다"라고 말했다. 그리고 이 자상만으로는 니콜 브라운의 명줄을 끊을 순 없지만 이 자상으로 인해 많은 출혈이 났고, 그래서 니콜의 몸에도 많은 피를 남기게 되었다고 본다. 이와 같은 검시관의 견해를 토대로 검사는 〈외날 이론〉을 주장했다. 이러한 외날 이론은 검사의 핵심 주장이다. 이에 따라 검사는 한 명의 범인인 심슨이 짧은 시간 두 명의 피해자를 해치웠다고 주장했다.

락슈마난은 머리를 친 것이 먼저인지, 아니면 목을 찌른 것이 먼저인지는 판단할 수 없다고 말했다. 그러나 범인이 목을 찌를 때, 니콜은 멍한 상태였거나 범인에 의해 찔려서 신체 활동이 제한적이었다고 추정했다.

"목에 난 상처가 한곳으로 나 있는 것으로 봐서 신체 운동은 약간 제한적이었다고 보입니다"라고 말했다. 그리고 니콜의 몸에 난 상처 부위로 볼 때 범인이 오른손잡이면 니콜과 마주보고 있었다고 본다. 그리고 범인이 왼손잡이면 범인은 니콜의 뒤에서 공격했다고 본다.

골드먼은 청바지를 입었고, 상의로는 셔츠를 입었다. 그리고 장기에는 알코올이나 약을 복용한 흔적이 남아 있지 않았다. 검시관은 살인하는 데 1분

가량 걸렸을 것으로 추정했다. 검시관은 "전자레인지에 커피를 데우는 데 1분이면 꽤 긴 시간입니다"라고 배심원에게 설명했다. 그리고 범인이 뒤에서 골드먼을 잡고 칼로 사선 방향으로 두 번 나란히 목을 그었다고 추정했다.

"누군가 꼼짝 못할 때 이런 상처가 나게 됩니다. 누군가에게 신체적으로 위해를 가하겠다고 협박할 때에도 이런 자세로 합니다"라면서 검시관은 켈버그 검사를 상대로 시범을 보였다. 그리고 골드먼의 목에 사선 방향으로 난 자상은 범인이 마지막 일격을 가하기 전에 생긴 것으로 본다. 왜냐하면 골드먼이 그때까지 살아 있어 이 자상 쪽에서 피가 흘렀기 때문에 이렇게 본다는 것이다. 골드먼은 가로×세로가 1.2m×1.8m인 좁은 곳에 갇혀 있다시피 했으므로 범인은 쉽게 골드먼을 도륙할 수 있었다고 추정했다. 이어서 범인은 칼로 골드먼의 왼쪽 귀 뒤쪽을 찔렀고, 골드먼이 피하려고 해서 뒤틀린 상처가 났다고 추정한다.

"머리를 잡아 당길 때 머리가 빠져 나가서 마치 몸통이 떨어지는 것처럼 피부가 칼에 의해 벗겨졌습니다"라고 락슈마난은 설명했다. 골드먼의 귀 뒤쪽에 찔린 부위와 뒤틀린 상처가 치명적이긴 했지만 골드먼이 사망에 이른 것은 폐와 심장이 칼에 찔린 것 때문이라고 추정했다. 니콜의 몸에 난 상처에 의하면, 몸무게가 상당히 나가는 범인이 신발 밑창으로 니콜 브라운의 아랫도리를 밟은 것으로 본다. 그리고 범인은 니콜의 머리채를 잡아당겨 니콜의 목을 왼쪽에서 오른쪽으로 그었다. 이때 기관氣管에서는 피가 흘러나오지 않았다. 니콜의 목을 그은 칼은 뇌에 피를 공급하는 경동맥과 관상동맥(심장의 근육에 산소와 영양을 공급하는 동맥)을 뚫고 들어갔다. 이때 경정맥(머리에서 심장으로 혈액을 수송하는 대정맥)은 거의 절단되었고, 남은 경정맥에 의해 머리가 달랑거렸다. 그리고 이 부위의 절단면은 깨끗했다.

"이것은 칼로 찌를 때 서슴지 않았다는 것을 의미합니다"라고 락슈마난은 검시 사진을 짚으면서 배심원에게 설명했다.

검시관 락슈마난 사티아바기스와란이 증인석에서 증언하고 있다. 그는 범인이 칼날이 15cm가량의 칼로 두 피해자를 난도질하듯 베고 찔렀으며, 범행에 쓰인 칼은 외날이고, 범인은 칼자루나 쇠뭉치 같은 것으로 니콜의 머리를 내리쳤다고 증언했다.

절단된 부위는 니콜의 왼쪽 목에 비스듬히 나 있고, 오른쪽 귀 쪽으로 올라가 있다. 이 사실로 범인이 오른손잡이거나 범인은 오른손에 칼을 잡았다고 추정한다. 심슨은 오른손잡이다.

"4개의 주요 혈관이 상처 부위 부근에 있습니다."

"이로 인해 급사했거나 [찔린 후] 몇 분 내에 사망에 이르렀을 것입니다"라고 검시관은 설명했다.[2]

검시관 락슈마난이 증언할 때 묘사한 칼은 이렇다. 칼날의 길이는 15cm가량이다. 그리고 칼자루는 부드럽거나 혹은 딱딱한 재질로 되어 있고, 뭉툭하다. 그리고 니콜의 목을 찌른 칼은 외날이며, 칼날에는 예리한 부분과 무딘 부분이 있다. 그리고 칼자루는 니콜의 머리에 2.5cm가량의 찰과상을 내고 니콜에게 충격을 가해 쓰러지게 할 만큼 무게감이 있을 것이다. 그리고 칼날은 니콜의 목을 도려낼 만큼 예리하다.

카다시안의 가방

1996년 ABC 뉴스의 바바라 월터스Barbara Walters[3]는, 심슨의 변호인이자 심슨의 오랜 친구인 로버트 카다시안Robert Kadashian에게, 언론 보도로 유명해진 루이뷔통 가방에 대해서 질문을 던졌다. 카다시안은 심슨이 시카고로 돌아온 날, 로킹엄 저택에서 심슨으로부터 이

루이뷔통 옷가방을 건네받았다. 많은 사람들은 이 가방속에 살해도구가 들었을 것이라고 추측했다.

"저는 단지 심슨을 응원하러 간 겁니다"라고 카다시안은 월터스에게 대답했다. "저는 심슨이 시카고에 다녀왔다는 사실도 몰랐습니다. 그냥 서 있다가 누군가 저를 당기길래 그곳(심슨의 비서가 있던 곳)으로 간 겁니다." 당시 심슨의 비서는 옷가방을 들고 있었다. "저는 신사가 되라는 가르침을 받고 자라났습니다. [심슨의 비서가 가방을 들고] 계속 걸어가길래 [심슨의 비서에게] '제가 들어 드리겠습니다'라고 말한 겁니다"라고 말했다. "그리고 로킹엄을 경비하고 있는 경찰관에게 다가가서 '심슨 씨의 가방을 들고 있는데요'라고 말하자 경찰관은 '여기 들어올 수 없습니다'라고 말하더군요. 그래서 제가 '제가 심슨 씨의 가방을 들고 있는데 가지고 가시겠습니까?'라고 말하자 경찰관은 '안 됩니다. 들어오실 수 없습니다'라고 대답했습니다." 그래서 카다시안은 심슨의 옷가방을 집으로 가지고 왔다고 한다. 그리고 가방을 가지고 온 사실을 그만 깜빡하고 그날 밤 옷가방을 차 트렁크에 그대로 놔두었다고 한다.

카다시안은 가방에 손을 대지 않았다고 주장했다. "저는 가방에 손을 대지 않았습니다"라고 말했다. "심슨이 체포된 후에도 가방은 그대로였습니다. 심슨이 머물던 저의 집 방에 가방을 놔뒀습니다. 경찰관은 방으로 와서 수색하고 가방도 살폈습니다. 가방은 원래 그대로였습니다." 카다시안은 가방 속에서 이상한 물건은 전혀 보이지 않았다고 말했다. 그리고 "경찰은 언제든지 가방을 가져갈 수 있었습니다. 그렇지만 가져가지 않았습니다"라고 말했다. "그로부터 아홉 달이나 지난 후에도 경찰은 가방에 대해 혈흔 검사나 다른 어떤 검사도 하지 않았습니다. 저는 경찰이 진짜 사실을 알길 원했는지 의문이 듭니다. 오히려 가방을 조사하지 않고 내버려 둬서 시민들이 이 가방을 의심의 눈초리로 바라보는 것을 바랐는지도 모르지만 말이죠"라고 덧붙였다.[4]

칼의 종류는

심슨이 체포되자마자, 수사관 로널드 필립스, 브래드 로버츠, 마크 퍼만은 주변 목격자를 조사하고, 살해도구를 수색했다. 마당, 하수구, 골목길 등을 샅샅이 수색했다. 금속 탐지기도 동원되었으며, 잡초와 잔디 곳곳을 뒤졌으나 허탕이었다. 그리고 심슨의 집 근처에 있는 폐쇄회로 카메라도 조사했다. 경찰은 카메라 주인의 협조를 받아 보안이나 경비 목적으로 설치된 폐쇄회로 카메라의 비디오테이프를 입수해서 조사했다. 이렇게 조사해서 혹시 카메라에 심슨이 그날 밤 언제 어디에 나타나서 어떻게 행동했는지 밝히려 했다.

로스앤젤레스 도심에 있는 〈로스 커트레리〉[5]란 칼집을 경영하는 로스 커트레리Ross Cutlery는 심슨이 5월 3일, 길이가 25cm가량 되는 단검을 샀다고 주장했다. 그러자 이를 근거로 검찰은 심슨이 산 이 칼이 범행도구라고 추정했다. 그런데 가게 점주와 점원은 예비심문에서 증언하기 전, 그들의 얘기를 《내셔널 인콰이어러》에 팔았다.[6]

가게 점원 카마쵸Camacho와 점주 와텐버그Wattenberg는 칼에 대해 자세히 언급했다. 이들에 따르면 단검의 손잡이에는 뼈가 상감되어 있으며, 칼자루는 반듯하다. 그리고 칼날은 칼집에 집어넣을 수 있다. 칼날의 길이는 15cm가량이다. "뭔가 심슨 씨의 마음을 끈 것 같습니다. 멋있는 단검이었으니 말이죠. 심슨 씨도 좋아했습니다"라고 카마초가 말했다. 심슨은 여러 칼을 고르다가 이 칼을 선택했고, 와텐버그는 심슨이 고른 칼의 날을 갈아 주었다. 점주 와텐버그에 의하면, 심슨이 단검을 살 때 가게 밖에서는 영화 관계자가 일하고 있었다고 한다. 당시 심슨은 미식축구 선수로 뛰다가 은퇴해서 영화와 드라마 배우로 활약하고 있었다.

"심슨 씨가 가게 안으로 들어오더니 칼을 골랐습니다. 몇 개를 짚더군요. 그래서 제가 그중에 하나를 권했습니다. 심슨 씨는 칼날이 긴 25cm가량의

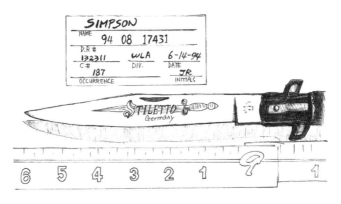

심슨은 1994년 5월 3일 로스앤젤레스 시내에 있는 〈로스 커트레리〉에서 이 단검을 샀다. 이 칼의 날은 15cm가량
이고, 칼의 전체 길이는 25cm가량 된다.

단검을 마음에 들어 했습니다. 빛나는 날을 가진 단검이었으니 말이죠"라고
와텐버그는 말했다.

수사관들도 처음에는 이 단검을 범행도구로 보는 것이 합리적인 추정이
아니라고 보았다고 한다. 왜냐하면 범인이 살해도구로 쓰려고 이와 같은 단
검을 버젓하게 가게에서 산다는 것이 말이 안 되기 때문이다. 그리고 단검
을 범행도구로 보기에는 칼의 길이에 있어 의문이 있다고 보았다. 피해자들
에게는 30군데의 자상이 있는데, 그중 한 곳은 약 14cm가량의 깊이로 베였
다. 다른 자상은 깊이가 약 10cm 내외이고, 대부분은 5cm 내지 8cm가량 된
다. 14cm가량 깊이의 자상은 골드먼의 배에 난 상처로, 갈비뼈 아래쪽에 있
으며, 이 상처가 치명적이다. 이곳에는 부드러운 조직이 있다. 그리고 이러
한 곳을 찌르고 빼면 상처 부위는 원래 찌른 깊이 보다 더 확장된다. 따라서
수사관 마크 퍼만은 칼날의 길이가 15cm가량인 단검으로는 14cm가량 깊이
의 자상을 내긴 어렵다고 보았다. 그리고 골드먼의 상처를 보면 칼이 진입한
부위에 찰과상과 멍든 것을 볼 수 있는데, 이는 칼자루에 튀어 나온 부위(이를
'악鍔'이라 부른다)로 인한 것으로 보였다. 결국 마크 퍼만에 의하면 칼이 진입

한 부위에 찰과상과 멍이 있으므로 칼의 약 부위까지 진입했을 것이고, 칼날이 15cm이면 원래 15cm보다 더 깊은 상처가 났을 거란 얘기다.

단검을 찾기 위해 수사관 퍼만과 브래트가 심슨의 침실을 뒤졌을 때, 그곳에서 속이 텅 빈 스위스 군용칼 박스를 발견했다. 그리고 침실 옷장에서 남은 스위스칼 세트도 발견했다. 그런데 이 빈 박스는 형사재판 때 증거로 제시되지 않았다. 당시 경찰은 살해도구를 찾기 위해 심슨이 머물던 시카고로 가서 호텔 주위를 샅샅이 조사했다. 그리고 사흘 동안, 호텔 주위는 물론이고 인근 황무지도 수색했으며, 첨단 위성기술도 동원해서 수색을 계속했다. 경찰은 시카고에 분명 칼이 있을 거라고 판단했다. 그래서 열흘간 더 찾아보았지만 허탕이었다.

이러한 경찰의 추정과 달리 검시관은 검시 결과를 토대로 범행에 쓰인 칼은 크고 톱니 모양의 날을 가졌으리라고 추정했다. "범행도구는 확실히 크다고 봅니다. 그리고 톱니 모양의 날을 가졌을 겁니다." "그리고 칼은 38cm가량 될 겁니다." 당시 검시관 사무소에서 이런 얘기가 흘러나왔다고 한다.[7]

그런데 민사재판에서는 스위스 군용칼이 주목받았다. 살인 사건이 나기 1주일 전, 리무진 운전자 존 업슨John Upson은, 심슨을 스위스칼 수입업체인 포르쉬너Forschner[8] 이사회에 태워 주었다고 한다. 심슨은 이 회사의 이사이고, 심슨은 이 자리에 참석해서 여러 스위스칼을 선물로 받았다.

민사재판에서 업슨은 다음과 같이 증언했다.

"[저가] '이걸로 정말 사람을 찌를 수 있을 것 같네요' 라고 말하자 심슨은 찌르는 동작을 하면서, '이걸로 누구라도 죽일 수 있지요'라고 말했습니다."

원고 변호사 다니엘 페트로셀리가 증인으로 나온 심슨에게 "칼을 꺼내어 보여 주며, 찌르는 동작을 했나요?"라고 물었다.

경찰은 심슨의 침실을 뒤져 속이 텅 빈 스위스칼 박스를 발견했다. 그러자 경찰은 이 스위스칼이 범행도구로 쓰인 칼이라고 추정했다.

그러자 피고 변호사 로버트 베이커가 끼어들며,

"잠깐만요. 대답해선 안 됩니다. 이런 질문에 대답해선 안 됩니다"라고 말했다.

페트로셀리가 "12인치나 16인치(그러나 이것은 페트로셀리가 착각한 것으로, 인치가 아니라 cm로 보인다)의 칼을 집어들고 리무진 운전자에게 찌르는 동작을 했나요?"라고 묻자 심슨은 "그렇지 않은 것으로 기억합니다"라고 대답했다.[9]

법과학자 얼윈 골든Irwin Golden 박사는 두 피해자에게 자상을 낸 칼날의 두께는 0.79㎜가량이라고 말했다. 빅토리녹스Victorinox 제품의 스위스칼 두께는 0.158㎜가량이다. 그러나 단검의 두께는 3.95㎜이다. 따라서 단검보다는 스위스칼이 범행도구에 가깝다. 그러나 스위스칼도, 골든 박사의 분석에 따르면 범행에 쓰는 칼보다 두 배나 더 두껍다.

그리고 상처를 통해 본, 칼 폭도 단검보다 더 넓다. 이러한 사실로 미루어 볼 때 범행도구는 매우 얇고 폭이 넓은 칼이 아닐까? 그리고 니콜의 머리에 난 찰과상을 볼 때, 가벼운 스위스칼로는 그와 같은 상처를 내기 어렵다고 보인다.

헨리 리 박사의 추정

헨리 리 박사는 심슨의 변호인을 통해 경찰로부터 범행 현장을 조사하는 걸 허락받았다. 헨리 리 박사는 니콜의 팔에 세 개의 손가락 자국이 있었고, 니콜의 등에 7개의 직선이 나 있고, 느린 속도로 피를 흘린 흔적이 있는 것으로 볼 때 누군가 니콜의 시신을 끈 것으로 추정했다. 니콜의 이마에 있는 찰과상으로 보아 니콜은 얼마 동안 의식이 있었던 것으로 추정했다. 니콜은 일곱 곳이 찔렸다. 목이 잘려 나가서 그곳에서 많은 피가 흘러 나온 것으로 보았다. 헨리 리 박사는 두 피해자의 시신은 직접 보지 못했고, 시신을 찍은 사진만 보았다. 로널드 골드먼에 난 27곳의 자상 등을 통해서 범인과 로널드 골드먼이 격렬하게 싸운 것으로 추정했다. 헨리 리 박사는 골드먼에게 자상을 낸 칼은 매우 예리하고, 1개 이상의 날을 가졌으리라 추정한다. 그리고 골드먼의 시신을 직접 검사해 보지 않았으므로 양날의 칼이라고 단정하지는 않았다. 그리고 상처가 예리한 것으로 봐서 주방에서 쓰는 요리사의 칼일 가능성도 있다고 보았다. 그리고 스위스칼로는 이와 같은 예리한 상처를 낼 수 없다고 판단했다. 헨리 리 박사는 법정에서, 칼에 찔린 깊이 등을 볼 때 한 개의 칼이 아닌 두 개의 칼이 사용됐다고 증언했다. 그리고 골드먼을 찌른 칼과 니콜의 목을 도려낸 칼은 다르다고 보았다.[10]

이러한 사실로 미루어 몇 가지 가능성을 생각해 볼 수 있다. 범인은 두 개의 칼을 가지고 왔거나, 양날의 칼을 갖고 있었다. 혹은 두 명이 각기 다른 칼을 갖고 있었다. 그런데 살인은 매우 좁은 공간에서 이루어졌다. 그렇다면 과연 네 명이 그 좁은 공간에서 칼싸움을 할 수 있을까? 경찰은 한 명의 범인이 한 개의 칼을 사용했다는 시나리오를 계속 주장해 왔으므로 이러한 가능성을 일축했다.

헨리 리 박사의 추정에 따르면, 범인이 사용한 칼은 스위스칼은 아니다.

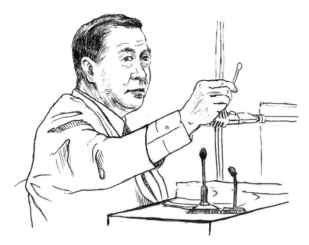

법과학자 헨리 리 박사는 증인석에 서서 골드먼을 찌른 칼과 니콜의 목을 도려낸 칼은 다르다고 증언했다. 그는 범인이 사용한 칼은 양날의 칼이거나 여러 개의 날이라고 추정했다.

범행도구로 쓰인 칼은 예리한 주방용 칼일 수도 있고, 양날의 칼이거나 여러 개의 칼이다.

제이슨의 칼

제이슨은 민사소송에 제출한 진술서에서 자신은 주방칼 세트를 항상 지니고 다니며 가방에 넣고 다닌다고 했다. 그리고 6월 12일 밤에도 칼 세트를 가방에 넣어 갖고 있었다고 진술했다.

사립 탐정 윌리엄 디어는 브라이언 더글라스로부터 제이슨이 버린 물건을 건네받았다. 이 박스에는 칼도 들어 있었다. 칼집은 가죽으로 되어 있고, 'JS'란 이니셜이 새겨져 있어 제이슨이 쓰던 칼로 추정된다. 디어는 제이슨의 칼을 조사해 보기로 했다. 이 칼은 양날의 칼이다. 디어는 칼 전문가인 론^{Ron}과 리차드 유뱅크스^{Richard Eubanks}에게 자문을 구했다. 이들은 제이슨의 칼을 보더니 이 칼은 무기로 쓰일 수 있다고 판단했다. 날을 세우면 양날 모두 무기로 사용할 수 있다는 것이다. 그리고 니콜과 골드먼이 살해된 사진을 살펴보더니, 이 칼이 범행에 사용된 칼과 비슷하다고 말했다.

디어는 칼을 판 점포에도 찾아갔다. 그곳에서 디어는 막스 크락튼Max Kragten이란 사람을 만났다. 막스는 칼을 보더니 이 칼이 생존용 칼이고, 자르고 죽이는 데 사용된다고 말했다. 그리고 이 양날의 칼은 잘못 사용하면 굉장히 위험하다고 말했다. 그리고 날을 세우면 매우 예리하고, 무딘 지금도 위험하기는 마찬가지라고 말했다.

디 마이오 박사는 법과학 분야에서 저명한 인물이다. 디어는 디 마이오 박사를 찾아가서 제이슨의 칼에 대해 질문했다. 디 마이오 박사는 제이슨의 칼을 살펴보더니 이 칼이 살인도구로 쓰일 수 있다고 말했다. 디 마이오 박사는 니콜의 부검 사진도 살펴보았는데, 그는 제이슨의 칼과 니콜에게 난 상처가 비슷하다고 말했다. 디 마이오 박사는 제이슨의 칼이 인명 살상용임을 강조했다. 이 칼은 음식을 자르거나 음식을 만드는 데 쓰이는 칼이 아니라 주로 사람을 찌르고 베는 데 쓰인다고 말했다.

로스앤젤레스 법과학 조사관도 범인이 사용한 양날의 칼이 제이슨이 버린 칼과 비슷하다고 보았다고 한다. 법과학자는 제이슨이 버린 칼뭉치 크기가 니콜 심슨의 머리에 나 있는 상처와 일치된다고 판단했다.[11]

로킹엄의 칼이 발견되다

살인 사건이 나자 로스앤젤레스 경찰청은 100여 명의 경찰관과 수십 시간을 투입해서 범행도구를 찾기 위해 로킹엄 저택과 주변 거리 등을 샅샅이 수색했다. 수사관 톰 랭에 의하면, 지금까지 몇 개의 칼이 저택 부근에서 발견되었다고 한다. 그러나 범행도구로 볼 칼은 없었다.

그런데 심슨 사건이 종결된 후 로킹엄에서 다시금 칼이 발견되어 세간의 이목이 집중되었다. 로킹엄 저택을 산 새 주인은 악몽이 서린 주택이란 이미지를 지워버리고 싶었을 것이다. 그래서 저택을 부수고 새로 짓기로 결심한다. 그런데 2002년이나 2003년 쯤, 로킹엄 저택의 건설현장의 작업인부는 저택 인근에서 칼을 발견했다. 건설인부는 당시 비번이던 경찰관 조지 메이코트George Maycott에게 칼을 건네주었다. 경찰관은 건설인부에게 칼을 발견한 경위에 대해서 정식으로 조사받으라고 통보했다. 그러자 다시금 칼이 언론의 관심을 끌게 되었다.

경찰은 이 칼에 대해서 DNA 검사, 모발 검사 등을 실시했지만, 결과는 알려지지 않았다. 다만 이 칼은 접이식 칼이고, 그리 크지 않은 것으로 알려져 있다. 그러자 언론은 무죄로 풀려난 심슨이 진범임을 입증하는 증거가 발견된 것인 양 떠들썩하게 보도하였다. 당시 심슨에 대한 형사 사건을 담당한 전직 검사 마셔 클라크도 취재 대상이 되었다. 기자는 마셔 클라크에게 마치 진범이 심슨으로 드러난 것처럼, 칼이 진작에 발견되었더라면 결과가 달라졌겠냐고 질문했다. 이에 대하여 마셔 클라크는 고개를 저으며 말했다.

"솔직하게 말씀드리면, 결과가 달라졌을지 알 수 없습니다"라고 대답했다. 마셔 클라크는 확고한 DNA 증거, 혈흔, 족흔, 장갑이 있어도 배심원 앞에선 아무런 소용이 없었다고 말했다.[12]

로킹엄에서 칼이 발견되었다는 소식은 네바다에 있는 러브락 교도소에 수감중인 오 제이 심슨의 귀에도 들리게 되었다. 교도관 제프리 필릭스Jeffrey Felix는 심슨과 친하게 지냈다면서, 스스로를 심슨의 '절친한 친구'라고 소개했다. 필릭스는 심슨에게, 새로 발견된 칼에 대해 DNA 검사를 한다는 소식을 전했다. 그러자 심슨은 웃음을 터뜨리며 '완전히 웃긴다'는 반응을 보였다고 한다.

필릭스는 ABC와의 인터뷰에서, 심슨의 말을 인용했다. "칼이 녹슬었다면

나는 파멸될 수 없습니다." 이 말은 심슨의 변호인 코크란이 최후변론할 때 "장갑이 맞지 않으면 무죄입니다"라고 말한 대목을 연상시킨다. 심슨의 말은, 녹슨 칼에 대해 DNA 검사한다는 것은 완전히 상식밖이고, 자신은 무고하다는 뜻이다.

그럼에도 필릭스는 심슨이 결백하다고는 생각하지 않는다고 말했다. 하루는 필릭스가 거울을 보고 손을 씻는 심슨에게 "쥬스(심슨의 별명이다), 브렌트우드 살인 사건은 잘 넘어갔잖아.

2002년 내지 2003년쯤 로킹엄 주택을 해체하는 과정에서 이 접이식 칼이 발견되었다. 경찰은 이 칼에 대해서 DNA 검사 등을 했지만 단서가 될 만한 증거는 모두 사라진 상태였다.

그런데 거울에 비친 모습을 보니까 진짜 살인범 같아"라고 농담을 건넸다고 한다. 그런데 이 말을 듣던 심슨은 필릭스를 노려보다가 금세 미소를 지었다고 한다.[13]

이후 로스앤젤레스 경찰청은 이 칼이 니콜 브라운과 로널드 골드먼 살인 사건과 관계있다는 아무런 단서도 찾지 못했다고 발표했다. 흙속에 있는 미생물의 분해 작용으로 인해 DNA 등 단서가 될 만한 증거는 모두 사라졌기 때문이다.[14]

살해도구를 팔려 했나

최근 오 제이 심슨이 전처 니콜 브라운과 로널드 골드먼을 살해한 칼을 고이 간직하다가 부유한 기념품 수집가에게 500만 달러라는 거액을 받고 팔려 한다는 보도가 나왔다.

사건이 발발한 지 20년이 지나갔지만 니콜 브라운과 로널드 골드먼을 살해한 범행도구는 발견되지 않았다. 그리고 심슨은 강도 사건으로 인해 교도소에 수감되었다. 《내셔널 인콰이어러》 내부 관계자라고 밝힌 보도 진원지에선 "오 제이 심슨이 고이 간직해 온 비밀을 팔길 원한다. 심슨은 계좌 추적을 할 수 없는 구조를 통해 현금 거래를 하길 원한다"라고 밝혔다.

경찰은 살해도구를 찾기 위해 번디와 로킹엄에서부터 시카고까지 이 잡듯 뒤졌지만 찾을 수 없었다. 만약 살해도구가 발견되고, 그곳에서 심슨의 DNA가 발견된다면 심슨이 범인이라는 강력한 증거가 드러나는 셈이 된다. 검사는 살해도구로 쓰인 칼은 단검으로, 칼날은 15cm 이상 될 거라고 추정했다. 칼이 발견되지 않았던 사실이 심슨이 무죄 평결을 받는 데 기여한 것은 틀림없다. 일각에서는 심슨이 비행기를 타기 전, 범행도구를 쓰레기통에 버렸을 것으로 짐작했다. 다른 일각에서는 심슨이 시카고로 가서 호텔 주위에 버렸을 것이라고 추정했다.

《내셔널 인콰이어러》에 의하면, 심슨은 부유한 수집가에 대해선 함구하고 있다고 한다. 심슨은 처음에 살해도구를 로킹엄 저택에 숨기고 있었다. 이후 무죄 평결을 받은 후 캘리포니아로 이사가면서 그곳으로 가지고 갔다고 한다. 그리고 이 소식통은 어딘가 안전하고 안심할 수 있는 곳에 숨겼을 것으로 본다. 그리고 소식통은 심슨이 거래가 성사되면 숨긴 곳을 밝힐 것이라고 전했다.[15]

1997년 심슨은 로널드 골드먼이 제기한 민사소송에서 패소해서 거액의 배상명령을 받았다. 그러므로 이 소식통에서 전한 바와 같이 500만 달러를 받는다 한들 이 배상금을 지급하기엔 턱없이 모자란다. 그리고 심슨은 2017년에 출소한다. 따라서 설령 이런 칼이 있다 한들 심슨이 출소하기도 전에 당장 돈이 급한 상황이 아님에도 5년이나 앞서 이런 일을 꾸밀 리는 없어 보인다. 그리고, 처벌의 위험을 무릅쓰고 비밀계좌 거래를 통해 500만 달러라는 거액을 주고 이런 칼을 수집한다는 사람이 나타났거나, 나타나리라 기대하고 이런 사실을 떠벌린다는 것도 믿기지 않는다. 그리고 수감중인 심슨이 이런 비밀을 스스로 밝힐 리가 없다는 사실도 분명해 보인다. 나아가 경찰은 사건이 발발한 후 로킹엄 저택은 물론, 그 주위도 샅샅이 뒤졌다. 그리고 심슨이 진짜 범행하였다면 당연히 살해도구는 어딘가 찾지 못할 곳에 버려야 한다. 그런데 어리숙하게도 이 살해도구를 로킹엄 저택에 숨겼다는 주장은 너무 현실성이 없어 보인다.

범행에 쓰인 칼은 무엇일까

심슨을 체포한 뒤 경찰은 범행도구인 칼을 찾기 위해 번디 범행 현장에서부터 심슨의 로킹엄 저택, 그리고 심슨이 그 다음 날 아침까지 머물었던 시카고까지 샅샅이 뒤졌다. 그러나 칼은 끝내 발견되지 않았다. 그런데 심슨이 사건이 나기 한 달 전인 1994년 5월 3일 〈로스 커트레리〉에서 단검을 샀다는 사실이 밝혀졌다. 이 칼의 전체 길이는 25cm 이고 칼날의 길이는 15cm 가량이며, 두툼한 칼자루가 있다. 칼자루와 도신(칼의 몸통) 사이에 악이라고 불리는 부위가 있다. 칼날은 외날로 되어 있고, 칼날 부위는 예리하다. 검시관은 피해자들의 상처 부위를 보고 칼날의 길이가 15cm라고 추정하였다. 그리고 니콜의 머리에 난 상처는 칼뭉치 등으로 맞아 생긴 것으로 추정했다. 그리고 니콜의 목에 난 자상은 칼날의 부위와 예리한 부위로 찔린 것으로 추정했다. 커트레리에서 산 칼날이 예리하고 무딘 부위가 보이지 않는다는 사실을 제외하고는 이런 검시관의 주장과 맞아떨어진다. 그러나 심슨의 변호인은 구속된 심슨으로부터 이 칼이 어디 있는지 알아내서 이 칼을 법정에 제출했다. 그런데 이 칼에는 기름이 묻어 있었고, 한 번도 쓰지 않은 칼이었다. 결국 심슨이 커트레리에서 산 칼은 범행도구가 아님이 드러났다.

다음으로 주목받은 것은 심슨의 집에서 발견된 스위스칼이다. 그런데 이 칼은 접이식 칼이고, 칼의 전체 길이는 12cm 내지 16cm이다. 검시관은 범행에 쓰인 칼날의 길이만 15cm가량이라고 보았으므로 이 칼은 범행도구로 보기엔 너무 작다. 그리고 순식간에 두 사람의 건장한 사람을 해치웠다고 보기에도 이 칼은 너무 작다. 검시관은 범인이 두툼한 칼뭉치로 니콜의 머리를 내리쳤을 것으로 추정했는데, 이 칼에는 두툼한 칼뭉치가 없다. 그래서 이 칼 역시 범행도구로 추정되지 않는다.

그다음으로 제이슨이 버린 칼을 살펴보자. 이 칼의 전체 길이는 23cm 가량 되고, 칼날은 13cm가량 된다. 그리고 쇠로 된 칼자루가 있고, 칼날과 칼자루 사이에 악이라 불리는 부위가 있다. 그리고 이 칼은 양날의 칼이다. 피해자의 몸은 수십 군데 칼에 찔렸는데, 가장 깊은 곳은 14cm가량 된다. 경찰은 칼로 찌르고 빼면 원래 상처 부위보다 확장되므로 칼날은 14cm보다 작은 것이라고 추정했다. 그런데 제이슨이 버린 칼은 칼날이 약 13cm이다. 검시관은 니콜의 머리에 난 상처는 묵직한 칼뭉치 등으로 가격당해서 생긴 것으로 추정했다. 그런데 제이슨이 버린 칼의 칼자루는 쇠로 되어 있다. 경찰은 골드먼의 몸에 난 상처를 보면 칼이 진입한 부위에 찰과상과 멍이 있고, 이것은 칼자루와 칼날 사이에 튀어 나온 부위인 악으로 인한 것으로 추정했다. 그런데 제이슨의 칼에는 악이란 부위가 있다. 그리고 검시관은 범행에 쓰인 칼날에는 무딘 부분과 예리한 부분이 있다고 추정했다. 그런데 제이슨이 버린 칼은 양날의 칼이다. 칼날의 한쪽만 갈았을 경우 한쪽 날은 예리하고, 다른 한쪽 날은 무딜 수 있다.

마지막으로 살펴볼 것은 심슨의 저택에서 최근에 발견된 칼이다. 그런데 이 칼은 접이식 칼이고, 날의 크기도 그리 크지 않았다. 칼의 모양, 크기로 봐서 이 칼은 범행도구로 사용된 칼과는 거리가 멀다. 이 네 개의 칼을 비교해 보면 다음과 같다.

출처	칼의 길이	칼자루	악(鍔)	기타
심슨이 산 커트레리 단검	25cm (칼날은 15cm)	뼈가 상감된 나무	아래 위로 나누어져 돌기가 나 있음	한 번도 쓰이지 않음
심슨의 집에서 발견된 스위스칼	12cm~16cm	금속	없음	외날의 접이식 칼
제이슨이 버린 칼	23cm (칼날은 13cm)	쇠	둥근 모양	양날의 칼
근래에 로킹엄에서 발견된 칼	알려지지 않으나 작다	금속	없음	외날의 접이식 칼

이와 같은 증거에 의할 때 범행도구로 쓰인 칼은 제이슨이 버린 칼과 가장 흡사하다. 그럼에도 이 칼에 대해서는 전혀 조사가 이루어지지 않았다. 그리고 이 칼은 용의자 선상에 올라가 있지 않던 제이슨이 갖고 있었다. 그래서 경찰이 샅샅이 조사했지만 왜 발견되지 않았느냐는 칼의 행방에 대한 미스터리도 말끔히 해소해 준다. 그렇지만 이것도 추정일 뿐이다. 다만 경찰이 제이슨을 용의자 선상에 올려놓고, 제이슨의 집을 수색해서 칼에 묻은 피 등을 조사했고, 이 칼에서 피해자들의 피가 발견되었더라면 결과가 달라졌을지도 모르는 일이다.

10장

변장도구

"사람들 눈에 띄지 않을 테니까요."

셰익스피어의 《햄릿》에서

코크란이 모자를 써 보다

조니 코크란은 최후변론 때 배심원 앞에서 수사에 허점이 있고, 검찰 주장이 어설프다는 사실을 행동으로 풍자했다. 코크란은 손에 맞지 않은 검은 장갑을 꺼내들더니 먼저 왼손으로 껴 보았다. 그리고 오른손에도 장갑을 껴 보았다. 이어 벗으려고 안간힘을 쓰는 동작을 취했다. "너무 작군요. 그렇지만 다시 시도해 보겠습니다"라고 말했다. 이는 심슨이 장갑을 꼈을 때 손에 맞지 않은 사실을 배심원에게 다시금 각인시키는 행동이었다.

그러자 크리스토퍼 다든 검사는, 코크란 변호사가 주장한 〈음모론〉이 터무니없으며, 경찰을 인종주의 올가미에 엮으려 한다고 비난했다. 그러자 코크란은 배심원 앞에서, 니콜 브라운 시체 부근에서 발견된 남색 털모자와 비슷한 모자를 썼다. 코크란은 "제가 이 모자를 써 보겠습니다. 저는 누굴까요?"라고 배심원들에게 물었다. 검사는 심슨이 변장하려고 남색 털모자를 쓰고 범행 현장 부근에서 잠복하고 있었다고 주장했다. 코크란은 모자를 벗고 미소를 머금으며 "모자가 맞지 않으면 무죄로 평결해야 합니다"라고 말했다. 코크란이 최후변론 때 "장갑이 맞지 않으면 무죄로 평결해야 합니다"라고 한 말은 한동안 세간에 오르내렸고, 많은 이들이 따라했다. 그리고 "모자가 맞지 않으면 무죄로 평결해야 합니다"라고 한 말 역시, 많은 사람들이 기억에 남은 명장면으로 꼽았다.[1]

그러면 과연 심슨은 검사 주장

최후변론 때 심슨이 변장하려고 털모자를 썼다는 검사의 주장을 반박하려고 코크란은 배심원 앞에서 털모자를 써 보였다. 그리고 이렇게 말했다. "제가 누굴까요? 저는 털모자를 쓴 조니 코크란이라는 사람입니다… 변장이란 말도 되지 않는 주장입니다." 그 옆에서 마셔 클라크 검사와 다든 검사가 코크란의 변론을 지켜보고 있다.

HAPPY HALLOWEEN FROM FORBES.COM

O.J. SIMPSON

검사는 심슨이 변장하려고 검은색 옷과 털모
자를 썼다고 주장했다. 그러나 이런 검사의
주장을 비웃기라도 하듯, 심슨에 대한 형사재
판이 진행되던 1994년 10월, 할로윈을 앞
두고 심슨의 마스크가 동이 나는 사태가 벌
어졌다.

대로 변장하려고 검은색 옷과 남색 털모
자를 썼을까?

그러나 이러한 검사의 주장을 비웃기
라도 하듯, 심슨에 대한 형사재판이 한
참 진행하던 1994년 10월, 할로윈을 앞
두고 심슨의 마스크가 동이 나는 진풍경
이 벌어졌다. 한 가게는 할로윈을 몇 주
앞두고 심슨의 얼굴과 변장용 털모자가
찍힌 플라스틱 마스크를 20달러에 팔았
는데, 재고까지 모두 팔려 다시 주문생
산에 들어갔다고 한다. 다른 할로윈 가
게에선 심슨의 마스크를 49달러에 팔았
는데, 이 마스크는 미국 전역에서 가장
인기 있는 할로윈 마스크가 되었다. 이
와 같이 미국에서 가장 참혹한 살인 사건에 관련된 마스크를 상업화하자, 이
를 곱지 않은 시선으로 바라보는 이도 있었다.

"금요일 밤 저녁에 마스크를 쓰고 심슨을 격려하는 사람들을 보게 된다면
끔찍한 사건이 다시금 떠오를 것입니다." 샌디에이고 대학교 사회학 교수 고
든 클랜턴Gordon Clanton이 말했다. "사람들은 뭐가 옳고 그른지에는 관심이 없
고, 그저 모든 걸 오락거리로 삼고 있습니다. 요즘 사람들은 이런 식으로 그
저 흥미 위주로 살아갑니다."

할로윈 가게에서는 심슨 사건에서 제출된 모든 증거들을 변장도구로 만들
어 판매하였다. 한 가게에선 심슨의 미식축구 시절 선수번호 32번이 찍힌 얼
룩 무늬의 죄수복을 팔려고 준비하고 있다고 전했다.[2]

변장 이론

번디에서 발견된 남색 털모자에서 다음과 같은 증거가 발견되었다.

- 몇 개의 아티카 종의 개털
- 심슨의 것으로 추정되는 12가닥의 모발. 10가닥은 털모자 안에서, 2가닥은 털모자 겉에서 나왔다. 이 모발은 자연스레 떨어져 나온 것이다.
- 로널드 골드먼의 셔츠에서 나온 몇 개의 섬유
- 1개의 장갑 안감에서 나온 캐시미어 섬유
- 브롱코 카펫에서 나온 것으로 추정되는 희귀한 섬유

이를 토대로 경찰은 다음과 같이 추정했다. 심슨은 어두운 색의 옷에 남색 털모자를 쓰고 있었다. 그리고 장갑을 끼고 있었다. 니콜이 심슨에게, 우리 사이도 끝났다고 말하자 심슨은 격분을 참지 못해 주먹으로 니콜의 머리를 때렸다. 니콜은 계단 아래에 쓰러졌다. 심슨이 니콜을 쓰러뜨리고 긴 한숨을 돌리고 있을 때 누군가 다가오는 걸 보았다. 심슨은 몇 발짝 디디고 수풀에 몸을 숨겼다. 그리고 로널드 골드먼이 다가오는 것 보았다. 그러자 격분이 일어났고, 주먹으로 로널드 골드먼을 공격했다. 로널드 골드먼은 심슨의 머리 위로 손을 뻗었고, 이때 털모자를 잡아 벗겼다. 심슨은 상대방이 강한 걸 느끼고 칼로 마구 찔렀다.[3]

검사 역시 법정에서 이런 경찰의 〈변장 이론〉을 주장했다. 그러나 이 스키 모자는 나이 지긋한 심슨이 평소 쓰고 다녔다고 보기에는 너무 어색해 보인다. 그럼에도 검사는 니콜 브라운과 로널드 골드먼의 시체 옆에서 발견된 이 털모자를 통해, 이 모자를 쓰고 변장을 시도한 범인이 바로 오 제이 심슨임을 입증하려 했다.[4]

검사는 마치 오케스트라를 지휘하듯, 사건에 관련된 증인들에 대한 일련의 신문을 마치고 난 후인 1995년 2월, 뒤늦게 로널드 골드먼의 시신 옆에서 발견한 이 남색 털모자와 검은 장갑을 제출했다. 이미 모자와 장갑에 대해선 검사와 언론이 많이 언급한 터라 새로울 게 없지만 정작 그때까지 검사의 핵심 증거인 장갑과 모자는 제출되지 않았다. 검사는 그동안 이러한 증거의 공개를 질질 끌어 왔다. 검사는 먼저 종이박스를 법정으로 가지고 왔고, 법원의 스위스칼을 빌려서 종이박스의 봉인 부분을 잘랐다. 그리고 두 개의 갈색 종이상자를 꺼냈다. 그리고 이 갈색 종이상자엔 각기 2개의 노란색 종이봉지가 담겨 있었다. 그리고 이때까지 아무도 이 봉지에 무엇이 담겨 있는지 몰랐다. 검사 마서 클라크가 투명한 라텍스장갑을 끼고 이 봉지에서 털모자와 가죽장갑을 꺼냈다. 이때 장갑에 있는 디자인 로고가 선명하게 보였다. 배심원들은 더 잘 보려고 고개를 삐죽 내밀었다. 모자가 공개되자 오 제이 심슨은 자신의 변호사 로버트 샤피로에게 고개를 돌리고 낮은 목소리로 이렇게 말했다. "저한테는 너무 작습니다."[5]

크리스토퍼 다든 검사는 최후변론 때, 심슨이 니콜과 폴라를 저울질하다가 니콜을 택했다고 주장했다. 심슨은 격분한 상태의 니콜에게 교훈을 주려고 칼로 두 사람을 찔렀다고 주장했다. 그리고 자신이 유명인사이기에 남의 눈에 띄지 않으려고 남색 털모자를 썼다고 주장했다.[6]

민사소송에서는 원고 측 전문가 증인으로 더글라스 디드릭이 나와 이 털모자에 대해 증언했다. 디드릭은 범행 현장에 발견된 남색 털모자에서 12가닥의 모발이 발견되었고, 이 모발은 로널드 골드먼의 셔츠에서 발견된 모발과 일치되고, 모두 심슨의 모발과 특징을 같이 한다고 증언했다. 원고 변호사 에드워드 메든Edward Medvene은 디드릭에게, 현미경으로 분석해 보았을 때 과연 한 사람으로 특정할 수 있는지 물었다. "절대적으로 확실하진 않습니다"라고 디드릭이 대답했다. 그러나 자신은 19년간 모발 분석을 해 왔는데,

이와 같이 똑같은 특징을 보인 경우는 없었다고 말했다.[7]

검사는 수사 초기에 심슨이 유일한 범인이라고 단정지었다. 그리고 피해자들 옆에서 발견된 털모자에서 니콜이 기르던 개의 털, 흑인의 모발, 로널드 골드먼의 셔츠에서 나온 모발, 장갑 안감에서 떨어져 나온 섬유, 심슨이 타고 다니던 브롱코의 카펫 섬유가 발견되었다. 검사에게는 이러한 증거들은 심슨이 범인이라는 주장을 확실하게 뒷받침해주는 것들이다. 그래서 한 발 나아가 심슨이 '변장하려고' 이 털모자를 썼을 것이라고 주장한 것이다.

분장도구가 발견되다

살인 사건이 나기 몇 주 전에 오 제이 심슨은 분장용 수염을 샀다. 그리고 브롱코로 도주할 때 이 분장용 수염을 가지고 다녔다. 그러나 이 흰색 브롱코는 피 묻은 오 제이 심슨의 브롱코가 아니라 앨런 카울링스의 차량이다. 카울링스는 영웅 심슨을 추종했다. 그래서 심슨의 브롱코와 똑같은 흰색의 브롱코를 샀다.

《뉴스위크*NewsWeek*》는 브롱코 추격전이 끝난 후, 경찰이 브롱코를 수색하자 분장용 턱수염과 콧수염이 나왔다고 보도했다. 여기에 대해 오 제이 심슨과 변호인은 아이들과 같이 디즈니랜드에 갈 때 쓰려고 이 분장도구를 장만했다고 주장했다. 그리고 이것들은 대중의 시선을 피하기 위한 것이라고 설명했다. 《연합뉴스》에 따르면, 심슨은 버뱅크(캘리포니아 주 남서부에 있는 지역이다)에 있는 《시네마 시크릿츠*Cinema Secrets*》에 전화해서 턱수염과 콧수염을 주문했다고 한다. 이 수염은 심슨의 집사가 샀고, 경찰은 구입한 영수증도 확보했다고 보도했다.[8]

심슨은 배우다. 《뿌리》, 《총알 탄 사나이》에도 출연했다. 심슨이 변장하려 했다면 이런 영화에 등장하는 그럴듯한 분장도구를 썼을 것이다. 심슨이 변장하려고 오히려 남의 눈에 띌 법한 이런 분장도구를 사고 젊은이나 쓸 법한 스키모자를 썼다는 주장은, 굳이 코크란이 최후변론 때 이런 검사의 주장을 조롱하고 풍자하지 않았더라도 설득력이 없어 보인다.

모자에서 발견된 증거

로스앤젤레스 경찰청 특별 수사팀의 수장 브록뱅크Sasan Brockbank는 범행 현장에서 금발과 검은 모발, 동물의 털을 포함해서 34개의 모발과 털을 수집했다고 증언했다. 이 털은 니콜 브라운이 기르던 개에서 나온 털로 추정되었다. 그리고 시신 옆에서 남색 털모자를 수집했다. 연방 범죄수사국의 조사관 더글라스 디드릭이 모발과 섬유가 나온 자리 38개를 표시했다. 브록뱅크는 디드릭이 현장을 오염시키지 않고, 객관적으로 증거를 수집하려고 노력했다는 사실을 부각시키려고 애썼다.[9] 1995년 6월 30일, 형사재판에서 디드릭은 로널드 골드먼의 셔츠와 털모자에서 발견된 모발은 심슨의 것으로 추정된다고 증언했다. 랜스 이토 판사는 증인 디드릭에게, 배심원 앞에서 이 모발이 심슨의 모발과 일치된다고 단정적으로 말해선 안 된다고 주의를 줬다.

디드릭은 모발과 섬유증거 전문가로서, 4,000여 차례 수사에 참여했다. 디드릭은 워싱턴에 있는 연방 범죄수사국 법과학 연구소에서 심슨의 모발을 250배 확대해 보았다. 그러자 심슨의 모발에선 한쪽 면의 색소에 이상이 보였고(이를 '편면 색소침착'이라 한다), 아주 세밀하게 나타나는 특징이 뚜렷했다. 디드릭이 설명할 때 몇몇 배심원들은 몸을 돌려 심슨의 태도를 살폈다. 그러나 심슨은 디드릭의 말을 조용히 경청하고 있을 뿐, 감정의 변화를 드러내지 않았다. 이때 앞줄 낮은 자리에 있던 골드먼의 여동생인 킴 골드먼은 매서운 눈초리로 심슨을 쏘아보았다. 디드릭은 배심원에게, 니콜 브라운의 모발로 보이는 35가닥의 모발이 골드먼의 셔츠에서 발견되었다고 설명했다. 니콜 브라운의 것으로 추정되는 모발이 로널드 골드먼의 바지에서도 발견되었다. 사체 옆에서 발견된 털모자, 피 묻은 장갑, 로킹엄에서 발견된 장갑에서 발견된 모발도 니콜 브라운의 모발로 추정됐다.

모든 모발은 법과학 용어로 표현하자면 '강제로 이동되었고', 뿌리채 뽑혔다. 마서 클라크 검사는 디드릭에게 "증거에 의할 때, 범인이 뒤에서 왼손으로 니콜 브라운의 머리채를 잡고서 오른손으로 목을 자르고, 그 다음으로 로널드 골드먼을 가격했으며, 이런 순서로 공격해서 니콜의 모발이 범인의 손에서 옮겨갔고(…) 그래서 로널드 골드먼의 셔츠에서 모발이 발견된 것으로 추정되지요?"라고 물었다. "예. 그런 순서라면 모발이 나타나는 것을 설명할 수 있습니다"라고 대답했다. 클라크는 번디에서 발견된 장갑에서 니콜의 모발만 있고, 로널드 골드먼의 모발이 없는 것과 관련해서 "범인이 격투 초기에 장갑을 떨어뜨린 것으로 추정할 수 있습니까?"라고 묻자 디드릭은 "사변적思辨的입니다"라면서 말을 아꼈다. 그리고, "그렇게 되었는지는 확인할 길이 없습니다"라고 말했다.

디드릭은 배심원 앞에서 로널드 골드먼의 바지를 들어 올려 보여 주고, 수십 장의 확대한 모발 사진을 제시하여 설명하면서, 수사관이나 범죄 현장 조사관의 모발과 수집된 모발은 다르다면서 이들이 떨어뜨린 모발은 보이지 않는다고 말했다. 디드릭은 몇 개의 모발에서는 심슨이나 두 피해자의 미세 특징이 나타나지 않는다고 말했다. 특히 털모자에서 발견된 6가닥의 모발은 흑인 모발이지만, 심슨이나 두 피해자의 것은 아니라고 말했다. 그러자 클라크는 이 점을 부각시키지 않으려고 질문을 던졌다.

"증인은 6가닥의 모발이 스키모자에 언제부터 있었는지 압니까?"라고 물었다. "아니요, 전혀 모릅니다"라고 디드릭은 대답했다. 그리고 디드릭은 사람의 모발 특징도 시간이 지남에 따라 변한다고 덧붙였다. 그리고 심슨이 몇

해 전에 남긴 것일 수도 있다고 말했다.

디드릭의 증언은 심슨이 범죄 현장에 있었다는 다른 정황증거와 연결되도록 해 주었다. 그러나 마셔 클라크 검사가 '유사하다'란 말을 '일치한다'란 말로 표현하려 하자 이토 판사가 제동을 걸었다. 이토 판사는 충격을 받은 모습으로 검사를 향해 "왜 이리 따르지 않습니까?"라고 질타했다. 그리고 "지난달, 이미 비공식적으로 여러 번 논의했던 사항입니다. 그리고 몇 번씩이나 언급했고요"라고 덧붙였다.

"모발이나 섬유가 일치된다고 말한 걸 두고 하신 말씀입니까?"라고 클라크는 당황한 듯 물었다.

"물론입니다"라고 이토 판사가 말했다. "새로 언급하는 게 아닙니다. 돌아가시거든 녹음 기록을 들어 보세요"라고 말했다.[10]

디드릭은 민사소송에서 원고 측 증인으로 증인석에 섰다. 원고 변호사 에드워드 메튼은 디드릭에게, 모발을 세밀하게 비교하면 모발이 누구것인지 확인할 수 있는지 물었다.

"모발 분석은 확실하게 신원을 확인할 수 있는 방법이 아닙니다"라고 대답했다. 그러나 자신은 19년간 이 분야에서 연구해 왔고, 서로 다른 두 개의 모발에서 똑같은 특징이 나타나는 걸 못 봤다고 덧붙였다. 디드릭은 로널드 골드먼의 셔츠에서 발견된 모발은 심슨의 모발과 같은 특징을 보인다고 말했다. 그리고 수사에 참여한 경찰관, 범행 현장을 다녀간 사람들의 모발과 분석해 보았으나 그 모발과 달랐다고 말했다. 디드릭은 "이런 사람들의 모발은 없었습니다. 한 사람만 일치되었습니다. 바로 오 제이 심슨입니다"라고 증언했다.[11]

다시 디드릭의 증언으로 돌아가 보자. 디드릭은 분명, 6가닥의 흑인 모발이 털모자에서 발견되었고, 이것은 심슨의 모발이 아니라고 말했다. 그러면이 모발과 범인이 변장하려고 썼다는 이 모자의 주인은 과연 누구일까?

제이슨의 모자

사립 탐정 윌리엄 디어는 브라이언 더글라스로부터 제이슨이 버린 물건을 건네받았다. 그중에 사진이 든 박스가 있었는데, 박스 안에는 디어의 눈을 번쩍 띄게 하는 사진이 있었다. 제이슨이 개와 함께 비스듬히 누워 있었고, 남색 털모자를 쓰고 있는데, 이 털모자는 범행 현장에서 발견된 모자와 비슷했다. 자세히 들여다보니 더욱 같아 보였다. 사진의 날짜는 1993년 3월로 찍혀 있었다. 그때는 살인 사건이 나기 한 해 전이다. 몇몇 사진에도 제이슨이 이 털모자를 쓴 모습이 보였다. 그런데 살인 사건이 난 후인 1994년 9월에 찍은 사진에서 제이슨은 남색 털모자와 모양은 비슷하지만 색깔만 다른 회색 털모자를 쓰고 있었다.

이 박스에는 캘리포니아 법원에서 칼 존슨Carl Jonson에게 보낸 편지봉투도 있었다. 칼 존슨은 사건이 발생한 다음 날, 심슨이 제이슨을 위해 선임해 준

윌리엄 디어는 제이슨이 버린 박스에서 범행 현장에서 발견된 남색 털모자와 비슷한 모자를 쓰고 찍은 제이슨의 사진을 발견했다. 그리고 살인 사건이 난 지 몇 달 후에 찍은 사진에서 제이슨은 남색 털모자와 비슷한 모양의 이 회색 모자를 쓰고 있었다.

형사 변호사다. 그런데 봉투 안에는 검사 크리스토퍼 다든이 제이슨의 의료 기록을 수색한다는 영장도 들어 있었다. 다든 검사는 제이슨에게 완벽한 알리바이가 있다고 주장했다. 그럼에도 왜 제이슨을 조사했던 걸까?[12]

사진으로 보아도 범행 현장에서 발견된 털모자는 제이슨이 쓰던 모자와 비슷해 보인다. 그리고 이 스키모자는 제이슨과 같은 젊은이나 쓸 법한 모자로 보인다. 그리고 털모자에서 흑인 모발이 발견되었다. 그리고 6개의 검은 모발은 심슨의 모발이 아니었다! 더구나 그 털모자에는 개털도 발견되었다. 사진에서는 제이슨이 남색 털모자를 쓰고 개와 나란이 누워 있다. 그렇다면 범행 현장에서 발견된 털모자의 주인은 과연 누구일까? 이 털모자의 주인이 제이슨이라면 제이슨은 평소 털모자를 쓰고 다녔으므로 범인이 '변장하려고' 털모자를 썼다는 검사의 주장은 사실이 아닌 것이 될 것이다.

오늘날 조사한다면

니콜 브라운과 로널드 골드먼이 사망한 지 20년이 된 2014년 6월 12일, 《범죄총서 All Things Crime》는 심슨 사건을 다각도로 재조명하였다. 그중 눈에 띄는 것은 "20년이 지난 지금 시점에서 심슨 사건을 조사했더라면 어떻게 되었을까?"라는 대목이다. 여기서는 특히 과학증거와 관련해서 집중적으로 다루고 있다.

두 명의 피해자가 사망한 때와 지금과는 과학수사의 수준이 많이 차이가 난다. 특히 심슨 사건 이후 DNA 분석의 정확도가 현저히 높아졌다. 많은 전문가들은, 심슨이 무죄 평결을 받은 것은 DNA를 비롯한 과학증거의 조사와 검사에 있어 문제점이 드러났기 때문이라고 본다. 그리고 당시로서는 이런 DNA증거, 모발증거 등이 생소하다 보니, 검사나 변호인은 배심원들에게 마치 학교 선생님처럼 관련된 용어부터 하나하나 설명해야 했다. 그러나 오늘날에는 많은 사람들이 과학증거를 접하고 지식을 쌓아 오고 있다. 배심원들도 DNA를 비롯한 과학증거에 대하여 많이 알고 있고, 이런 과학증거가 법정에 제출되지 않으면 오히려 불평을 늘어놓는 경우도 있다고 한다. 하지만 오늘날에도 배심원이 이러한 증거를 이해하는 것은 여전히 어렵다. 이와 관련해서 《워싱턴 포스트》는 "DNA는 너무나 복잡하고 복합적이어서 완전히 이해하는 사람은 아무도 없다"라고 지적했다.

심슨 재판 때 DNA 등의 과학증거가 제출되었고, 이것이 검사의 핵심증거가 되었다. 그러나 배심원들은 이런 과학증거의 용어를 이해하는 것부터 애를 먹었다. 재판이 진행될 때마다 생소한 용어가 쏟아져 나왔다. 재판에 참여한 한 배심원은 과거에는 DNA란 말을 들어본 적도 없고, DNA를 완전히 이해하는 것이 너무 어려웠다고 털어놓았다.

오늘날 발달된 DNA 기술은 억울하게 재판을 받은 사람에게 희망의 빛이 되고 있다. 실제로 《무고구제 사업Innocence Project》을 통해 사형을 선고받은 많은 사람들이 DNA 분석을 통해 무고함이 밝혀졌다. 그리고 혈흔증거를 분석하는 기술도 많이 발전했다. 그래서 온전하게 증거가 보존되고 조사된다면 좁은 공간에서 이루어진 범행 방법을 상당한 정도로 재현할 수 있게 되었다.

심슨 재판 때에는 DNA 분석을 위해서 심슨으로부터 채혈했다. 그런데 변호인은 채혈한 피 중 1.5㎖가 사라졌고, 경찰이 이 피를 번디와 로킹엄 여기저기에 묻혔다고 주장했다. 그리고 이것이 〈음모론〉을 주장하는 주된 근거가 되었다. 그러나 오늘날은 이런 방법 대신 구강에서 DNA를 채취한다. 따라서 오늘날의 방법으로 DNA를 채취했다면 피가 사라졌다는 논란은 일지 않았을 것이다.

심슨 사건 때 범행 현장의 털모자에서 발견된 모발과 로널드 골드먼의 셔츠에서 발견된 모발에 대해서 현미경으로 관찰해서 모발의 특징을 비교하고 분석했다. 그러나 현미경을 통해 모발을 비교하고 분석하는 방법으로는 그 모발이 누구의 것인지 단정지을 수 없다. 단지 유사한 특징이 나타난다는 정도만 보여 줄 수 있다. 그러나 오늘날 발달된 법과학 분석 방법에 따르면 이와는 양상이 전혀 다르다. 로널드 골드먼의 셔츠에서 발견된 모발과 털모자에서 발견된 모발에는 모근이 있거나 모근이 달려 있을 것이다. 이를 통해 모발의 주인공이 누군지 확인할 수 있다. 그리고 털모자에서 나온, 누구 것인지 확인되지 않은 6가닥의 모발도 누구의 것인지 확인할 수 있을 것이다.[13] 그리고 이 모발의 주인공이 제이슨이라고 의심된다면 수사기관으로서는 제이슨의 모발인지도 확인할 수 있다. 제이슨은 음주운전 등의 전과 사실이 있다. 만약 제이슨이 수사기관으로부터 조사받게 되면 수사기관은 데이터베이스에 제이슨의 DNA 샘플을 저장하게 된다. 따라서 이러한 데이터베이스에 저장된 DNA와 털모자에 발견된 모발의 DNA를 비교하고 분석하면 두 개가 일치하는지 확인할 수 있게 될 것이다.

혈액형, DNA, 지문, 모발은 누가 범행했는지 밝히는 데 단서를 제공한다. 그리고 섬유 등의 미세증거도 범행 현장에 누가 다녀갔는지 정보를 제공한다. 그리고 혈흔 형태를 분석하는 것은 범죄 현장에서 어떤 행위가 있었는지를 아는 데 도움을 준다. 혈흔은 그 자체 비극적인 의미를 담고 있다. 그러나 범죄 현장에 혈흔이 남아 있다는 것은 범죄를 수사하는 수사관으로서는 다행일 수가 있다.[14]

혈흔분석을 한 최초의 사건은 1514년 런던의 형사 사건이다. 피해자의 사인死因이 자살이라는 주장이 있었으나 혈흔 분석을 통해 살인임이 밝혀졌다. 위 사건에서 피해자가 목이 졸리기 전에 목뼈가 부러지고, 다량의 피가 분출된 것이 확인되어 피고인에게 사형이 선고되었다.[15] 2002년에 이르러 미국 연방 범죄수사국은 〈혈흔분석 과학연구회Scientific Working Group for Blood Pattern Anaylsis〉를 결성하였다.[16] 혈흔 형태 분석은 범죄 현장을 재현하는 것을 목적으로 삼는다. 혈흔 형태 분석은 외부의 힘이 액체인 혈액에 작용하면 예측 가능한 결과를 낳는다는 원리를 기초로 삼고 있다. 표면 장력과 점선, 충격, 가속 운동, 분출력 등의 다양한 외력과 공기 저항 등 작용하는 조건이 비슷하면 비슷한 형태를 만들어 낸다. 혈흔 분석을 통해서 얻을 수 있는 정보는 많다. 혈흔이 이동한 방향, 충돌 각도, 충격 혈흔에서 공간 발혈 부위, 외력이 적용된 방향, 형태를 생성시킨 물체의 모양, 사건 발생 중 가격 횟수, 사건 발생 중 현장의 용의자, 피해자, 주위 물건의 상대적 위치, 출혈 당시와 출혈 후의 사람과의 대상물의 이동, 사건의 내용인 행위의 순서 등이다. 혈흔 분석 결과는 혈흔의 생성 원인이 된 힘, 행위의 발생 부위, 행위의 방향이나 움직임, 행위의 순서를 이해하는 데 도움을 준다. 분석가는 이러한 정보를 사건의 맥락 속에서 분석하여 과연 범죄 행위가 있었는지, 범죄 현장에서 어떤 행위가 있었는지 가늠해 볼 수 있다.[17]

번디에서부터 브롱코, 로킹엄에 이르기까지 많은 혈흔이 발견되었다. 따라서 여기에서 나타난 혈흔 형태를 분석했더라면 번디 현장에서 범인과 두 피해자가 어떤 형태로 목숨을 건 싸움을 했는지, 브롱코에 어떻게 피를 흘리게 되었는지, 로킹엄에는 어떻게 피가 흘리게 되었는지 재현해 볼 수도 있었을 것이다.

11장

배심원에게 제시되지 않은 증거들

"알아서는 안 될 일을 알고 말았군."

셰익스피어의 《맥베스》에서

악 연

1994년 7월 23일, 랜스 이토 판사가 심슨의 형사재판을 맡게 되었다는 신문기사를 읽은 수사관 마크 퍼만은 마셔 클라크 검사를 찾는다. 퍼만은 클라크 검사에게, 자신이 이토 판사의 부인 마가렛 요크Margaret York와 좋지 않은 일이 있었다고 털어 놓았다. 당시 마가렛 요크는 로스앤젤레스 경찰청 간부였다. 이는 판사로서 이해 충돌이 있는 경우에 해당한다. 그러나 클라크 검사는 퍼만에게, 양측이 이미 이토 판사가 재판을 하는 데 동의해 버려서 어쩔 도리가 없다고 말했다.

퍼만이 마가렛 요크를 안 지는 9년이 되는데, 두 사람 사이에는 그동안 좋지 않은 일이 있었다고 한다. 그러므로 퍼만에 의하면, 마가렛 요크가 남편인 이토 판사에게 퍼만에 대한 불만을 얘기하지 않을 리 없어 보였다고 한다. 퍼만에 의하면 다음과 같은 일이 있었다고 한다.

1985년, 서西로스앤젤레스 경찰청 내부에서 여성차별 문제가 거론되었다. 그동안 경찰청 내에서, 소외받아 온 여성 경찰관들이 있다는 제보가 있자 경찰위원회가 진상 조사에 나섰다. 그러나 아무런 혐의사실이 드러나지 않았다. 마가렛 요크가 서 로스앤젤레스 경찰청에 부임하자, 여성을 차별한 대상자로 퍼만을 지목하기 시작했다. 모두들 이를 농담거리로 삼아 넘어갔다. 그러나 당시 로스앤젤레스 경찰청은 성장통을 앓고 있었다고 한다. 퍼만에 의하면, 여성 경찰관 대부분은 지적이고 유능하지만 일부는 그렇지 않았다고 한다. 그래서 퍼만은 경험이 적고, 자질이 떨어지는 이런 여성 경찰관과 같이 일하는 게 번거로울 때가 있었음을 털어놓았다고 한다.

이런 사연으로 인해 마가렛 요크는 퍼만을 불신하였다. 게다가 요크는 퍼만이 지나치게 강한 남성의 모습을 드러내는 것에도 반감을 가졌다. 그러나 그것은 직업세계에서의 갈등일 뿐, 사적으로는 두 사람 사이에 아무런 감정이 없었다고 한다. 그렇지만 두 사람 사이의 갈등은 잔잔하지 않았고, 이들

심슨의 형사재판을 맡은 랜스 이토 판사와 그의 부인 마가렛 요크가 다정한 모습을 취하고 있다. 심슨 사건을 수사한 마크 퍼만은 그의 상관인 마가렛 요크와 악연이 있다고 주장했다. 마가렛 요크는 서(西) 로스앤젤레스 경찰청 간부이다.

은 가끔씩 드러내 놓고 으르렁거렸다. 요크는 퍼만을 대놓고 불신했고, 그래서 알 만한 사람들은 이런 사정을 다 알았다고 한다. 요크는 서 로스앤젤레스 순찰팀의 간부로 부임했다. 요크는 비록 제복을 입은 순경으로 근무한 경험이 없지만 순찰팀의 간부로 승진했다. 요크는 퍼만을 휘하의 순경으로 선발하였고, 여섯 달 동안 퍼만을 지켜보고 평가하였다. 평가 결과가 나쁘게 나왔다는 얘기가 돌자 퍼만이 불만을 토로했다. 그러자 그 얘기가 요크 귀에 들어갔는지 요크는 분개했다고 한다.[1]

마크 퍼만은 자신과 요크와 사이가 안 좋은 것이 재판에 악영향을 끼쳤을 거라고 주장한다. 그러나 요크는 엄연히 '경찰관'이다. 그리고 마크 퍼만과 관련된 증거를 평가하는 일은 배심원의 몫이다. 나아가 이토 판사가 증거 허용성을 판단한 때로 돌아가 보면, 이토 판사는 오히려 검사에게 좀 더 기회를 준 것으로 비친다. 이토 판사는 검사가 제출하는 가정 폭력에 대한 증거를 많이 허용하였다. 그러나 증거의 허용성을 따지는 〈관련성〉에 따르면, 이러한 가정 폭력에 대한 증거는 살인 사건과 관련성이 떨어진다. 따라서 퍼만과 요크가 사이가 좋지 않은 것이 재판에 나쁜 영향을 미쳤을 거라는 퍼만의 주장은 설득력이 적어 보인다.

잠수부

《잠수부*Frogmen*》란 두 시간짜리 영화는 살인 사건을 다루고 있었으나 영영 빛을 보지 못했다. 심슨이 주연했고, 〈워너브로스*Warner Bros*〉란 영화 제작사가 제작을 마쳤다. 이 작품은 살인 사건이 나기 몇 달 전에 제작을 마쳤다. 경찰이 심슨의 집을 수색하자 이 영화의 비디오 사본과 원고 대본이 발견되었다. 이 영화에서 심슨은 전직 미 해군팀의 리더로 주연했다. 심슨은 영화 촬영을 위해 한동안 군대식 훈련을 받았다. 그리고 칼을 다루는 법을 비롯해서 잠수부 훈련도 받았다. 이 영화에서는 심슨이 연인의 목에 칼을 들이대는 장면도 나온다. 그러나 이러한 증거는 재판 때 제출되지 않았다. NBC 방송국의 간부 워렌 리틀필드*Warren Littlefield*는 1994년 7월, 심슨이 유죄 판결을 받으면 이 영화는 영영 빛을 보지 못할 거라고 말했다. 그리고 한 기자는 심슨이 무죄 판결을 받으면 이 영화가 NBC 방송국에서 방영하기도 전에 먼저 뜰 것이라고 내다봤다.[2]

그럼에도 이 블록버스터 영화는 지금껏 개봉되지 않았다. 그리고 심슨이 《잠수부》에서 주연으로 뛰었다는 사실을 아는 사람도 매우 드물다. 《잠수부》는 미스터리 사건을 영화화했고, 그때까지 다른 영화사에서 좀처럼 시도하지 않던 장르를 다루었다. 형사재판 때, 검사는 이 영화를 증거물로 제출하려 했으나 허락되지 않았다. 그리고 민사소송 때에도 제출되지 않았다. 검사는 심슨이 이 영화를 촬영하기 위해 칼을 다루는 법을 비롯하여 군대식 훈련을 받은 사실을 밝혀냈다. 변호인은 경찰이 심슨의 집을 수색할 때 경찰이 이 영화 대본을 읽는 등, 잘못된 행동을 하였다면서 증거로 허용하지 말라고

〈워너 브로스〉가 제작하고 심슨이 주연한 영화 《잠수부》는 살인 사건을 다루고 있다. 이 영화에서 심슨은 전직 미 해군의 리더로 주연했다. 심슨은 영화 촬영을 위해 군대식 훈련을 받았고, 칼을 다루는 법도 배웠다. 그리고 이 영화에선 심슨이 연인의 목에 칼을 들이대는 장면도 나온다.

다투었다.[3]

살인 사건이 있기 몇 달 전에 심슨은 《잠수부》 영화 촬영을 마쳤다. 증거의 허용성을 따지는 '관련성'에 의하면 사건과 사실이나 법률로 관련성이 인정되어야 증거로 허용된다. 그리고 성격증거 법리에 따르면 피고인의 과거의 습벽이나 성향을 드러내는 증거를 제출하는 것은 엄격히 제한된다. 《잠수부》가 심슨 사건과 과연 관련성이 있는지 문제된다. 심슨이 《잠수부》에서 살인에 대한 예행 연습을 한 것이나 다름없고, 그래서 이것이 범행의 동기와 연결된다고 보아야 관련성이 인정될 것이다. 그러나 이것은 심슨의 과거의 습벽을 드러내는 증거이기도 하다. 그래서 재판 때 이 증거가 허용되지 않은 것이다.

로지 그리어에 대한 고백

1994년 12월, 미식축구 수비수로 뛰다가 목회자로 전향한 로지 그리어Rosey Grier[4]가 심슨의 형사재판 때 배심원 앞에서기에 앞선 심문에서 증인석에 서게 됐다. 로지 그리어가 교도소에 수감중인 심슨을 접견했고, 두 사람의 대화를 교도관이 들었다는 것이 그리어가 증인석에 서게 된 발단이 되었다. 그런데 로지 그리어가 법정에 출두하게 된 결정적인 계기가 된 것은, 로스앤젤레스 교도소가 기록한 보고서가 법원에 제출되어서이다. 검사나 변호인도 이 기록을 보지 못했고, 이토 판사에게만 직접 제출되었다. 그러나 검사는 짐짓 심슨이 교도소에서 한 말이 검찰에 유리하다는 사실을 알고 있는 듯 했다. 심슨과 그리어는 1994년 11월 13일 교도소 종교시간 때 만났다. 변호인 측은 캘리포니아 법률에 따라 성직자와 신도 사이에 비밀리에 한 말은 보호받아야 한다면서 두 사람의 대화 내용이 공개되어서는 안 된다고 강하게 주장했다. 이 일로 이토 판사와 변호인들은 1994년 11월 29일 교도소를 방문하기로 했다. 교도소를 하루 방문할 때 판사는 두 사람이 대화를 나눴다는 방도 살펴보기로 했다.

법정에서 검사 윌리엄 호지먼William Hodgman은 성경을 들고 증인석에 선 그리어의 무거운 입을 열기 위해 무척 애쓰는 모습이 역력했다. 검사는 그리어에게, 남자 교도소 3층에서 심슨이 그리어에게 얘기한 게 있는지 캐물었다. 호지먼이 질문할 때마다 변호인 코크란은 피고인의 묵비권이 침해되는 것이라며 계속해서 이의를 제기했다. 그러자 이토 판사는 교도소에서 모니터링된다는 사실을 알고 있는 심슨이 자발적으로 자신의 묵비권을 포기할 수 있으므로 이러한 묵비권의 포기는 유효하다고 보았다. 그래서 이토 판사는 코크란의 이의를 기각했다. 호지먼은 그리어에게, 심슨이 대화하듯 그리어에게 말한 사실이 있는지 물었다.

"그런 사실이 없습니다"라고 그리어는 대답했다. 호지먼은 이러한 질문을 하기에 앞서 발판을 마련하기 위해 두 사람이 대화할 때 미식축구와 같은, 종교적이지 않은 얘기를 나눈 사실이 있는지도 물었다. 그러자 코크란은 즉시 이의했다.

"축구든 배구든…우리는 성직자의 특권을 주장하고 있습니다." 코크란은 미소를 짓고 있는 심슨을 바라보며 말했다. 성직자는 신도와 비밀리에 한 대화 내용에 대하여 증언하기를 거부할 수 있다.

그러자 검사는 이토 판사에게, 교도관이 말한 내용의 중요성을 입증하기 위해서 다음 재판 때 검사가 접견 기록을 제출할 수 있도록 허용해 달라고 요청했다. 그러나 로스앤젤레스 교도소 대변인은 자신들은 봉인된 서류를 보지도 못했고, 또 여기에 대해서 언급할 수도 없다고 밝혔다. 교도관 래리 린컨Larry Lincon은 "법원이 결정하기까지 어떤 대화를 나누었는지, 또 어떤 대화가 기록되었는지 말할 수 없습니다"라고 전했다. 이토 판사는 교도소 측에게, 직접 대화의 요지를 판사에게 밝히라고 명령했다. 심슨이 성직자에게 대화한 내용은 성직자 특권을 침해할 수도 있어 교도소 측은 이토 판사에게만 직접 대화 내용을 설명했다.

그리어는 질문을 받고서, 7월까지는 일상적인 대화만 나누었다고 대답했다. 자신은 1986년 목회자로 전향했고, 심슨에게 영적으로 용기를 주기 위해 교도소를 방문했다고 말했다. 그리고 심슨은 자신이 결백하다고 말했다고 한다.

"저는 심슨에게 어떤 난관이 놓여 있는지 잘 알고 있었습니다" 그리어는 말했다. "[심슨에게] 역경이 닥쳤지만 어디든 주위를 돌아보면 희망이 보이기 마련입니다. 어떤 처지에 놓이든 다 살아가는 이유가 있는 것입니다. 하나님이 함께 하신다면 심슨의 삶도 변화될 것입니다."

교도소 방문 때 그리어는 심슨에게 성경을 읽어 주었다. "우리는 성경을 읽고 함께 기도했습니다. 우리는 성경에 등장하는 여러 인물에 대해 얘기하고, 그들의 삶에 대해 토론했습니다. 그리고 하나님이 어떤 분이시고 죄가 무엇인지(…) 우리는 성경에 나온 모든 것에 대해 얘기를 나누었습니다."

〈로스앤젤레스 램스Ros Angeles Rams〉[5]의 전직 수비수도 일요일 아침에 심슨을 찾아갔다고 전했다. 그도 심슨이 우울해 하는 것 같아서 일요일 쉬는 시간에 심슨을 방문했다. 그리고 한꺼번에 닥친 힘든 일을 생각하지 말라면서 심슨을 격려했다고 전했다.

심슨의 변호인은 그리어에 대한 심문을 비공개로 해 줄 것을 요청했다. 심슨이 자백과 같은 말을 했으리라는 인상을 주어서는 안 된다고 강조했다. 이토 판사는 심문을 비공개로 열기로 결정했다. 그러나 변호인이 《타임즈The Times》 등에 이러한 사실을 흘리자, 이토 판사는 법정에 기자가 참석하는 걸 허락했다. 그리고 그리어를 심문했으나 심슨이 자백 비슷한 말을 했다는 답변은 나오지 않았다.[6]

《트리뷴Tribune》은 "화가 나서 지른 소린가? 절망의 외침인가? 아니면 교도소에서의 고백인가?"라는 제목으로 보도했다. 심슨이 눈물을 흘리면서 로지 그리어에게 소리쳤다는 말은 과연 무엇이었을까? 만약 이와 관련된 전문증거가 허용되면 재판에 막대한 영향을 줄 것이다. 이토 판사는 심슨이 고함지르는 것을 봤다는 교도관 제프 스튜어트Jeff Stuart의 진술은 판사가 직접 보고 듣지 않은 전문증거傳聞證據여서 허용하지 않는다고 결정했다.

그리어는 1994년 11월 13일 오후, 로스앤젤레스 남자 중앙교도소의 접견실에 찾아갔다. 접견실 내부는 방탄유리로 나누어져 있다. 그리고 모든 접견실은 칸막이로 나누어져 있어 어느 정도 대화의 비밀이 유지된다. 교도관 스튜어트는 몇 미터 떨어진 통제실에서 심슨을 지켜보고 있었다. "심슨 씨는 전화기를 내리치더니 이어 주먹으로 책상을 내리쳤습니다"라고 스튜어트는 심문 때 진술했다. "심슨 씨는 울고 있는 것 같았고요, 매우 당황해 하는 것 같았습니다."

월리엄 호지먼 검사가 스튜어트에게 "피고인이 뭐라고 하는지 들었나요?"라고 질문했다.

"아니요. 못 들었습니다"라고 대답했다.

"그는 소리를 질렀습니다. 제 생각으로는 소리를 질렀습니다…. 매우 큰 소리였고, 억양은 올라갔습니다"라고 덧붙였다.

스튜어트는, 그리어가 성경을 들고 있었고, 심슨에게 시선을 고정하고 있었다고 전했다. 심슨이 뭐라고 말하자 그리어가 반응을 보였고, 심슨의 목소리가 하도 커서 다 들을 수 있었다고 말했다. 스튜어트와 상관은 이토 판사가 교도소에 갔을 때 심슨이 무슨 말을 했는지 보고했다. 그러므로 그리어와 심슨, 스튜어트와 그의 상관, 그리고 이토 판사만이 심슨이 그때 무슨 말을 했는지 알고 있다. 이토 판사는 스튜어트에게, 밖으로 이 말이 새어 나가면 안 되고, 변호인이나 검사에게도 말해서는 안 된다고 주의를 줬다.

그런데 언론에서는 이 일을 두고 심슨이 자백했을 것이라고 보도했다. 《뉴욕 데일리 뉴스*The New York Daily News*》는 심슨이 자백했다고만 보도했다. 주간지 《내셔널 인콰이어러*National Enquierer*》는 여기서 더 나아갔다. 익명의 교도관의 말을 인용하면서, 심슨은 눈물을 쏟으며 "내가 저질렀습니다"라고 소리쳤다고 보도했다. 일부 언론은 자극적인 보도를 하고, 경우에 따라선 과장되거나 때론 정확하지 않은 보도도 하는 경우도 있다고 한다. 심슨의 변호인 제럴드 우얼먼*Gerald Uelman*도 이러한 보도는 전후 문맥에서 많이 벗어나 있다고 주장했다. 심슨은 "무척 착잡합니다. 사람들은 TV를 보고 내가 두 사람을 살해했다고 믿고 있습니다"라고 말했을 거라고 주장했다.[7] 심슨에 대해 무죄로 평결이 났을 때, 스튜어트는 다른 부서로 옮긴 상태였다. 《글로브*Globe*》 기자가 스튜어트에게 심슨이 그리어와 나눈 대화에 대해 인터뷰하길 요청했다. 스튜어트는 거의 10,000달러를 받고 인터뷰에 응했다. "[기사에] 자극적인 얘기가 조금 보태졌지만, 모두 사실입니다"라고 말했다. 스튜어트는 20년 가까이 교도관, 살인 사건의 수사관으로 일했다. 그래서 남들보다 심슨 사건을 예리하게 바라본다. "전직 수사관으로 말씀드리자면 의심의 눈초리를 갖고 철저하게 모든 사실과 증거를 관찰하고 종합해야 한다고 봅니다"라고 말했다. "제가 당시 수사관이었더라면, 증거를 좀 더 철저히 살폈을 겁니다"라고 덧붙였다. 그러나 설령 배심원들이 심슨이 그리어에게 한 말을 들었더라도 결과는 달라지지 않았을 것이라고 추측했다. "확고한 다른 증거가 많았습니다"라고 말을 아꼈다.[8]

이와 같이 배심원 앞에서 증언하기 전에 이토 판사의 주재로 그리어에 대해 심문이 진행되었다. 그러나 검사의 기대와 달리, 그리어는 심슨이 자신에게 범행에 대해 고백한 사실이 없다고 말했다. 결국 그리어는 배심원 앞에서 증인으로 서지 않게 되었다.

질 샤이블리의 얘기

법정에 출석한 증인은 선서서를 들고 오른손을 성경에 올려놓고 위증하지 않겠다고 선서한다. 그러나 선서하기 전, 증인들이 얼마를 받고 그들의 얘기를 타블로이드지에 팔았는지는 묻지 않는다.

"누가 진실을 말하고 있는지 가리는 일은 정말 힘듭니다" 뉴욕 주 검사 프레드 클라인Fred Klein이 이렇게 말했다.

타블로이드 신문, TV 프로그램, 토크쇼가 늘어남에 따라 유명한 사건에 대해 돈을 받고 자신의 얘기를 파는 증인들이 늘고 있다. 심슨 사건에서 예비심문을 주재한 케슬린 케네디 파월Kathleen Kennedy Powell 판사는 변호인과 검사에게, 증인들이 증언하기 전 언론매체에 오염되지 말라고 당부했다. 이러한 지시가 있게 된 것은 한 여인 때문이다. 살인 사건이 나던 날 밤, 질 샤이블리Jill Shively는 자신은 하마터면 심슨이 몰던 브롱코와 충돌할 뻔했다고 주장했다. 그녀는 자신의 얘기를 《하드 카피Hard Copy》와 《더 스타The Star》에 7,600달러를 받고 팔았다. 어떤 기자는 샤이블리가 10,000달러나 받았을 것이라고 추측했다.

로스앤젤레스 지방검찰청 검사 길 가르세티Gil Garcetti는 질 샤이블리를 증인으로 신청하지 않기로 했다. 왜냐하면 타블로이드 잡지사로부터 돈을 받으면 증언의 신빙성은 사라지기 때문이라고 샤이블리의 변호사 제임스 엡스타인James Epstein이 설명했다.

유명한 강간 사건에서 케네디 가문의 의사 윌리엄 케네디 스미스William Kennedy Smith를 성공리에 변호한 로이 블랙Roy Black 변호사도 자신이 맡은 사건에서 증인이 잡지사로부터 40,000달러나 받자 증인의 신빙성이 사라졌다고 말했다. "증인이 뉴스쇼에 자신의 얘기를 파는 순간, 증인의 신빙성은 사라집니다" 블랙 변호사는 말했다. 그럼에도 이 사건에서 블랙은 무죄 평결을 이끌어 냈다.

증인이 선량해야 한다는 것은 대중의 관심 밖이다. 언론은 떠들썩한 유명 사건에서 굶주린 대중의 욕구만 채우려고 안간힘을 쓴다. 심슨 사건이 대표적인 예가 되었다. "여기는 미국입니다. 여기는 자유 기업이 있는 곳입니다"라고 샤이블리의 변호사는 말했다. 그리고 "샤이블리가 검찰청을 당혹스럽게 한건 사실이지만 자신이 원한다면 이렇게 할 권리가 있습니다"라고 덧붙였다.[9]

법적으로는 증인에게 이러한 권리가 있는 게 맞다. 그러나 증인이 이렇게 할 경우, 그가 과연 올바르게 결정했냐는 별개의 문제이다. 결국 검사는 샤이블리를 증인으로 신청하지 않았고, 배심원들은 그녀의 얘기를 들을 수 없었다.

마커스 앨런과의 관계

　　　　　　　　　　민사소송에서 로널드 골드먼 가족을 대리해서 심슨을 상대로 승소 판결을 받아 낸 다니엘 페트로셀리는 모 언론사와 인터뷰할 때 다음과 같이 말했다. "전직 축구선수 마커스 앨런Marcus Allen이 심슨으로 하여금 니콜 브라운을 살해하게끔 한 동기일 수 있습니다."

페트로셀리는 NBC 방송국의 《데이트라인*Dateline*》에 출연해서, 심슨은 니콜 브라운과 로널드 골드먼의 죽음에 책임이 있다고 주장했다. 페트로셀리는 심슨이, 미식축구팀 〈캔자스 시티*Kansas City*〉의 주장인 앨런과 전처가 엮이는 사실을 받아들일 수 없었을 거라고 추측했다. "심슨의 지인들이 증인으로 나올 때마다 그들은 마커스 앨런이라는 이름을 들먹였습니다"라고 말했다. "앨런이 심슨으로 하여금 격분에 이르게 한 것이라고 믿습니다"라고 덧붙였다. 신원을 밝히지 않은 앨런의 대변인은, NBC 방송국에서 페트로셀리가 한 말은 사실이 아니고 앨런은 니콜 브라운과 아무런 관계가 없으며, 페트로셀리가 사실을 왜곡하고 있다고 말했다.[10]

NBC 방송국의 인터뷰가 저녁에 방송으로 나갔고, 같은 내용이 NBC 방송국의 《투데이*Today*》에서 아침 방송으로 나갔다. 그리고 페트로셀리가 쓴 《정의의 승리*Triumph of Justice*》가 이와 때를 맞추어 출간되었다.

페트로셀리는 또한, 심슨의 친구 앨런 카울링스, 심슨의 장녀 아넬, 심슨의 비서 캐시 랜다*Cathy Randa* 중 누군가가 세탁기로 심슨의 옷을 빨았을 것이라고 주장했다. "아마 피가 묻은 스웨터일 겁니다." "이렇게 말하지만 증거는 없습니다"라고 덧붙였다. "그렇지만 누군가 심슨에게 매우 충성스럽다는 사실만은 분명합니다." 이 보도가 나가고 난 뒤에도 심슨의 변호사 댄 레너드*Dan Leonard* 측에서는 아무런 공식적인 반응이 없었다.

페트로셀리는, 니콜 브라운이 심슨과 재결합하려고 앨런을 이용했다고 주장했다. 그래서 심슨이 앨런을 시기했다고 본다. 심슨은 부상을 입어 선수로서 중도퇴진해야 했지만, 앨런은 전미 미식축구연맹에서 오랫동안 활약했다. "심슨과 니콜의 싸움이 정점을 향해 치닫고 있을 때 마커스 앨런이 이들 사이에 끼게 된 것으로 생각합니다" 페트로셀리는 말했다. "이런 사실을 입증할 수는 없지요"라고 덧붙였다. "심슨이, 마커스 앨런과 니콜 브라운의 사

민사소송에서 로널드 골드먼을 대리한 다니엘 페트로셀리는 니콜 브라운이 심슨과 재결합하려고 전직 미식축구 선수 마커스 앨런을 이용했을 거라고 주장했다. 페트로셀리는 심슨이 앨런을 시기했고, 이것이 살인의 동기가 되었을 거라고 주장했다. 마커스 앨런은 이런 주장이 사실이 아니라고 반박했다.

이를 눈치챘다는 사실은 입증할 수 없었습니다. 그래서 배심원 앞에서 이러한 증거를 제시하고 주장할 수 없었습니다. 그러나 무슨 일이 있었는지는 넉넉히 짐작할 수 있습니다."

앨런은 1998년 미식축구 선수에서 은퇴하여 CBS 방송국에서 일하기로 되어 있었다. 페트로셀리는 그런 이유로 앨런이 진실을 말하지 않은 것이라고 주장했다. "마커스 앨런은 자신과 기업, 삶과 가족, 명성과 이름, 그리고 소득을 일구는 자신의 능력을 보호해야 하고요, 그래서 이것을 위해 진실을 가리고 있습니다"라고 말했다.[11]

니콜 브라운의 친구 페이 레즈닉Faye Resnick은 1994년, 《비밀 일기The Private Diary》를 발간했다. 이 책에서 레즈닉은 니콜 브라운과 심슨의 사생활에 대해 낱낱이 적고 있다. 이 책이 발간되자 많은 사람들이 당황해 했다. 그중 한 사람인 마커스 앨런은 심슨 재판이 끝난 후인 1996년 CNN 방송국과 인터뷰를 했다. 앨런은 교도소에 수감중이던 심슨이, 자신에게 니콜 브라운과 관계에 대해 거짓말을 해 달라는 부탁을 했다고 주장했다. 오 제이 심슨은 이전에,

심슨과 니콜이 헤어진 후 니콜과 앨런이 사귀고 두 사람이 성관계까지 했다는 사실을 앨런이 털어놓았다고 주장했다. 《유에스에이 투데이USA Today》에 의하면 페이 레즈닉은 자신의 책에서 심슨의 폭행 사실과 마커스 앨런에 대해서도 적고 있다. 심슨은 니콜을 때리고, 니콜을 옷장 안에 가두고, 니콜의 옷을 벗겨 니콜을 호텔 복도에 내팽겨쳤다고 한다. 레즈닉은 두 사람의 싸움이 정점에 이를 때 마커스 앨런이 개입했다고 주장했다. 레즈닉은 심슨이 격분에 이르게 된 것은 마커스 앨런 때문이 아닌가 하고 짐작한다.[12]

앨런은 심슨의 형사재판 때 증인으로 서지 않았다. 그러나 민사소송에서는 증인으로 나왔다. 앨런 역시 심슨과 마찬가지로 하이즈먼 상 수상자이다. 그는 증인석에 서서, 자신은 절대 니콜 브라운과 성관계를 한 사실이 없으며, 심슨에게 니콜 브라운과의 관계를 실토한 사실이 없다고 말했다.[13]

브롱코 추격 장면

오 제이 심슨이 니콜 브라운과 로널드 골드먼 두 명의 피해자 살인범으로 지목되었다. 심슨은 하이즈먼 수상자이자 미식축구 명예의 전당에 헌액되었으며, 배우이기도 하다. 그런 심슨이 사라졌고, 경찰은 심슨이 도주했다고 발표했다. 그리고 유명한 브롱코 추격전이 시작되었다. 1994년 6월 17일 오후 6시 45분쯤, 경찰은 심슨이 친구 앨런 카울링스가 운전하는 흰색 브롱코를 타고 고속 도로를 달리는 장면을 포착했다. 심슨은 뒷좌석에 타고 있었고, 권총을 들고 있었다. 이윽고 경찰이 브롱코를 추격하기 시작했다. 헬리콥터가 브롱코 상공을 따라다니며 이 장면을 TV로 생중계했다. 느린 속도로 브롱코를 추격하는 장면은 TV 역사상 전례가 없는 일이었다.

그리고 이 추격 장면과 배심원이 무죄로 평결하는 장면은 TV 시청자들이 뽑은, 잊지 못할 TV 장면에 뽑혔다. 2001년 9월 11일, TV에서 시청자들을 상대로 지난 반세기 동안 전 세계적으로 가장 영향력 있는 장면을 뽑았을 때 2005년 카트리나 태풍이 휩쓴 장면과 더불어 심슨을 무죄로 평결하는 장면이 뽑혔다. 심슨의 브롱코를 추격하는 장면은 60번째에 매겨졌다.

1994년 6월 17일은 전설적인 골퍼 아놀드 파머가 US 오픈 마지막 경기를 한 날이다. 그리고 그날은 시카고에서 월드컵이 시작되는 날이었고, 미국 프로농구 결승전이 열리는 날이기도 하였다. 그러나 브롱코 추격전이 생방송되자 이 모든 스포츠 채널은 중단되었으며, 언론은 일제히 브롱코 추격 장면을 생중계했다. 심슨은 그날 경찰청으로 출두하기로 되어 있었지만 사라졌고, 심슨의 친구 로버트 카다시안이 심슨이 남긴 편지를 읽었다. 그리고 많은 전문가들이 TV에 나와서 이 편지가 〈자살편지〉라고 해석했다.

심슨이 도주할 때 로스앤젤레스 경찰청 수사관 톰 랭이 심슨과 통화했다. 심슨은 "경찰과 모든 사람들이 아시다시피 저는 도주하는 게 아닙니다"라고 말했다. 이윽고 앨런 카울링스가 심슨의 로킹엄 저택에 도착했을 때 경찰은 브롱코를 에워쌌다. 그러나 경찰은 브롱코에 접근하지 않았고, 심슨은 차안에 있으면서 미동도 하지 않았다. 심슨이 총을 가지고 있었으므로 모두가 불행한 사태를 원하지 않았다. 2시간 후 심슨은 브롱코에서 내렸고, 가족사진을 품은 채 경찰에 체포되었다.

경찰은 앨런 카울링스의 주머니에서 9,000달러를 발견했다. 그리고 경찰은 브롱코에서 분장용 턱수염과 콧수염, 권총과 심슨의 여권을 발견했다. 그러나 브롱코 추격전과 브롱코에서 발견된 물건들은 배심원들에게 제시되지 않았다.[14]

로사 로페즈

심슨의 저택에서 3km가량 떨어진 곳에서 사는 여인이 검찰이 추정하는 범행 시각에 심슨의 브롱코를 봤다고 말했다. 그러자 그녀는 사건의 핵심 증인으로 떠올랐다.

로사 로페즈는 1994년 6월 12일 밤 10시가 조금 지났을 때, 개를 데리고 산책하고 있었다고 한다. 검찰은 10시 15분쯤 살인이 발생하였다고 추정했다. 로페즈는 배심원 앞에서 선서하고 증언하지 않았다. 대신 비디오로 녹화할 때 로페즈는 선선한 6월 밤, 심슨의 로킹엄 저택 쪽을 바라보았다고 말했다. 로페즈는 집을 나서기 전, 차茶를 타려고 물을 올리려고 할 때 방에 있는 시계를 쳐다보았는데 그때가 10시였다고 한다. 그리고 개를 데리고 밖으로 나갔다고 한다. 심슨의 변호사 조니 코크란이 로페즈에게, 로킹엄 집 근처에서 뭘 봤는지 물었다. "집 밖에 어떤 차가 주차되어 있었는지 볼 수 있었나요?"라고 질문하자, "예"라고 대답했다. "어떤 차를 봤는지 말할 수 있나요?"라고 질문하자 "브롱코요"라고 대답했다.

로페즈의 진술은 매우 중요하다. 로페즈의 진술은 범행 시각에 살인을 하지 않았다는 심슨의 알리바이를 강력하게 지지한다. 양측은 로페즈가 언제, 어떻게 증언할지를 두고 심하게 다투었다.

변호인 측 사립 탐정 빌 파벨릭Bill Pavelic은 1994년 7월 29일에 로페즈의 진술을 녹화했고, 이 테이프를 검사에게 주지 않았다고 한다. 양측이 증거를 공유하지 않았다는 것으로 인해 다툼이 생겼다. 마셔 클라크 검사는 변호인 측이 검찰을 가로막고 로페즈가 진술할 때 검사를 배제했으므로 제재를 받아야 마땅하다고 주장했다. 검찰이 다투자 7월 29일에 녹화한 테이프의 공개에 제동이 걸렸다. 검사 마셔 클라크는 판사 이토가 테이프를 공개하는 것을 회의적으로 바라보자, 만면에 미소를 머금었다. 그러나 랜스 이토 판사는 테이프를 증거로 허용할지에 대해 좀 더 논의하자고 하면서 결정을 미루었다.

기자 회견장에서 마서 클라크는, 파벨릭이 녹화한 사실을 시인했으므로 변호인 측은 제재를 받아야 마땅하며, 법정에서 이 문제를 다루게 될 것이라고 밝혔다.

"엄격하게 제재해야 하리라 봅니다" 클라크는 말했다. "제 생각으로는 법원이 더 당혹스러워 할 것이라고 봅니다." 이토 판사는, 변호인들은 모든 증거를 검사와 공유해야 한다고 밝힌 바 있다.

"내일 아침 증거물을 법정에 가지고 오도록 하십시오" 이토 판사는 과거 로스앤젤레스 경찰청 수사관이었고, 이제는 심슨 변호인단에 소속된 사립탐정 파벨릭에게 요구했다.

"예. 가능하면 증거물을 가지고 오도록 하겠습니다"라고 대답했다. "가능하면이 아니라 내일 가지고 와야 합니다" 이토 판사는 다그쳤다. 그러자 "내일 이곳에 반드시 가지고 오겠습니다"라고 파벨릭이 대답했다.

로페즈는 증인석에 서려고 몇 차례 시도했지만 여러 번 검사의 반대에 부딪혔다. 로페즈는 코크란 앞에서, 변호인에게 우호적인 자세로 자신의 목격담을 늘어놓았다. 크리스토퍼 다든 검사는 로페즈가 증언하려 할 때마다 계속 이의를 제기했고, 이토 판사는 종종 검사의 이의를 받아 주었다. 심슨의 변호인은 로페즈 외에 그 시각, 심슨의 차가 주차되어 있는 걸 봤다는 다른 증인은 세우지 못했다. 그러나 만약 배심원이 그녀의 말을 믿는다면 심슨의 알리바이는 견고해질 수 있다. 그러나 로페즈의 신빙성은 검찰의 반대신문에 따라서 달라질 수 있다. 로페즈가 증언하기 전, 클라크 검사는 로페즈가 거짓말쟁이라고 주장했다. 로페즈가 미국을 떠날 계획을 갖고 있다고 말하자, 다든 검사는 여기에 대해 꼬치꼬치 캐물었다.

로페즈의 증언에 대해 말을 아꼈던 이토 판사는 이윽고, 로페즈를 배심원 앞에서 증인석에 세우는 것에는 여러 문제점이 있다고 지적했다. 그럼에도 이토 판사는, 만약 증언석에 서게 된다면 모국 엘살바도르에 가서 다시는 돌아오지 않겠다고 하는 로페즈의 말이 사실이란 걸 심슨 측이 부인하지 않는 다면, 배심원 앞에서 로페즈의 얘기를 들어 볼 수 있다고 하였다. 이토 판사는 로페즈의 증언을 들어 볼 수 있으리라 기대했지만, 검사는 로페즈의 증언을 듣게 된다면 공정한 재판을 부인하는 것이고, 사건을 혼돈에 빠뜨리게 된다고 다투었다. 그리고 로페즈의 증언을 들어 보기 전에 먼저 비디오테이프 기술자를 불러서 녹음테이프에 문제가 없는지 물어보아야 한다고 주장했다.

코크란은 화를 내며 검사에 끌려 이도저도 못해서는 안 된다면서 이토 판사를 강하게 밀어붙였다. 마셔 검사가 어린 두 자녀를 돌봐야 한다는 이유로 가정주부 로페즈를 저녁 시각에 증인석에 세우는 것에 이의를 제기하자, 코크란은 비난했다. 이토 판사는 검사와 변호인이 격돌할 때면 원만히 해결하라고 종용했다. 변호인은 이토 판사가 마음을 바꾼 것에 화를 냈지만, 일부 법조인은 이토 판사가 잘한 것이라고 평가했다. "합리적인 결정이었다고 봅니다." 산타모니카 형사 변호사 지지 고든Gigi Gordon이 말했다. "판사가, 자신이 결정을 바꾼 것으로 비난받는 것을 염려하는 것보다는 낫습니다"라고 덧붙였다. 결과적으로, 로페즈가 엘살바도르로 떠날 때에만 녹화테이프를 증거로 허용하기로 했다. 이 녹화테이프는 파벨릭과 로페즈의 대화를 찍은 것이고, 판사가 직접 본 것이 아니므로 전문증거이다. 전문증거도 원래 진술한 사람이 법정에 설 수 없는 경우에는 예외로 허용된다. 그래서 이런 예외 상황에서 허용하기로 결정한 것이다. 변호인은 로페즈를 빨리 증인석에 세우지 않으면 그녀의 얘기를 영영 들어보지 못할지도 모른다고 염려했다.

로페즈가 말한 대로 6월 12일 밤 10시 15분쯤에 브롱코가 로킹엄에 주차되어 있는 것이 사실이라면, 심슨에게 굉장히 유리해진다. 그리고 로페즈는 그날 밤 8시와 그 다음 날 아침에도 같은 장소에 브롱코가 주차되어 있는 걸 보았다고 말했다. 이런 주장은 그 사이 브롱코가 다른 곳으로 이동하지 않았다는 사실을 추정하게 한다. 결국 심슨이 브롱코를 몰고 살인 현장으로 가지 않았다는 사실을 짐작하게 하는 것이다. 더구나 로페즈는 심슨이 시카고로 간 시간대에 심슨의 저택에서 어떤 목소리가 난 걸 들었다고 말했다. 그래서 이토 판사는 로페즈가 배심원 앞에서 증언하기에 앞서 로페즈의 증언을 허용할지를 결정하기 위한 심문을 열기로 했다.

로페즈는 이토 판사가 주재하는 심문 기일에 출석하여 6월 13일 새벽 1시쯤, 심슨의 개가 짖는 걸 들었다고 말했다. 그때는 그녀가 어떤 목소리가 나는 걸 들었다는 때와 같은 시각이다. 그리고 로페즈는 꽤 오랜 시간, 개가 짖었다고 말했다. 그러나 검사는 로페즈가 그날 밤 보고 들은 내용에 있어 다소 일관성이 없다고 주장했다. 클라크 검사는, 7월 29일에 녹화된 테이프에는 로페즈가 밤 10시 15분에 심슨의 차가 바깥에 주차된 걸 봤다는 대목이 보이지 않는다고 지적했다. 클라크 검사는 그 시각, 로페즈가 브롱코를 봤다는 진술은 몇 주 후에나 나왔다고 주장했다. 그리고 이러한 진술은 양측이 증거를 공유해야 한다는 규칙을 위반해서 얻어진 것이라는 사실을 강조했다.

심슨의 변호사 중 한 명인 칼 더글라스Carl Douglas는 변호인이 로페즈의 초기 진술을 늦게 공개한 사실을 인정했다. 그러나 그도 로페즈의 진술을 보고 놀랐고, 이 일로 변호인이 법원의 관심을 끈 것은 분명하다고 말했다. "의도했거나 고의로 한 것이 아닙니다" 더글라스는 말했다.

로페즈는 자신의 목격담을 뒷받침해 주는 증인으로 실비아Sylvia를 지목했다. 로페즈는 실비아의 나머지 이름을 밝히지 않았다. 실비아가 불법 체류자이므로 실비아를 보호해야 한다고 말했다. 그러나 다든 검사는 실비아 게라Sylvia Guerra를 증인으로 신청했고, 이토 판사는 허락했다. 다든은 로페즈가 게라와 접촉하지 말 것을 요청했으나, 이토 판사는 이를 허락하지 않았다. 그러나 이토 판사는 로페즈가 증언하기 전에 변호인 외에 다른 사람과는 상의해서는 안 된다는 사실을 강조했다.[15] 《로스앤젤레스 타임즈LA Times》는 이토 판사가 변호인들이 증거개시를 지체한 사실을 들어 코크란과 더글라스 변호

엘살바도르 출신의 로사 로페즈는 1994년 6월 12일 밤 10시쯤 개를 데리고 심슨의 로킹엄 저택 부근을 산책하고 있었다. 로페즈는 그때 로킹엄 주택 부근에 주차된 브롱코를 봤다고 주장했다.

사에게 950달러씩 과태료를 부과했다고 전했다. 《로스앤젤레스 타임즈》에 의하면 이토 판사는 배심원들에게, 로페즈의 증거를 살필 때 증거개시가 지체된 사실을 고려하라고 설명했다고 한다. 증거개시에 의하면 양측은 자신들이 갖고 있는 증거를 모두 공개해야 한다.

《로스앤젤레스 타임즈》에 의하면, 로페즈는 심문 기일 때 사흘 동안 증인석에 섰다. 그리고 로페즈는 모국인 엘살바도르에 돌아갈 것을 생각하고 있고, 로페즈가 모국으로 돌아가면 비디오테이프가 증거로 제시될 지는 지켜봐야 한다고 전했다.

로페즈의 증언은 매우 복잡했다. 다든 검사는 반대신문 때 로페즈 진술의 신빙성을 하나하나 따졌다. "증인은 정확한 시각을 기억하지 않고 있지요?"라고 물었고, 로페즈는 "예. 정확한 시각은 기억나지 않습니다"라고 대답했다.

로페즈가 증언을 마치자 엘살바도르로 곧 떠나리라고 알려졌고, 《로스앤젤레스 타임즈》는 로페즈가 여행을 떠나기 위해 현금을 마련하고 있다고 전했다. 로페즈는 미국으로 이민 오기 전에 엘살바도르에서 노동 일을 했고, 미국으로 와서 시민권을 취득한 지는 20년이 다 되어 간다. 로페즈는 증인석에 서서 "심슨 이웃으로 산 것은 저의 잘못이 아닙니다" "제가 보고 들은 것도 저의 잘못이 아닙니다"라고 말했다. 《트리뷴Tribune》에 따르면 로페즈는 "재판장님, 저는 매우 아픕니다. 저는 하루동안 아무것도 못 먹었습니다. 잠도 제대로 자지 못했습니다"라고 호소했다고 한다. 결국 로페즈는 엘살바도르로 돌아갔고, 배심원들은 로페즈의 증언을 들을 수 없었다.[16]

매리 거채스

불과 3m 거리에서 여러 남자들이 한 여인을 지나갔다. 이들 남자들은 일요일 저녁에 모인 사람들 무리에 섞였다가 나타났고, 두 사람은 스페인 사람이거나 백인이었다. 이들은 털모자를 쓰고 뭔가를 들고 있었다. 이들은 뛰다가 차에 뛰어들더니 차를 타고 재빨리 그곳에서 벗어났다. "네 명의 남자가 사건 현장에서 뛰어가는 걸 누가 보았을까요?(…) 니콜 브라운 부인 건너편에서 바라보던 론 골드먼 씨는 뒤쫓아 가지 않았을까요?" 코크란은 모두진술 때 배심원에게 질문하는 형식으로 변론했다. 변호인이 말한 '누구'란 바로 매리 거채스Mary Gerchas를 가리킨다. 그녀는 이들이 니콜 브라운과 로널드 골드먼을 살해했을 것이라고 추정했다.

그러나 여기에 대해 검사는 할 얘기가 많다고 한다. 크리스토퍼 다든 검사는 거채스의 전과 사실을 전했다. 검사는, 거채스가 보석점 주인인데 9건의 소송이 걸려 있고, 10,000달러의 부정수표를 사용한 사실과 메리어트 호텔에 23,000달러를 사기친 전력이 있다고 지적했다. 검사는 이런 사실로 미루어 그녀는 본 대로 말한 것이 아닐 것이라고 주장했다.

거채스는 이와 같은 언급에 대해 공식적인 반응을 보이지 않았다. 그렇다

매리 거채스는 범행이 나던 날 밤, 사건 현장 부근에서 한 무리의 스페인 사람 내지 백인이 털모자를 쓰고 뭔가를 들고 뛰어가는 것을 보았다. 거채스는 이들이 범인일 거라고 추정했다.

면 거채스 진술의 신빙성에 문제가 있을까? 법조인의 반응은 나뉘어졌다. 전과 사실이 있는 증인의 말도 신빙성이 없지 않다. 사실 검사들은 지저분한 전력이 있는 증인들을 신청한다. "제가 처리한 많은 사건에서, 검사들이 신청한 증인들에게 전과가 있었습니다." 로스앤젤레스 형사 변호사 지지 고든이 말했다. "검사들은 줄곧 교도소에 심어놓은 정보원들을 증인으로 신청합니다. 그렇다고 이런 증인들을 백조나 요정으로는 생각하지는 않겠지요?"라고 덧붙였다.

검사들도 이런 사실에 동의한다. "저는 살인범, 마약범 등, 온갖 범죄 전력이 있는 사람들을 증인으로 신청합니다. 전과가 증인을 신청하는 데 걸림돌이 되지는 않습니다" 전직 연방검사인 패트릭 코터Patrick Cotter가 말했다. 이제 그는 몬타나 대학교 로스쿨 교수로 있다. 코터는, 그렇지만 변호사는 증인을 세우기 전에 증인의 배경에 대해 조사해야 한다고 강조했다.

코크란은 거채스가 교회에 다니는 착실한 여성이라고 말했다. 배심원들이 그녀의 얘기를 들은 순간, 놀랄 것이라고 장담했다. "만약 이런 증거가 제출되면 매우 강력할 겁니다" 형사 변호사이자 시카고 겐토 대학 교수인 리차드 클링Richard Kling이 말했다. 그러나 클링은 수사 초기에 믿을 수 없는 정보를 수집했을 가능성에 대해서도 언급했다. "800명이나 됩니다." 코크란이 직통전화를 개설하자 심슨 사건에 정보를 제공한 사람들의 숫자다.

코크란은 모두진술 때, 거채스에 대해 처음 언급하였다. 그리고 증인들은 무서워서 증인석에 서지 않으려 한다고 말했다. 거채스를 증인으로 신청하려 할 때 다툼이 생겼다. 변호인은 이전에 거채스란 이름이나 그녀의 진술을 검찰에 공개하지 않았다. 캘리포니아 법에 따르면 이것은 증거개시에 위배된다. 그리고 이토 판사는 이러한 규칙을 위배한 변호사에 대하여 제재를 가하였다.[17] 검찰이 조사해 보니 거채스는 사기 등으로 34번씩이나 소송에 연루되었다. 거채스는 코크란 변호사가 모두진술 때 언급한 깜짝 놀랄 14명의 증인 중 한 사람이다. 코크란은 검사를 향해, 검사가 이런 거채스의 주장을 듣지 않았다고 비난했다.

크리스토퍼 다든 검사는 거채스가 "마약 복용, 절도, 중죄가 있고(…) 법원이 인정한 거짓말쟁이입니다"라고 주장했다. 다든은 거채스가 믿을 수 없는 사람이라고 강조했다. "우리가 이 증인을 안 지는 24시간이 채 되지 않습니다." 다든은 랜스 이토 판사에게 말했다. 그리고 로스앤젤레스 검찰청에 9건의 소송이 계류 중에 있다고 말했다.

거채스의 보석점은 캘리포니아 대학교 로스앤젤레스 캠퍼스 인근에 있다. 기자가 그곳으로 달려가자, 거채스는 인터뷰를 거절했다. "모든 사람이 저에게 아무 말도 하지 말라고 했습니다"라고 거채스는 말했다.[18] 이후 거채스는 차량을 담보로 대출받을 때 사기를 범한 사실로 재판을 받게 되었다. 거채스는 유죄 답변을 했고, 6개월의 징역형을 선고받았다.[19] 결국 심슨의 주요 증인이 사라진 셈이다.

폴리그래프 검사

심슨은 결백하다면서 샤피로 변호사에게 폴리그래프 검사를 받겠다고 제의하였다. 샤피로는 동의하고, 사설 검사소에서 검사받기로 했다. 심슨은 6월 14일, 절친한 친구 로버트 카다시안과 함께 겔브 사무소에 가서 폴리그래프 검사를 받았다. 그런데 검사 결과는 심슨에게 불리하게 나왔다. 여기에 대해 사립 탐정 윌리엄 디어는, 만약 아들 제이슨이 살해했다면 심슨은 일종의 책임감을 느꼈을 수 있을 것으로 본다. 그리고 심슨이 범행 현장에 가서 니콜의 시체를 보았다면 이 또한 검사에서 불리하게 작용할 수 있었을 것으로 추측한다.[20]

당시 심슨의 변호사로 일하던 리 베일리는 2000년에 들어서자 심슨이 폴리그래프 검사를 받은 사실을 언론에 털어놓았다. 그는 샤피로 변호사에게, 심슨이 정서적으로 매우 불안한 상태에 있으므로 폴리그래프 검사를 받아서는 안 된다고 말했다고 한다. "그만두라고 했습니다. 샤피로에게 그만두십시오 라고 말했습니다."

샤피로가 심슨으로 하여금 폴리그래프 검사를 받도록 했지만 다른 사람들은 그 사실을 몰랐다고 한다. 그래서 샤피로 변호사도 검사 결과를 알지 못했다고 주장했다. 그리고 심슨은 계속 폴리그래프 검사를 받은 사실을 부인해 왔다. 그런데 민사소송에서 로널드 골드만 가족을 대리한 원고 측 변호사는 심슨이 사건이 발생한 지 얼마 안 되어 폴리그래프 검사를 받았지만, 결과가 불리하게 나왔다고 주장했다.[21]

리 베일리가, 심슨이 폴리그래프 검사를 받은 사실을 밝혔음에도 심슨은 그 사실을 계속 부인했다. 심슨은 자신이 폴리그래프 검사에 통과하더라도 이런 검사 결과를 믿는 사람은 아무도 없을 것이라고 덧붙였다.[22] 그러나 심슨의 오랜 친구인 로버트 카다시안은, 심슨이 폴리그래프 검사를 받았다고 말했다. 그러나 검사 결과를 받아 본 심슨은 완전히 넋이 나갔다고 한다. "정

심슨은 결백하다며 겔브 사무소에 가서 폴리그래프 검사를 받았다. 그러나 검사 결과는 심슨에게 불리하게 나왔다. 형사재판 때에는 검사 결과가 증거로 제출되지 않았지만 민사소송 때에는 제출되었다.

신이 하나도 없어요" 당시 심슨은 말했다. "뭘 믿어야 할지 모르겠어요(…) 니콜의 이름을 들을 때마다 가슴이 마구 뛰었어요. 너무 정신이 없고, 그래서 결과가 이렇게 나온 겁니다."[23]

캘리포니아 증거법에 의하면 양측이 동의하지 않으면 폴리그래프 검사와 관련된 증거는 법정에 제출할 수 없다. 그래서 심슨이 폴리그래프 검사를 받은 것과 관련된 증거는 형사재판 때 제출되지 않았다. 그러나 민사소송 때 피고 변호사의 실수로 그만 심슨이 폴리그래프 검사를 받았다는 사실과 관련된 증거가 제출되었다.

제이슨의 편지

사립 탐정 윌리엄 디어는 제이슨의 쓰레기에서 '친애하는 제이슨 씨'라고 쓴 글을 발견했다. 디어가 언뜻 보기에 제이슨이 자신한테 쓴 글로 보였다고 한다.

친애하는 제이슨 씨

나란 사람을 아는 우리 셋만 남았군요.

진실되길 원했고, 진실하게 살길 원했는데 과연 그랬나?

이제는 낙오자요. 그 어떤 바른 일도 할 순 없군요.

아무리 일해도 배우는 게 없어요. 기억할 수도 없구요, 술, 술, 술이 모든 잘못의 뿌리예요. 옛날에는 꽤 괜찮은 나였으나 그런 모습 눈 씻고도 찾기 어렵구요. 나란 사람의 결백은 사라지고 열심이란 찾아볼 수도 없군요. 다른 무엇보다 의지나 정체성이 없어요. 무얼 해야 할지 모르겠고, 무얼 하려는 의지도 없어요. (…) 완전히 맛이 갔어요.

과거에 많던 계획들은 사라졌고, 이제는 무얼 해야 할지, 매일 술에 취하기만 할 뿐이죠. 깨진 유리 위를 걷는 기분이예요.

필자가 누굴까? 제이슨이 '셋'이라고 표현한 사람은 누구인가? 디어는 셋이란 제이슨의 여동생 애런Aaren, 심슨, 제이슨이라고 추측한다.

디어는 제이슨의 쓰레기더미에서 산타모니카 은행 거래내역이 있는 찢어진 봉투와 내용물도 발견했다. 그리고 이후 쓰레기더미에서 찢어진 수표도 발견했다. 이 수표에 이서된 사인을 통해 '친애하는 제이슨 씨'라고 적힌 편지가 제이슨이 자필로 쓴 것인지 조사했다. 디어가 전문 감정인에게 의뢰하자, 위 글이 제이슨의 자필로 쓴 사실이 확인되었다고 한다. 디어는 이 글이 제이슨의 자백이 아닐까 추정한다. 제이슨은 한동안 니콜 브라운과 같이 살았다. 따라서 니콜 브라운은 제이슨에 대해서 잘 안다. 디어는, 제이슨을 잘 아는 네 사람(제이슨, 심슨, 니콜, 애런) 중 니콜이 사라졌고, 여기에 대한 책임이 자신에게 있으며, 제이슨이 사건에 대해 진실을 얘기하고 있지 않는 자신을 책망하고 있다고 본다.[24] 그러나 이 편지는 배심원 앞에 제시되지 않았다.

12장

심슨 사건의 유산

"이 말을 내 좌우명으로서 고이 간직하리다."

셰익스피어의 《햄릿》에서

심슨 사건은 무엇을 남겼나

　　　　　　　　　　심슨에 대한 형사재판은 대중을 열광하게
만들었다. 이 사건은 과학증거, 배심 제도, 가정 폭력, 재판의 공개 등, 재판
제도 전반에 대한 논쟁을 불러일으켰다. 그리고 인종과 성별의 영향, 유명
변호사의 영향력에 대한 논쟁도 낳았다.

　심슨에 대한 형사재판은 1995년 1월 24일에 시작하여 TV로 생중계 되었
다. 1995년 10월 3일 배심원들이 무죄로 평결했다고 알리자, 미국 형사재판
에 대한 격렬한 논쟁이 다시 시작되었다. 심슨이 시카고로 돌아오던 날, 경
찰은 심슨에게 범행 시각의 알리바이를 물었다. 심슨은 자진해서 경찰에 출
석하겠노라고 약속했다. 그러나 심슨은 친구 앨런 카울링스와 함께 로스앤
젤레스 고속 도로에서 온 나라 사람들이 TV로 보는 가운데 서커스와 같은 느
린 추격전을 벌인 끝에 집으로 도착해서 체포되었다. 심슨은 처음에 하워드
와이츠먼을 변호인으로 선임하였으나 6월 17일, 변호인을 로버트 샤피로로
변경했다. 샤피로는 드림팀을 구성했다. 배심재판을 하는 데 아홉 달이 걸렸
다. 이토 판사가 사건에 대해서 토의하거나 다른 배심원을 괴롭히지 말 것을
지시하였음에도 이를 어긴 몇몇 배심원은 그만두어야 했다. 양측의 법률 대
리인은 서로에 대한 정중한 태도에서 벗어났다. 양측은 전문가 증인을 신청
하였고, 결국 과학증거가 법정에 제출되었다. 토크쇼, 언론, 슈퍼마켓의 광
고지 모두 이토 판사의 재판 진행 방식, 마셔 클라크 검사의 헤어 스타일, 로
스앤젤레스 경찰관 마크 퍼만의 인종차별 발언을 다루었다. 그리고 1995년
10월 3일 무죄 평결이 났다.[1] 1996년 10월 23일, 민사소송에서 101명의 증
인을 41일 동안 신문했다. 배심은 원고들에게 850만 달러의 손해배상금과
2,500만 달러에 이르는 징벌적 손해배상금을 주라고 결정했다.

　심슨에 대하여 무죄 평결이 있자 이와 같이 사법 제도 전반에 대한 논쟁
이 일었다. 그리고 형사 배심이 무죄로 평결하고 민사 배심이 배상을 명하

는 등 상반된 판결이 있자, 다시금 배심 제도 등에 대한 논쟁이 일었다. 그런데 2006년 봄, 멤피스 대학교 교수 웨인 피츠Wayne J. Pitts 등 여러 교수는 대학생 235명을 상대로 설문조사를 했다. 막상 조사해 보니, 심슨 재판이 남긴 문화적 유산은 학자들이 기대했던 것보다 빨리 소진될 것으로 예측됐다. 그리고 77.9%의 학생들이 TV를 보고 심슨 사건을 알게 됐다고 대답했다. 그러나 23.3%의 응답자만이 판결에 수긍했으며, 34.9%의 응답자는 평결 결과에 대해 승복할 수 없다고 대답했다.[2]

배심원은 어떤 관점에서 판단했나

미국 상원의 사제司祭 채플린 할버슨 Chaplin Halverson[3]은 1994년 6월 23일, 의회를 시작할 때 심슨을 위해 기도했다. 빈센트 버글리오시는 과거 로스앤젤레스 지방검찰청 검사였다. 그는 검사로 재직할 때 106건의 배심재판에서 105건의 유죄를 이끌어 냈고, 21건의 살인 사건에서 모두 유죄를 받아 냈다고 자부한다. 버글리오시는 이런 분위기가 배심이 무죄 평결을 하는 데 상당히 기여하였으리라고 본다. 버글리오시는 사건을 처음 접할 때부터 심슨이 범인이라는데 추호도 의심이 없었다고 한다. 그러나 검사라도 아무런 선입견이나 편견 없이 여러 가능성을 열어 두고 사건에 임해야 한다. 이런 〈닫힌 태도〉는 전형적으로 〈터널 시야〉를 가져온다. 다시 말해, 심슨이 범인이라고 단정해 버리면 수사나 재판 때 다른 증거나 가능성을 무시하게 된다.

변호인이 인종주의 카드를 꺼내 든 후의 여러 여론조사에 의하면, 미국의 흑인 다수가 심슨이 인종차별을 받아 경찰에 의해 옭아매여졌다고 생각한 것으로 드러났다. 버글리오시는 증거의 허용성을 따지는 〈관련성〉에 의할 때, 인종주의와 관련된 증거는 부당한 선입견과 편견을 낳게 되므로 허용되어서는 안 된다고 주장한다. 그럼에도 법원이 변호인으로 하여금 인종주의 카드를 꺼내 드는 것을 허용한 탓에 배심원들이 인종주의 관점에서 심슨 사건을 바라보게 되었다고 주장한다.[4] 그러나 이토 판사는 수색영장 없이 수집한 피 묻은 장갑이나, 사건과 관련성이 떨어지는 심슨의 가정 폭력에 대한 증거도 모두 허용했다. 사실 이러한 재판 진행은 증거법이라는 잣대를 엄격하게 들이대면 맞지 않아 보인다. 그러나 이토 판사가 폭넓게 증거를 허용한 것은 편견과 재판의 공정성이란 시비에 휘말리지 않기 위해 나름의 고육지책을 강구한 것으로 비친다.

레너드 베인스Neonard Baynes는 웨스턴뉴잉글랜드 대학교 교수이다. 베인스는 민사소송에서 피고 측의 전략은 백인이 다수인 배심 앞에 먹혀들지 않았다고 본다. 그 이유는 다음과 같다고 본다.[5]

첫째, 백인 배심은 야만적인 흑인이라는 선입견에 사로잡혀 있었다.
둘째, 백인들은 경찰의 인종주의와 부패를 경험하지 않았다. 백인사회에서 경찰이란 시민에 대한 공복이다.

그러면 베인스의 이런 진단이 옳을까? 인종주의가 백인 배심에게 어느 정도까지 영향력을 미쳤는지 확인할 순 없다. 그러나 배심은 원칙적으로 민사소송의 입증 원칙에 따라 증거를 판단하였을 것이다. 따라서 이런 베인스의 진단은 인종주의에 지나치게 치우친 것이다.

인종과 성별이 좌우했나

흑인 여성이 다수인 형사 배심은 심슨에 대하여 무죄로 평결했다. 그러나 백인이 다수인 민사 배심은 심슨에게 배상명령을 내렸다. 이에 따라 인종과 성별에 의해 결과가 갈리어졌다고 보는 이도 있다. 다른 한편으로 형사재판은, 흑인 남자가 백인 여자와 결혼하였지만 흑인 여자에 의해 판단받은 사건이라고 보는 이도 있다. 많은 이들은 형사 사건에서 여성이 주도했다고 본다. 피해자인 니콜 브라운은 여성이었고, 검사 마셔 클라크도 여성이었으며, 배심원의 다수도 여성이었다. 평결 결과가 나자 흑인 여성은 하늘을 보고 웃었고, 백인 여성은 말문을 열지 못한 채 흐느꼈다고 한다. 배심원 중 10명이 여자였고, 8명이 흑인이었다.

가르세티 검사는 산타모니카 법정이 아닌 폴츠 법정을 택했다. 여기 배심원 후보들은 대다수가 흑인이다. 가르세티는 편리와 안전, 언론 접근성을 고려해서 이곳으로 택한 것으로 보인다. 이에 대해 형사 변호사 할랜드 브라운 Harland Brown은 흑인이 다수인 배심원이 평결하는 것이 인종 문제에서 자유롭다고 말한다. 물론 이런 측면도 작용했을 것이다. 가르세티는 폴츠 법정에서는 예비심문보다 대배심에 의한 기소로 가기 쉽다고 보았다. 이것이 검사에게 상당한 득이 된다는 것이다. 왜냐하면 대배심 절차는 비공개로 하고, 변호인이 참여하지 않는다. 그래서 검사는 재판 전에 공소 사실을 공개할 필요가 없게 된다. 로스앤젤레스 시내에만 대배심이 있다. 그래서 법정을 옮기기로 한 것이다. 그런데 예상 외로 대배심에 의한 기소가 기각되었다. 왜냐하면 재판을 둘러싸고 과도하게 언론에 노출되었기 때문이다. 이러한 보도의 진원지는 바로 경찰과 검찰이었다. 여성 배심원이 다수인 것은 우연이었다. 변호인은 여성이 너무 많으면 심슨의 전처에 대한 폭행 전력이 심슨에게 불리하게 작용하지 않을까 염려했다고 한다. 변호인단은 〈매맞는 여성 증후군〉[6]에 대한 세계적인 심리학자 르노 워커 박사를 영입해서 가정 폭력의 과학적 허용성에 대해 검토하도록 했다. 워커는 심슨의 가정 폭력 전력이 야만적인 살인 사건과 연결되지 않는다고 결론 내렸다. 그럼에도 검사가 심슨의 가정 폭력 증거를 제출한 이유는 심슨의 대중에 대한 좋은 이미지를 희석시키려는 데 있었다. 변호인은 가정 폭력과 살인은 관련성이 없다면서 이러한 증거를 허용하면 배심원이 혼란에 빠지게 된다고 주장했다. 그러나 이토 판사는 "니콜 브라운에 대한 과거 폭행 사실은 살인의 동기와 의도, 계획과 범인의 정체와 관련되므로 허용한다"고 결정했다. 대개 살인 사건에서 검사는 기억을 떠오르게 하는 〈회상 기법〉을 쓴다. 이에 따라 검사는 시체, 검시, 사건의 원인, 범행 현장에 대한 증거를 맨 먼저 제출한다. 그러나 심슨 사건에서 검사는 이러한 물적 증거 대신, 가정 폭력 증거를 먼저 제출했다.

인종과 성별이 심슨 사건에 어떤 영향을 끼쳤는지에 대해 형사재판에 참여한 심슨의 변호사 중 한 사람인 앨런 더쇼위츠Allen Dershowitz는 다음과 같이 진단 내린다. 인종 문제는 미국 재판에서 가장 두드러진 현상 중 하나다. 많은 연구에 의하면, 백인 배심은 흑인 배심에 비해 흑인을 유죄로 보는 경우가 많다. 그리고 흑인 피해자가 있을 경우, 백인을 무죄로 보는 경우가 많다고 한다. 인종과 평결에 대한 연구는 상반된 견해를 보여 준다. 한 연구에 의하면 흑인 배심, 특히 흑인 여성의 경우 좀 더 피고인을 유죄로 보는 경향이 있다고 보고했다. 그러나 다른 연구에 의하면, 흑인 배심은 백인 배심에 비해 흑인 피고인을 덜 유죄로 평결한다. 이러한 인종과 배심에 대한 연구를 종합하면, 인종주의가 직접적으로 영향을 끼치는 것은 아니다. 배심원들이 증거를 바라볼 때 인종주의는 간접적으로 영향을 끼치는 것으로 나타났다. 검사는 배심원의 다수가 여성인 것을 보고 가정 폭력 문제를 맨 먼저 들고나온 것이다. 다시 말해, 니콜 브라운은 가정 폭력의 희생자란 것이다. 그러나 인종 문제가 배심원에게 더 영향력을 크게 미친다면 가정 폭력범인 심슨이 살인범이라는 논리보다 인종에 의한 편견이 더 좌지우지할 것이다. 어쨌든 인종과 성별이라는 문제는 배심원이 드러내 놓고 밝힐 문제가 아니므로 수면 아래에서 작용했을 것이다. 그러면 인종 문제와 성별 문제 중 누가 승리한 것일까? 성별 문제보다는 인종 문제가 앞설 것이라는 평론가들이 많았다. 그들은 인종 문제가 배심원들의 생각과 믿음에 더 크게 작용한다고 믿는다. 매일 매일 접하는 일상 생활에서 성별보다는 인종 문제가 더 피부에 다가온다는 것이다. 많은 흑인 여성들도 일상 생활에서 성별보다는 인종 문제를 더 민감하게 느낀다고 말한다.

서던캘리포니아 대학교 아동복지과 교수 도나 프랭클린Donna Franklin은 "흑인 여성은 백인 피해 여성보다 흑인 피고인을 선호한다고 봅니다. 왜냐하면 인종주의가 여성주의를 추구하는 것을 막기 때문입니다"라고 주장했다. 몇몇 배심원은 실제로 경찰의 잘못된 행동이 심슨의 가정 폭력보다 심슨이 결백하다는 사실에 대해 좀 더 관련성이 있다고 보았다고 말했다. 코크란의 인종주의 발언이 배심원에게 어떤 영향을 끼쳤는지는 아무도 모른다. 그러나 배심원들은 코크란의 표현보다는 증거에 대한 그의 변론에 집중해서 들은 것으로 보인다. 배심원의 평결이 있은 후 산더미 같은 증거가 있음에도 인종주의에 의해 잘못된 유죄 평결이 났다고 비판하는 사람들이 많았다. 그러나 이러한 비판에 대하여 인종주의는 평결에 영향을 미치지 않았다고 반박하는 이들도 많다.[7]

그러면 형사재판과 상반된 결과가 나온 민사소송에선 백인이 다수인 배심원에게 인종주의가 작용했을까? 인종주의가 수면 아래에서 작용했는지는 알 길이 없다. 그러나 형사재판과 민사소송에서 입증의 책임은 확연하게 다르다. 미국의 법과 대학에서 배울 때, 법학도들은 민사소송에서는 원고의 입증 책임은 〈증거의 우월preponderance of the evidence〉로 표시되고, 완벽하게 입증된 상태가 1이라 할 때 원고가 입증할 개연성 정도는 0.5로 표시된다는 얘기를 듣는다고 한다. 형사소송에선 검사가 〈합리적 의심이 없는 입증〉을 해야 하고, 개연성 수치는 0.9 또는 0.95로 표시된다는 말을 듣는다고 한다. 물론 대부분의 법원에서는 검사의 입증 책임의 정도를 이렇게 수치로 표시하지는 않는다.[8] 이와 같이 민사소송과 형사재판의 입증 책임이 다르기 때문에 상반된 결과가 나올 수 있다. 더구나 형사재판의 피고인에게는 묵비권이 있다. 따라서 심슨이 묵비권을 포기하고 스스로 증인석에 서지 않는 한, 심슨을 증인으로 불러 물어볼 수는 없다. 그러나 민사소송에서 심슨은 증인으로 섰다. 증인으로 나선 심슨은 여러 물적 증거에 대해 납득할 만하게 설명하지 못했다. 이와 같이 형사재판과 민사소송의 입증책임이 확연하게 다르고, 민사소송에서 원고 측의 전략이 맞아 떨어짐으로써 민사소송의 배심원들이 심슨에게 배상을 명했을 것으로 보는 것이 맞지 않을까?

변호인과 검사의 역할은 무엇인가

심슨 사건 후 쏟아진 비판 중의 하나가 돈이 모든 결과를 만든다는 것이다. 심슨이 변호사 비용으로 많은 돈을 썼다고 지적한다. 그러나 심슨 사건의 경우, 다른 사건보다 많은 시간이 들었다. 그러나 이 사건은 주로 가난한 피고인의 처지와 대비해서 언급된다. 과연 가난한 피고인이 심슨과 같이 검사를 상대로 그렇게 잘 싸울 수 있을까? 이러한 측면에서 보면 사실 공평하지 않다. 가난한 피고인은 심슨 변호인단과 같은 혜택을 볼 순 없다. 그리고 부유한 심슨이 유능한 변호인을 선임할 수 있었던 것도 사실이다. 그러나 변호인은 그들의 시간과 자원을 투입해서 변론하는 것이 직업이므로 어쩔 수 없는 부분도 있다.

이 문제와 관련해서 더쇼위츠는 이러한 불공평을 들자면 가난한 피고인과 부유한 피고인과의 문제보다는 변호인과 검사의 불공평을 먼저 얘기해야 한다고 목소리를 높인다. 더쇼위츠의 주장은 다음과 같다. 심슨 사건에서 검찰은 변호인에 비해 압도적으로 우월한 자원을 가동했다. 사실 심슨 사건에서 변호인은 10여 명에 불과했지만 검찰은 50여 명에 가까운 검사를 가동했다. 로스앤젤레스 검사보가 쓴 기록에 의하면, 검찰은 로스앤젤레스 검찰청이 생긴 이래 가장 많은 자원을 투입했다고 한다. 로스앤젤레스 검찰청에는 1,000여 명의 검사가 있다. 나아가 변호인단은 단지 몇 명의 사립 탐정에 의존한 수사 인력을 갖추었지만, 경찰은 로스앤젤레스 경찰청, 연방 범죄수사국, 시카고 경찰청, 국제 범죄수사국까지 포함하면 만여 명의 인력을 보유하고 있다. 부유한 피고인이 법률 조력을 더 받는 것이 사실이지만, 그렇다고 모든 부유한 피고인이 무죄를 선고받은 것이 아니라는 것이다. 사건에 비집고 들어갈 틈이 있고, 거기에 변호인이 변론할 여지가 있어야 성과로 나타난다. 심슨은 다행히 부유했고, 저명한 법과학자를 영입하여 증거의 허점을 파고들 수 있었다. 사실 변호사비란 쓴 만큼 효과가 나타나는 것이 아니다. 심슨 사건에서는 다행히 모든 측면에서 다투어 볼 여지가 많았다. 그래서 모든 측면에서 새롭게 조사하고 검찰 증인들을 반박해 간 것이 주효했던 것이다.[9]

더쇼위츠는《합리적 의심》에서 검사와 변호인의 역할에 대해선 많은 사람들이 오해한다고 적고 있다. 심슨 사건이 끝나고 몇 주 후 더쇼위츠 부부는 뉴욕시 메디슨가街를 걸어가고 있었다. 이때 잘 차려입은 여인이 다가와서 말하길, "전에는 당신을 무척 좋아했답니다. 그런데 이젠 실망했어요. 내 남편은 더 심한 말을 했어요"라고 말했다고 한다. 사실 피고인의 변호인은 대중들이 싫어하는 사람들을 변호한다. 심슨 사건에 대하여 많은 사람들이 정의가 무너진 것이고, 불법이 세워진 것이라고 생각했다. 심슨 사건 후 많은 사람들이 더쇼위츠에게 전에는 '좋아했는데 이제는 그렇지 않다'는 편지를 보냈다고 한다.[10]

특히 조니 코크란이 법정에서 인종주의 카드를 꺼내 든 것에 대해 말이 많았다. 심슨 변호인에게 쏟아진 비판 중의 하나가 추잡한 수법으로 의뢰인을 변호했다는 것이다. 다시 말해 의뢰인을 위해 진실을 왜곡했다는 것이다. 사실 변호인의 주된 임무 중의 하나가 의뢰인의 유죄를 막는 것이다. 그래서 위법하게 수집된 증거가 법정에 제출되지 않도록 방어한다. 그것이 진실을 방해한다고 비칠지 모르지만 이는 더 큰 가치를 지향하고 있다. 더쇼위츠는 사실, 심슨 사건에서 변호사나 검사 모두 전례가 없는 재판 공개로 대중에게 낱낱이 까발려져서 그로 인해 많은 압박을 받았다고 한다. 그래서 솔직하게 말하자면, 양측 모두 실수를 저질렀고, 이성을 잃고 사소한 것에 몰두한 측면이 있었다고 실토한다. 그리고 언론은 양측의 전문성이나 객관성을 보도한 것이 아니라 어느 측이 그들의 고객을 더 잘 옹호했느냐에 초점을 맞추어 보도했다. 더쇼위츠는 공정성과 효율성으로 평가하자면 검찰이 변호인에 비해 못했다고 자신의 입장을 옹호한다. 더쇼위츠에 의하면, 검찰은 수시로 정보를 흘렸고, 언론 홍보에 열을 올렸다.[11]

검사가 변호인에 비해 더 좋은 인상을 주는 것은 몇 가지 이유에서이다. 검사는 법과 질서를 대변한다. 이들은 피해자와 시민, 국가를 대변한다. 검사는 범인을 기소하며, 시민의 공복이며 진실과 천사의 편에 선 듯하다. 변호인은 반대로 피고인을 대변한다. 그리고 대다수 피고인은 무죄가 아니다. 변호인은 권리를 들먹이며, 소송기술을 동원하여 관련있는 증거를 배제시킨다. 그리고 유죄를 입증하는 증거를 막는다. 변호인은 선임되는 것이지 임명되는 것이 아니다. 그리고 일을 해서 돈을 번다. 그리고 변호인은 합법적이고 윤리적인 테두리를 벗어나지 않은 선에서 무죄를 받기 위해 모든 방법을 동원한다. 사실 미국에선 시민의 자유를 위해 애쓰는 좋은 변호인은 선거에서 이길 수 없다고 한다. 인기 없는 사건에 매달려야 하므로 선거에서 이기기 힘들다. 반대로 검사는 좋은 시민이란 인상을 남긴다. 그래서 미국에선 검사란 직업이 선거를 위한 교두보가 된다는 것은 잘 알려진 사실이라고 한다.[12]

언론은 무엇을 보도했나

심슨의 형사재판에 대해 NBC 방송국의 〈오늘Today〉의 PD는 "생애 가장 큰 얘깃거리"라고 말했다. 이 사건은 시작 초기부터 엄청난 언론의 관심을 끌었다. 시체가 발견된 지 두 시간이 지나자 사실에 입각한 즉석본 발간이 제안되었으며, 몇 주 만에 발간하기로 기획되었다. 《로스앤젤레스 타임즈》는 살인 사건이 발생한 이후 300일 내내 심슨 사건을 1면에 게재했다. 대형 3사의 저녁 뉴스는 보스니아 내전과 오클라호마 시청사 폭파 사건보다 심슨 사건을 더 심도 있게 다루었다. 방송사들은 열정적인 시청자들을 충실하게 섬겼다. 한 회사는 근로자들이 일하는 대신 심슨 사건에 집중하느라 전국적으로 400억 달러의 생산성 감소가 있었다고 추산했다. 《투나잇 쇼Tonight Show》 진행자 제이 르노Jay Leno는 재판을 풍자하는 극과 판사복을 입은 댄싱팀이 춤추는 이벤트를 연출했는데, 이 쇼는 인기 있는 방송 프로그램이 되었다. 심슨은 영화 배우로서의 경력을 제외하더라도 NBC, ABC 양사의 스포츠 해설자로 일했고, 언론계에 많은 친구가 있었다. 그리고, 언론계와 깊은 관계를 맺고 있어 많은 방송사는 심슨 사건을 드라마로 만들어 TV로 방송하는 걸 주저했다. 《폭스Fox》만 예외로, 1995년에 심슨 사건을 드라마로 방송했고 몇 년 후 CBS도 같은 방식으로 방송했다.

언론 보도는 그 자체로 가끔씩 논쟁거리가 되었다. 비디오 카메라를 법정 안으로 불러들일지가 이토 판사가 한, 첫 번째 결정이었다. 결국 생방송 카메라에 의한 보도가 허용되었다. 후일 이러한 결정으로 인해 이토 판사는 법조인으로부터 비판받았다. 이토 판사뿐 아니라 검사 마셔 클라크, 경찰관 마크 퍼만, 심슨의 지인 케이토 캘린은 언론 보도와 재판 공개로 영향을 받았다고 말했다. 1994년 6월 27일 《타임Time》은 커버 스토리로 〈미국의 비극An American Tragedy〉을 다루면서 오 제이 심슨의 사진을 표지에 실었다. 이 표지 사진은 다른 잡지의 전형적인 사진보다 어두웠으며, 원판보다도 어두웠다. 이 사진은 결국 미디어 스캔들의 대상이 되었으며, 타임이 사진을 조작해서 더 어둡게 표현했음이 드러났다. 평론가들은 타임이 이렇게 한 의도는 심슨을 좀 더 공격적으로 보이게 하기 위함이라고 지적했다. 이 표지 사진은 〈인종주의 편집〉과 〈선정 언론〉이라는 많은 비판을 받았고, 결국 타임은 사과했다.[13]

《타임》은 1994년 6월 27일 자 표지 사진에 심슨의 사진을 실었다. 편집부는 심슨의 얼굴색을 어둡게 하고 수감번호도 축소했다. 경쟁사 《뉴스위크》도 똑같은 사진을 실었지만 편집하지 않고 그대로 내보냈다.

심슨 재판과 배심 제도

같은 사건을 두고 형사 배심은 심슨에게 무죄로 평결했고, 민사 배심은 심슨이 두 명의 피해자에 대한 불법행위 책임이 있다고 평결했다. 이러한 엇갈린 결과를 두고 배심 제도도 도마 위에 올랐다.

호주 태즈메니아 주 대법원판사 라이트Wright가 은퇴하면서, 특히 성폭력 사건과 관련된 배심 재판에 대해 불만을 토로한 적이 있다. 라이트 판사에 따르면, 많은 사건에서 배심은 상당히 신빙성 있는 증인이 있고, 객관적인 증거가 있는데도 무죄로 평결한다고 한다. 또한 사건에 따라서는 적당히 타협해서 평결 사이에 일관성이 없다고 지적한다.[14]

배심 제도는 항상 논란의 대상이 되어 왔다. 그러나 배심 제도가 민주주의를 구성하는 핵심 요소라는 데 토를 다는 사람은 없다. 그리고 형사재판은 배심 제도와 더불어 발전해 왔다. 다시 말해, 배심 제도는 민주사회의 핵심 요소이자, 형사재판의 요체이다. 성폭력 사건에서 유독 배심의 무죄율이 높은 것은 합리적 의심 원칙과 관련 있다. 다시 말해 성관계 때 〈진정한 동의〉가 있었는지에 대한 입증이나 판단이 어렵다. 따라서 다양해지는 성관계 현상에 대응해서 법률 제도를 다듬어야지, 배심에 대해 불만을 토로하는 것은 옳지 않다고 본다. 나는 심슨 사건에서 민사 배심과 형사 배심이 상반된 결과를 내린 것은 정확한 평결이었다고 본다. 특히 심슨 사건과 같이 여론의 집중포화를 받은 사건에서 전문 직업 판사가 판결하였을 경우, 시민들이 과연 그 결과에 승복할 수 있었을까? 그 후폭풍을 누가 감당할 수 있을까? 라는 생각도 든다.

재판에서의 대화 분석이란

탤컷 파슨스의 지도를 받아 박사 학위를 취득한 사회학자 해럴드 가핑클Harold Gafinkel[15]은 사회 질서를 이루는 토대를 분석할 때 하향식 접근법이 아닌 상향식 접근법을 사용하자고 제안했다. 가핑클에 의하면, 사람들이 일상생활에서 어떤 상호작용을 벌이는지 관찰함으로써 사회 질서가 작용하는 원리에 대한 통찰력을 얻을 수 있게 된다. 가핑클이 제안한 방법론을 〈민속방법론ethnomethology〉이라 부른다. 가핑클은 우리가 사회 질서를 쉽게 알아차리는 예로 재판과 줄서기를 든다. 가핑클이 제시한 방법론은 이제 사회 질서를 분석하는 데 하나의 방법론으로 자리 잡고 있다. 민속방법론은 제도나 대화를 연구한다. 가핑클은 사회 연구자들이 사례에 나온 증거를 이용해서 자신의 이론을 뒷받침하지만 이와 동시에 그 사례를 설명하기 위해 자신의 이론을 사용한다고 본다. 이를 〈순환 논증〉이라고 비판한다. 민속방법론자들은 대신 개개의 사회적 상호작용을 연구한다. 예를 들어 법정이나 치료실, 경찰서와 같은 제도적인 환경에서 일어나는 일상적인 사례를 연구한다. 사람들은 이러한 실천적인 절차를 수행함으로써 일상생활을 영위하고, 이를 통해 수사와 재판, 의료행위라는 제도적인 산물을 만들어 낸다.

다음으로 대화가 모든 인간관계의 근간이라는 것을 전제로 하여 대화를 분석한다. 이를 위해 사용하는 단어뿐 아니라 머뭇거림, 말의 단절, 다시 시작함, 숨쉬는 소리 등 언어 이외의 행위도 분석한다.[16] 가핑클은 사회 세계가 안정성을 유지할 수 있는 것은 사람들 사이에 공유되는 의미가 합치되어서가 아니라고 본다. 오히려 일관성을 유지해 가고자 끊임없이 서로의 의도와 해석을 탐색하고 조율하는 묵시적인 활용의 방식에서 비롯된다고 본다. 민속방법론에서 하는 대화 분석이란 다음과 같다. 대화라는 것이 상대방이 이해할 수 있게끔, 사회 구성원들에 의해 일련의 방식으로 구성된다는 사실을 관찰하자는 것이다. 대화자 사이의 의사소통에서 탐색의 과정을 거쳐 애매모호함을 파헤쳐 가자는 것이다.[17]

재판에서의 의사소통도 결국, 〈공정한 규칙〉을 정해 두고 사실 발견이라는 목표를 향해 양 당사자가 대화를 통해 모호함을 제거하여 판결이라는 결론에 도착하는 도구라 할 수 있다. 군이 민속방법론을 들먹이지 않더라도 법정에서 대화와 재판에 참여하는 사람들의 실천적인 행위 수행은 사회규범을 생성하는 데 매우 중요한 역할을 한다. 그리고 이러한 재판을 둘러싼 제도적인 환경과 대화를 분석하는 것은 소송 규칙에서 드러나지 않는 사회규범의 참모습을 연구하는 작업이기도 하다. 그러므로 심슨 사건에서 변호인과 검사, 증인, 원고와 피고 변호사의 대화를 분석하는 것은 형사재판과 민사소송 규칙에서 드러나지 않는 재판에서 이루어지는 사회규범의 참모습을 밝히는 작업인 것이다!

13장

심슨의 여정

"이 폭풍을 견디어 낼 수는 없을 거요."

셰익스피어의 《오셀로》에서

다른 법적 분쟁들

심슨은 캘리포니아에서 플로리다로, 다시 마이애미로 이사를 다녔다. 캘리포니아 주 당국에 의하면, 심슨은 144만 달러의 세금을 체납하고 있었다. 1999년 말, 심슨은 자신의 이름인 '오 제이 심슨O. J. Simpson'과 '오 제이O. J.', 자신의 별명인 '더 쥬스The Juice'를 피규어, 상품, 스포츠 의류, 메달, 코인, 선불 전화카드를 포함한 폭넓은 재화에 사용하는 상표로 등록하려고 시도하였다. 그러나 윌리엄 리치William B. Ritchie란 사람이 연방 특허청에 이의를 제기하면서, 이런 짓은 부도덕하다고 비난하였다. 그러자 심슨은 2000년에 이 신청을 포기하기에 이른다.

2000년 12월, 심슨은 마이애미 데이드에서 체포되었다. 그로부터 사흘 전, 교통 분쟁으로 심슨이 다른 운전자와 시비하다가 안경을 잡아 당긴 사실과 사용하지 않던 차량을 점거한 사실과 관련해서 이것이 폭행죄와 강도죄가 될지 문제되었다. 만약 심슨이 폭행죄와 강도죄로 유죄 판결을 받으면 16년 이상 수감해야 된다. 그러나 심슨은 신속하게 재판에 대응하여 2001년 10월, 두 건에 대하여 모두 무죄를 선고받았다.

2001년 12월 4일, 연방 범죄수사국은 마약 소지와 자금세탁 혐의로 심슨의 마이애미 주택을 수색했다. 마약 거래와 관련하여 다른 10명의 피의자도 체포되었다. 연방 범죄수사국은 두 시간 가량 철저하게 심슨의 집을 수색했다. 그러나 마약은 발견되지 않았다. 그래서 기소도 없었다. 그러나 수사관은 심슨 집에서 위성TV 프로그램을 훔칠 수 있는 장비를 발견했다고 전했다.

2002년 7월 4일, 심슨은 마이애미 데이드에서 다시 구속되었다. 플로리다에서는 해우보호 구역을 철저하게 지키는데, 심슨은 이 구역에서 보트 운행 규정을 위반하였다. 당시 심슨의 형사 변호사인 예일 카미자르Yale Kamisar가 보트에 부과된 과태료를 대신 내주었고, 심슨은 과속에 따른 벌금을 냈다.

2004년 3월, 지역 위성TV 회사는 마이애미 법원에 심슨이 불법 전자장비를 이용해서 방송 채널을 훔쳐본다면서 소송을 제기했다. 이 회사는 심슨을 상대로 법원으로부터 25,000달러를 배상하라는 승소 판결을 받아냈다. 심슨은 여기에 덧붙여 33,678달러의 변호사 비용도 지출하였다.[1]

라스베이거스 강도 사건

2007년 9월 기념품상 알프레드 비어즐리 Alfred Beardsley는 다른 상인 토마스 리치오 Thomas Riccio란 사람에게 라스베이거스에 오 제이 심슨의 기념품이 많이 있다고 귀뜸해 주었다. 리치오는 이 소식을 심슨에게 전했다. 그러자 심슨은 그 물건들은 원래 자기 거였는데 도난당했다고 말했다. 심슨은 원래 그즈음 라스베이거스에 열리는 결혼식에 갈 계획이 있었다. 그래서 결혼식에 참석할 겸 자신의 기념품도 회수하기로 마음먹었다. 리치오는 팰리스스테이션 호텔 객실을 빌렸다. 비어즐리는 기념품상이자 심슨의 친구이기도 한 브루스 프로몽 Bruse Fromong에게, 한 부유한 수집가가 심슨의 기념품에 관심이 있다고 말했다. 그때까지 프로몽과 비어즐리는 그 부유한 수집가란 사람이 바로 심슨인 줄 몰랐다. 리치오는 비어즐리와 프로몽에게 팰리스스테이션 호텔 객실에 기념품을 잘 전시해 두라고 말했다. 2007년 9월 13일 저녁 7시 30분에 결혼피로연이 마치자 심슨은 다섯 명의 지인들과 함께 팰리스스테이션 호텔에 도착했고, 로비에서 리치오를 만났다. 그리고 심슨 일행은 호텔 객실 1203호로 들어갔다. 심슨은 지인들에게 아무도 객실에서 나가지 말라고 요구했다. 그리고 심슨과 비어즐리는 기념품의 출처를 두고 말다툼을 했다. 그때 심슨의 친구이기도 한 마이클 맥클린턴 Michael McClinton은 총으로 프로몽을 위협했다. 그리고 일행은 심슨의 기념품을 베갯잇에 넣어 객실을 떠났다. 그리고 이들은 야구선수 피트 로즈 Pete Rose[2]가 사인한 야구공과 미식축구 선수 조우 몬태나 Joe Montana[3]가 남긴 기념품도

가지고 갔다. 범행을 하는 데에는 6분이 채 걸리지 않았으며, 이들은 모두 팜스카지노 리조트Palms Casino Resort로 돌아갔다.[4]

그 다음 날 심슨은 자신이 지휘하는 무리가 호텔에 들어가서 권총으로 위협하고 스포츠 기념품을 강취하였다는 혐의로 경찰에서 조사받았다. 재판기록에 따르면, 기념품 중에는 심슨이 미식축구 선수 시절 입던 선수번호 32번이 적힌 선수복, "2003야드"라 쓰고 심슨이 사인한 미식축구공, 심슨이 자필로 "평안이 가득하길"이라고 쓴 미식축구공 등이 있었다.[5] 살인 사건 후 심슨은 기념품을 다른 사람에게 맡겨 두었는데, 이것이 브루스 프로몽에게 흘러 들어간 것이다. 프로몽은 경찰에서, 심슨 일행이 객실에 침입하여 권총으로 위협하고 여러 기념품을 강취했다고 진술했다.[6] 심슨은 훔친 물건을 가지고 간 사실은 시인했지만 호텔에 침입한 사실은 부인했다. 또한 심슨이나 다른 사람이 권총을 소지한 사실도 부인했다. 심슨은 조사를 받은 뒤 바로 풀려났다.

이틀 후, 심슨은 보석 조건 없이 체포되었다. 다른 세 명과 함께 심슨은 강도 공모, 감금, 폭행, 강도, 무기 사용죄를 포함한 중죄 혐의를 지고 있었다. 이후 보석금 125,000달러와 다른 공범과 연락하지 않는다는 약정, 그리고 여권을 내놓는 조건으로 보석이 허락되었다. 심슨은 유죄 협상을 하지 않았다.

2007년 10월 말, 세 명의 공범은 검사와 유죄 협상을 했다. 월터 알렉산더 Walter Alexander와 찰스 캐시모어Charles H. Cashmore는 심슨과 공범에 대하여 증인으로 서고, 심슨이 강도 행각을 벌일 때 권총을 사용하였다는 사실을 증언하는 것을 조건으로, 감형받기로 검사와 협상했다. 공범 마이클 맥클린턴은 판사에게 유죄 답변을 할테니 감형해 달라고 하면서, 심슨이 강도할 때 권총을 사용한 사실을 증언하겠다고 약속했다. 이들에 대한 증인 신문이 마치자, 판사는 심슨에게 강도죄로 재판받으라는 명령을 내렸다.

예비심문 때, 심슨을 재판에 회부할지 심리하였다. 결국 심슨에 대하여

12개에 달하는 공소사실로 재판받기로 결정이 났다. 2007년 11월 29일, 기소 인부 때 심슨은 무죄 답변을 하였다. 법원은 2008년 5월 22일, 400명의 배심 원단에게 115개의 항목으로 질문하기 위한 장시간의 심문 기일을 열었다. 재판은 2008년 4월부터 그해 9월까지 계속되었다.

2008년 1월, 심슨은 플로리다에서 구속되어 라스베이거스로 이송되었다. 공범 클라렌스 스튜어트Clarence C. J. Stewart와 접촉해서 보석 조건을 위반하였다는 이유로 구속된 것이다. 지방검사 데이비드 로저David Roger는 지방법원 판사 재키 글래스Jackie Glass에게 심슨이 보석 조건을 위반하였다면서 이와 관련된 증거를 제출했다. 2008년 1월 16일 심문 기일이 열렸고, 판사는 심슨의 보석금에서 25,000달러를 더 올렸다. 그리고 보석금 중 15%를 현금으로 납부할 때까지 교도소에 수감되어 있을 것을 명령했다. 심슨은 그날 저녁 보석금을 내고, 그 다음 날 마이애미로 돌아갔다.

심슨과 공범들은 2008년 10월 3일, 모든 공소사실에 대하여 유죄 판결을 받았다. 심슨의 변호사들은 재판 절차상의 오류를 사유로 해서 〈재심trial de novo〉을 열어 달라고 신청했다. 두 명의 흑인 배심원이 기피되었고, 증거가 불충분하다는 게 그 이유다. 심슨의 변호인 예일 걸랜터Yale Galanter는 법원이 이러한 신청을 받아 주지 않으면 네바다 주대법원에 상고할 것이라고 말했다.

심슨의 공범 스튜어츠도 피고인들이 분리되어 재판받지 않았고, 배심장 폴 코넬리Paul Connelly가 선입견에 따라 잘못된 행동을 했다면서 재심을 허락해 달라고 신청했다.[7] 심슨은 감금죄로 가석방부 종신형이, 무장강도죄로 징역형에 처해질 운명에 놓였다. 2008년 12월 5일, 심슨은 9년 뒤인 2017년에야 가석방이 가능한 33년의 징역형을 선고받았다. 2009년 9월 4일, 네바다 주대법원은 상고 기간 동안 보석을 허락해 달라는 심슨의 청구를 기각했다. 결국 심슨은 네바다에 있는 러브락 교도소에 수감되었다.

2012년 1월 19일, 네바다 판사는 무장강도와 감금 사건에 대하여 심슨의 변호인이 제대로 변호하지 않았으므로 석방되어 새로운 재판을 받아야 하는지를 결정하는 심리를 열기로 결정했다. 이에 따라 2013년 5월, 심슨에게 재심을 허락할지 여부를 결정하는 심리가 열렸다. 그러나 2013년 11월 27일, 판사 린다 벨Linda Bell은 심슨의 재심 청구를 기각했다. 벨은 심슨의 청구를 뒷받침하는 근거가 부족하다고 판단했다.

2013년 7월 31일, 네바다 가석방 위원회는 강도 판결에 따른 가석방을 허락했다. 그러나 나머지 죄로 심슨은 최소 4년은 더 수감생활을 해야 했다.[8] 이에 따라 심슨은 2017년 10월 석방되었다. 이 사건은 아래에서 자세히 다루겠다.

녹음테이프

심슨 일행의 호텔 객실 모임을 주선했던 토마스 리치오는 호텔에서 비밀리에 심슨 일행의 대화를 녹음했다. 이 녹음테이프에서 심슨이 공범 비어즐리와 프로몽을 부추기는 대화가 나왔다. 리치오는 경찰한테는 이 녹음테이프를 넘기지 않았고, 사건이 발생한 지 며칠 후에, 《티엠제트TMZ》라는 연예기사를 다루는 웹 사이트에 150,000달러나 받고 테이프를 팔았다. 경찰은 이때까지만 해도 녹음테이프가 있는 줄 몰랐고, 며칠이 지난 뒤에야 웹 사이트에서 들어 보았다. 이후 리치오는 법정에서 녹음테이프에 대하여 증언하였다.

심슨 일행의 재판은 클라크 법정에서 열렸다. 그리고 연방 범죄수사국의 오디오 전문가 케네스 마르Kenneth Marr가 증인석에 섰다. 그는 리치오의 오디오 파일을 분석하고 난 뒤, 녹음테이프가 진짜인지 단정할 수 없다고 말했다. "파일이 바뀌었는지 단정할 수 없습니다"라고 말했다. 마르가 조사해 보니 파일이 한꺼번에 너무 많이 저장되어 있는 부분이 보이고, 그래서 녹음테

토마스 리치오가 증언을 마치고 증인석에서 나오고 있다. 리치오는 심슨 일행의 모임을 주선했고, 이들의 대화를 녹음했다. 리치오는 검사와 협상해서 처벌을 면제받았다.

이프가 조작되었을 가능성이 있다고 밝혔다. 마르는 지방검사 데이비드 로저에게 녹음테이프가 조작되었다고 말했다. "전체 부분이 [보이지 않고](…) 그래서 검사에게 그 부분에 대해서 언급했습니다" 마르가 증인석에 서서 말했다.

이 녹음테이프가 사건의 핵심 증거로 떠올랐다. "많은 대화가 빠져 있습니다" 비어즐리가 말했다. 비어즐리는 심슨에 대해 증언하지 않겠다고 밝혔다. 비어즐리는 어릴 적부터 심슨을 흠모해 왔다. 비어즐리는, 자신이 리치오에게 심슨의 기념품을 살 사람을 찾아보겠다고 말했다는 리치오의 증언은 거짓이라고 주장했다. 비어즐리는, 리치오가 자신에게 그렇게 말했노라고 주장했다. 사정을 아는 익명의 다른 기념품 상인도 이런 비어즐리의 말에 힘을 실어 주었다. 그는 리치오가, 자신이 사건에 엮인 것처럼 말하는 것이 의아스럽다고 말했다. 비어즐리는 심슨이 리치오에 의해 완전히 엮였고, 허위 정보를 전달받고 마음에도 없는 말을 했다고 주장했다.[9]

심슨의 변호인

예일 걸랜터는 플로리다 사건에서부터 라스베이거스 강도 사건에 이르기까지 심슨을 변호했다. 강도 사건에서 걸랜터는, 심슨이 도난당한 자신의 물건을 되찾으려고 호텔에 간 것이고, 심슨은 일행이 총기를 소지한 사실은 전혀 몰랐다고 주장했다. 그리고 다음과 같이 주장한다. 심슨과 걸랜터는 기념품을 회수하는 문제로 강도 사건이 나기 전, 라스베이거스에서 저녁식사 때 만났다. 걸랜터가 심슨에게 "당신은 자신의 물건을 가질 권리가 있어요"라고 말했다. 그러나 개인이 소장하고 있는 물건을 강제로 가져와서는 안 된다고 주의를 줬다. 심슨은 걸랜터에게, 1990년대에 진행된 살인 사건 재판 때 기념품이 압수 대상이 되어 같이 처리된 것이라면 기념품을 찾아서 불태워 버릴 것이라고 말했다. 그러자 걸랜터는 "불태우지 말고 저한테 주세요"라고 말했다.

심슨은 라스베이거스에서 가지고 온 물건을 걸랜터에게 건네주었다고 증언했다. 항소를 준비하는 데 비디오를 편집하는 작업이 필요하고, 여기에 125,000달러나 든다고 해서 걸랜터에게 돈도 주었는데, 정작 비디오는 제작되지 않았다고 주장했다. 이와 같이 걸랜터가 장물을 취득하였고, 의뢰인의 돈을 횡령하였다면 걸랜터는 이해 충돌이 있게 되고, 변호인으로 자격도 문제된다.[10] 이러한 심슨의 주장에 대해, 걸랜터의 친구이자 동료 변호사인 가브리엘 그라소Gabriel Grasso는 다른 얘기를 한다. 그라소에 의하면, 당시 걸랜터는 강도 사건에서 나온, 다툼이 있는 문제의 녹음테이프를 분석하는 데 필요한 전문가를 구하거나 사립 탐정을 고용하는 데 쓸 돈도 없다면서 투덜거렸다고 한다.[11] 그라소에 의하면 걸랜터는 장물을 취득하지도, 비디오 제작비도 받지 않았다는 것이 된다.

수사와 재판

　　　　　　　　　　수사관은 사건이 발발한 지 얼마 안 되어 심슨이 용의자라고 밝혔다. 그 다음 날 심슨을 조사했고, 바로 석방해 주었다. 9월 15일, 공범 중 한 명인 월터 알렉산더가 체포되었다. 알렉산더는 무장강도 혐의를 지고 있었다. 한 건의 무장강도 공모 혐의와 두 건의 무기사용 혐의, 다른 한 건의 무장강도 혐의가 있었다. 알렉산더는 라스베이거스에 있는 맥카런 국제공항에서 경찰에 의해 체포되었다. 그리고 경찰이 영장을 발부받아 그의 집을 수색하자, 2개의 권총(45구경과 22구경의 권총)이 발견되었다.

　　9월 16일, 심슨은 네바다 주 클라크에서 체포되었다. 《티엠제트*TMZ*》는 사고 당시에 녹취된 녹음을 웹 사이트에 올렸다. 녹음에선 호텔 객실을 점거한 심슨 일당이 기념품을 돌려달라고 요구하는 듯 들렸다.[12] 토마스 리치오가 녹음한 녹음테이프에서 심슨은 이렇게 말하는 듯 들렸다. "아무도 방에서 못 나가게 해(…) 내 물건을 훔치고 팔 수 있을 것 같아?"

　　리치오는, 자신이 심슨에게 호텔에 있는 기념품을 가져가는 데 힌트를 제공했다고 공공연히 밝혔다. 그리고 심슨과 비어즐리, 프로몽이 물건을 훔치려고 한다는 사실을 알고 비밀리에 녹음장치를 준비했다고 밝혔다. 리치오는 심슨의 친구로, 심슨이 호텔 객실로 가서 기념품을 가지고 오도록 도와주었다고 한다.[13]

　　사건이 발생한 지 얼마 지나지 않았을 때, 심슨은 호텔 로비에서 인터뷰를 하였다. 심슨은 혐의를 지고 있는 사실에 대해서 하나하나 자세히 얘기했다. 심슨은 사진과 축구 기념품의 반환을 요구하러 호텔로 갔다고 해명했다. 심슨은 캘리포니아 기념품상의 주선으로 모임이 이루어졌고, 기념품상이 이런 사실을 어떻게 알고 있었는지 의아스럽다고 말했다. 이 기념품상이란 사람이 바로 토마스 리치오란 사람이다.[14]

　　사건이 발생하고 난 뒤 어느 날 심슨은 《로스앤젤레스 타임즈》와 인터뷰를 했다. 20분짜리 인터뷰에서 심슨은 종전의 얘기를 윤색했다. "저는 오 제이 심슨입니다. 제가 누군가의 물건을 훔쳐 갔으리라 보십니까? 제가 라스베이거스에 머물 동안 무슨 일이 벌어졌는지 생각해 보았습니다만(…) 여러분도 잘 아시리라 짐작되지만, 이건 마약과 같은 물건을 훔친 사건이 아닙니다. 원래 내 물건을 찾은 겁니다. 이건 절도가 아닙니다."[15]

심슨이 네바다 지방법원에서 재키 글래스 판사가 형을 선고하는 것을 듣고 있다. 글래스 판사는 심슨의 무장 강도죄 등에 대하여 33년의 징역형을 선고했다.

월터 알렉산더는 언론과 인터뷰를 하면서 모든 일이 심슨을 엮으려는 데 맞춰져 있다고 주장했다. 그는 이와 관련해서 어떤 큰 거래가 있었는지는 알지 못한다고 말했다. 그리고 왜 리치오가 모든 것을 녹음해서 언론에 팔았는지도 모르겠다고 말했다. 알렉산더의 전처는 《뉴욕 타임즈》와 한 인터뷰 때, 많은 사람들이 녹음기를 들고 와서 심슨 주위에 서성이며 녹음하려 했고, 심슨으로 하여금 실수하게 만들고, 이것으로 돈을 벌려고 했다고 주장했다. 알렉산더는 심슨이 권총을 잘 보관해서 가지고 오라고 했지, 권총을 쓰라고 말하지는 않았다고 주장했다. 알렉산더에 의하면, 맥클린턴이 마치 경찰처럼 행동해서 심슨을 비롯한 모두가 놀랐다고 한다. 그래서 심슨이 맥클린턴에게 "잠자코 있어"라고 여러 번 주의를 줬다고 한다.[16]

심슨은 2007년 9월 19일, 법정에 출두했다. 심슨은 플로리다와 네바다 출신의 변호사를 선임했다. 심슨의 보석금은 125,000달러로 정해졌다. 치안판사 조우 보나벤처 주니어Joe M. Bonaventure, Jr.는 심슨이 다른 공범과 접촉해서는 안 되고, 여권을 제출해야 한다는 조건을 부과했다. 심슨은 유죄 협상을 하지 않았다.

재판은 2008년 9월 8일에 시작되었다. 네바다 지방법원의 재키 글래스 판사가 주재했고, 배심원은 모두 백인으로 구성되었다. 그리고 2008년 10월 3일, 심슨에 대해 유죄 평결이 났다. 그리고 심슨에게 33년의 징역형이 선고되었다.[17]

재 심

심슨은 변호사 패트리셔 팜Patricia Palm을 통해 재심을 청구했다. 2013년 5월, 심문 기일이 열렸다. 1주일 동안 증인들과 심슨 자신의 증언이 있었다. 심슨의 변호인은 처음에는 팜이었지만 변호사 오지 푸모Ozzie Fumo와 토마스 피타로Thamas Pitaro가 합류했다. 심슨이 청구한 요지는, 변호인의 조력을 제대로 못 받았다는 것이다. 심슨은, 변호사 예일 걸랜터가 자신에게 유죄 협상을 하면 형기를 줄일 수 있다는 사실에 대하여 자세히 설명해 주지 않았다고 주장했다.[18] 이제 늙고 머리가 희끗희끗하고, 다소 뚱뚱해진 심슨은 다음과 같이 주장했다. 걸랜터와 심슨은 사건 전날 밤 만났다. 그 자리에서 걸랜터는 심슨에게, 심슨의 계획은 합법적이라고 말했다고 한다.

심슨 측 증인이자 변호사인 그라소는 심슨이 유죄 협상을 하지 않은 것은 걸랜터가 한 일이지 심슨이 결정한 것이 아니었다고 증언했다. 그러자 2013년 5월 17일, 예일 걸랜터가 증인석에 섰다. 걸랜터는 일행이 권총을 호텔 객실로 가지고 왔고 그래서 일이 엉망이 되었다고 증언했다. 걸랜터는 심슨이 〈변호사와 의뢰인 특권〉[19]을 포기했고, 그래서 사건을 맡은 변호사이지만 증언할 수 있었다. 《연합뉴스Associated Press》는, 걸랜터가 증인석에서 심슨의

예일 걸랜터는 심슨의 라스베이거스 강도 사건의 변론을 맡았다. 그러나 33년의 징역형이 선고되자 심슨은 재심을 청구했다. 재심 재판에서 심슨은 걸랜터를 증인으로 신청했고, 증인석에 앉은 걸랜터는 심슨의 주장에 대하여 말할 때 웃음을 터뜨렸다.

주장에 대해서 언급하면서 웃음을 터트리는 장면을 실었다.

　걸랜터는 다음과 같이 말했다. 강도 사건이 나기 전날 밤, 걸랜터와 심슨은 일행들과 함께 식사했다. 심슨은 자신의 물건을 되찾는 것이 목적이라고 여러 번 말했다. 걸랜터는 심슨에게 "뭘 하려고 합니까?"라고 물었다. 그리고 법적으로 조언해 주자 심슨은 "경찰을 부르려고요"라고 말했다. 심슨은 팰리스스테이션 호텔에 가서 무기를 들이대고 사람들을 감금하고, 강도짓을 하겠다는 말을 한 사실이 전혀 없었다. 그래서 변호사로서 이런 일을 하는 것은 잘하는 것이라고 말했지만, 돌이켜 보면 제정신으로 말한 것이 아니었다. 그리고 심슨이 유죄 평결을 받은 것은 자신의 책임이다.

　유죄 협상과 관련해서 걸랜터는 다음과 같이 말했다. 유죄 협상 때에는 늘 의뢰인과 상의해 왔다. 심슨이 자신에게 유죄 협상의 기회가 있었는지 몰랐다는 주장은 사실이 아니다. 재판 때, 검사가 2년 내지 5년의 징역형으로 협상해 왔고, 그래서 그 사실을 심슨에게 알렸다. 심슨은 검사와 1년으로 협상하라고 요구했다. 그러나 검사는 즉시 거절했다. 그리고 이후에는 협상이 없었다.[20]

네바다 지방법원은 심슨의 재심청구를 받아 주지 않았다. 그러자 심슨은 네바다 주대법원에 상고를 제기했다. 세 명으로 구성된 재판부는 16쪽에 이르는 판결문을 통해 심슨의 상고는 이유가 없다고 밝혔다.

"이 법원은(⋯) 이러한 청구를 받아들이지 않은 원심법원의 판단에 잘못이 없다고 봅니다"라고 선고했다.[21]

가담자들의 운명은

이 강도 사건을 보면 몇 가지 의문점이 생긴다.

먼저, 왜 심슨이 범행에 가담했느냐이다. 여러 사람들의 진술에 의할 때 심슨이 그날 자신의 기념품을 회수하려 했다는 사실은 분명해 보인다. 그러나 방법이 문제이다. 심슨 일행이 총기로 위협하지만 안 했어도 심슨이 중형을 선고받지는 않았을 것이다. 비어즐리의 말대로 심슨이 리치오란 사람 등이 흘린 허위 정보에 엮여 마음에도 없는 말을 해서 강도 사건의 주범이 되어 버렸다면, 심슨은 이들의 꾀임에 놀아난 셈이 될 것이다.

다음으로, 증거의 문제이다. 검사 측 전문가도 심슨의 목소리가 담긴 녹음테이프는 조작되었을 가능성이 있다고 말했다. 그리고 이 녹음테이프는 사건의 핵심 증거이다. 그럼에도 왜 심슨에게 유죄가 선고되었을까? 그러나 이 녹음테이프가 아니더라도 다른 공범들이 검사와 협상해서 감형을 받는 조건으로 심슨에게 불리한 증언을 했으므로 심슨이 유죄라고 볼 다른 증거가 충분하였다고 배심원들은 판단하였기 때문이다. 그래서 심슨에게 유죄를 선고할 수 있었던 것이다.

마지막으로, 양형의 문제이다. 심슨에게 중형이 선고된 것을 두고 백인 배심이 심슨에게 보복을 가한 것으로 보는 일부 시각이 있다. 그러나 강도 사건의 배심원들이 모두 백인이긴 하지만 배심원들은 심슨에 대해 유죄로 평결하였을 뿐, 형을 정하는 일은 판사가 하였다. 그리고 다른 공범이 처벌을 면제받거나 감형을 받은 것은 이들이 검사와 유죄 협상을 해서이다. 유독 심슨에게만 중형이 선고된 것은 심슨이 사건의 주범이고, 심슨이 유죄 협상을 하지않았고, 네바다 주에서는 이런 무장강도 사건을 엄히 처벌하기 때문이다.

그러면 사건에 가담한 사람들은 어떻게 되었을까?

- 오 제이 심슨은 징역 33년을 선고받았다.
- 월터 알렉산더는 심슨의 공범이다. 총을 소지하고 호텔 내로 들어왔다. 집행유예를 선고받았다.
- 클라렌스 스튜어트는 심슨의 공범이다. 링컨차를 몰고 도주했다. 재판 때 심슨의 옆자리에 섰고, 유죄 협상에 응하지 않았다. 심슨의 공범 중 유일하게 유죄 협상을 하지 않았고, 징역 7년 6월을 선고받았다. 이 판결은 이후 파기되었다. 심슨의 명성으로 인해 평결이 오염되었다는 이유에서다. 그는 유죄 협상을 한 뒤 석방되었다.
- 마이클 맥클린턴은 심슨의 공범이다. 알렉산더와 스튜어트의 지인이기도 하다. 그는 총기를 호텔 내에 반입했다. 재판에서 집행유예를 선고받았다. 그는 범행 도중 녹음했고, 이 녹음테이프가 재판 때 제출되었다. 호텔 내에서 그는, 심슨이 시키는 대로 45구경 권총을 꺼내어 직원에게 겨누었다고 한다. 그는 복도에서, 비밀리에 심슨에게 총기를 꺼낼지 묻고 대화를 녹음했다. 6분간 녹음기가 돌아갈 동안 일식당에서는 웃음소리도 들렸다.
- 토마스 리치오는 기념품상이다. 그는 심슨에게 기념품에 대한 정보를 흘렸다. 그리고 사건에 대한 모든 것을 녹음했다. 리치오는 돈을 받고 이 테이프를 《티엠제트*TMZ*》에 팔았다. 그리고 TV 방송국에 출연하는

대가로 60,000달러를 받았다. 리치오는 변호사 스탠리 리버Stanley Lieber를 통해 검사 데이비드 로저와 협상해서 법정에서 증언하는 대신, 처벌 면제를 약속받았다.

- 브루스 프로몽은 기념품상이다. 프로몽과 비어즐리는 부유한 사람이 심슨의 기념품을 사길 원하므로 기념품을 팔 작정으로 범행에 가담했다. 사실, 심슨 일당은 이런저런 이해관계에 따라 모인 오합지졸이었다. 일행 중 두 명은 무장했고, 펠리스스테이션 호텔 1203호실에 난입하여 수십 점의 기념품을 쓸어 담았다. 재판 때 프로몽은 심슨에게 불리한 증언을 했다. 프로몽에 의하면, 그는 심슨과 막역한 사이이다. 심슨은 프로몽의 모친 생신 때 전화로 생일축하 노래를 불러 주었다. 녹음테이프에 의하면 프로몽은 강도 행각을 벌인 후, "내일 인사이드 에디션(미국 TV뉴스사)을 부를거야. 많은 돈을 요구했거든"이라고 말했다. 심슨의 변호인은 프로몽이 거머리 같은 인간이라고 공격했다. 프로몽은 후일, 라스베이거스 부근에 있는 넬리스 공군기지 매점에서 점포를 털다가 적발되어 재판을 받고 처벌받았다.[22]
- 알프레드 비어즐리는 기념품상이다. 중죄로 처벌받았다.[23]

14장

그들은

"슬픔에도 동료가 있고, 고통에도 친구가 생기면
마음의 고통도 견딜 수 있지."

셰익스피어의 《리어왕》에서

주역과 조역

법조인, 증인, 배심원, 심슨의 이웃 사람들이 오 제이 심슨 사건의 일부가 되었다. 이들은 수사의 형태와 재판의 모습을 바꾸었다. 그리고 심슨 재판은 이들의 삶의 모습도 변하게 만들었다.

이들의 삶은 어떠했고, 심슨 사건 이후 이들은 어떻게 되었을까? 심슨 사건에 가장 많이 영향을 끼친 사람을 꼽으라면 드림팀이라 불린 변호사들을 들 수 있다. 이들 중 드림팀을 이끈 조니 코크란 변호사에 대해선 《합리적 의심》에서 다루었다. 드림팀의 나머지 리더 변호사는 로버트 샤피로, 리 베일리이다. 그리고 대학교 교수이자 변호사로서 드림팀에 참여해서 형사재판 때 증인에 대해 예리한 질문을 펼친 배리 셰크가 주목을 받았다. 그리고 변호사 중 유일하게 민사소송과 형사재판에 모두 참가한 변호사로는 로버트 블레이지어가 있다.

검사로 가장 주목받은 사람은 두말할 것 없이 마서 클라크 검사와 크리스토퍼 다든 검사이다. 그리고 판사 중 가장 주목을 받은 인물은 형사 재판을 진행한 랜스 이토 판사이다. 그리고 심슨 사건에선 배심원들도 주목을 받았다.

니콜과 심슨 사이의 자녀들은 모친인 니콜 브라운의 참혹한 사망, 부친인 오 제이 심슨의 구속이라는 힘든 일을 겪었다. 이들의 기구한 삶은 어떠할까? 그리고 살인 사건이 날 때 심슨의 게스트하우스에 머물던 케이토 캘린, 심슨의 여자 친구 폴라 바비에리, 니콜 브라운 친구 페이 레즈닉에 대해서도 사람들은 궁금해 한다.

심슨 형사재판에서 가장 드라마틱한 장면은 아마 심슨이 장갑을 꼈을 때와 수사관 마크 퍼만이 깜둥이라고 말을 한 녹음테이프를 틀 때일 것이다. 그래서 우연히 길에서 마크 퍼만으로부터 인종차별적인 말을 들었던 캐슬린 벨도 주목을 받았다. 이하에선 이들 심슨 사건의 주역과 조역에 대해 살펴보겠다.

로버트 샤피로

로버트 샤피로Robert Shapiro는 로스앤젤레스에 사무소를 둔 〈글레이져 로펌Glaser Weil Fink, Jacobs Howard Avchen & Shapiro〉의 대표 변호사다. 샤피로는 오 제이 심슨 사건을 맡아 유명해졌다. 심슨 재판이 끝난 후 샤피로는 형사 변호사에서 민사 변호사로 전향했다. 그는 법률자문회사 〈리걸 줌Legal Zoom〉의 공동 창업자이다.

샤피로는 뉴저지 주 플레인필스의 유대인 가정에서 태어났다. 그는 캘리포니아 대학교를 마치고 로욜라 로스쿨을 수료했다. 1969년 캘리포니아 변호사 자격을 취득한 이래 유명인사 사건을 많이 수임했다.

샤피로는 오 제이 심슨 사건에서 리더 역할을 했다. 그는 1994년 6월 17일, 심슨 사건을 수임했다. 그는 로버트 카다시안의 집에서 열린 기자 회견장에서 브롱코로 도주하는 심슨에게, 경찰에 투항하라고 설득했다. 샤피로에 따르면, 심슨이 친구들에게 남긴 편지를 본 심슨의 정신과 의사는 그 편지를 〈자살편지〉로 보았다고 한다. TV에 등장한 샤피로는 여러 차례, 심슨에게 투항하라고 호소했다. 그리고 유명한 브롱코 추격이 있은 후, 심슨은 샤피로의 도움을 받아 경찰에 투항했다.

재판이 시작되자 샤피로는 변호인단을 이끌었다. 그러나 이후 조니 코크란에게 바통을 넘겼다. 심슨 사건을 다룬 드라마 《아메리칸 크라임 스토리》에선 리더 변호사 자리를 두고, 코크란과 샤피로가 신경전을 벌이는 것으로 묘사되고 있다. 드라마에선 드라마틱한 장면을 연출하기 위해 두 사람 사이의 긴장 관계를 부각시킬 수도 있다. 리더 변호사 자리를 두고 실제 두 사람이 반목했는지는 알 수 없지만 당시 기사에 의하면, 두 사람 사이에 불협화음이 들린다는 소문은 있었던 것 같다. 심슨에 대해 조사가 시작된 후에, 샤피로는 심슨의 변호인으로 선임됐다. 1995년 1월의 《뉴욕 데일리 뉴스The New York Daily News》는 심슨이 코크란을 중용하고, 심슨이 샤피로로 하여금 리더에서 물러나도록 했다고 보도했다. 이렇게 된 배경에는 두 변호사의 경력이 작용했다고 한다. 샤피로는 주로 유명인사의 사건을 잘 처리해 왔다. 그러나 코크란은 법정 실무에 잔뼈가 굵은 인물이다. 샤피로도 드림팀 내부에서 어느 정도 불협화음이 있었음을 시인했다. "의견이 맞지 않은 적이 있냐고요? 거의 대부분이 그랬습니다"라고 말했다. "그러나 이것은 밴드 그룹에서 각자가 연주하는 것과 같습니다. 때론 누군가 솔로 역할을 하게 마련입니다. 그리고 전체가 어울려 그룹으로 연주할 때도 있지요"라고 덧붙였다.

당시로 돌아가면 샤피로와 코크란은 쟁점마다 다투었다고 한다. 그러나 1995년 10월 3일 무죄로 평결날 때까지 그들 사이에서 험한 말은 오가지 않은 것 같다. 무죄로 평결난 후 샤피로는 ABC 방송국의 뉴스쇼 진행자 바바라 월터스와 인터뷰할 때, 다시는 코크란과 같이 일할 마음이 없다고 털어놓았다. 그리고 코크란이 마치 자신을 고용인처럼 대했다고 말했다. 샤피로는 인종주의 카드를 꺼내 드는 것에 끝까지 반대했다고 한다.[1]

샤피로는 록스타 등 유명인사와 기업체와 관련된 민사 사건을 맡아 처리했다. 샤피로는 법률과 관련된 여러 책을 저술했다. 2013년 샤피로는 미국에서 가장 영향력 있는 100명의 변호사에 들었다. 사피로는 유명인사 사건을 많이 맡았지만, 그 자신도 유명인사였다. 그는 영화나 TV시리즈에 자주 출연했다. 《아메리칸 크라임 스토리》에선 존 트라볼타가 사피로의 역할을 훌륭히 소화해 냈다.[2]

리 베일리

프랜시스 리 베일리Francis Lee Bailey는 '에프리 베일리'라 불린다. 주로 매사추세츠와 플로리다에서 변호사로 활약했다. 리 베일리는 형사 피고인 샘 셰퍼드Sam Sheppard를 변호해서 유명해졌다. 그리고 그는 심슨 사건 때 경찰관 마크 퍼만에 대하여 반대신문을 했다. 리 베일리는 퍼만을 신문하면서 퍼만이 인종주의 발언을 한 사실을 끄집어냈다. 리 베일리가 퍼만에 대하여 반대신문하는 장면은 지금도 동영상을 통해서 생생하게 볼 수 있다.[3]

리 베일리는 1933년 매사추세츠 주 월섬에서 태어났다. 하버드 대학교에 다니다가 1952년 군에 입대하였다. 비행기 조종사 훈련을 받고 난 뒤 전투기 조종사로 복무하였다. 1956년 하버드 대학교에 복학하였다가 1957년에 보스턴 대학교 로스쿨에 입학하여 그곳을 졸업하였다.[4]

1954년, 의사 샘 셰퍼드는 처를 살해한 혐의로 유죄 판결을 선고받았다.[5] 이 사건에서 영감을 받아 1963년부터 TV에선 《도망자The Fugitive》가 방영되었고, 1993년 같은 제목으로 영화가 제작되었다. 1966년 리 베일리는 셰퍼드의 변호인으로 선임되자 연방대법원에 상고를 제기했다. 연방대법원에서 리 베일리는, 피고인의 헌법상의 권리인 적정절차에 대한 권리가 침해받았다고 주장하였다. 연방대법원은 셰퍼드의 상고를 받아 주었다. 이어진 파기환송 재판 때, 셰퍼드는 무죄 평결을 받았다. 이 사건으로 인해 베일리는 일약 전국적으로 유명한 변호사 반열에 오르게 된다. 이후 베일리는 유명한 사건을 많이 수임하였다.

페트리샤 허스트Patricia Hearest는 흔히 '패티 허스트'라 불린다. 허스트는 신문 재벌 상속녀이다. 그녀는 언론계의 큰손 윌리엄 랜돌프 허스트의 손녀이고, 백만장자 조지 허스트의 증손녀이다. 그녀는 1974년 심바이어니즈 해방군Symbionese Liberation Army(SLA)에 의해 납치되었으나 의아하게도 이들의 동료가 되었다. 그리고 이들 대원과 함께 은행강도를 벌인 것으로 유명해졌다. 그녀는 재판에서 무장강도죄로 35년의 형을 선고받았으나, 이후 7년으로 감형받았다. 22개월간 수감생활을 한 뒤, 지미 카터 대통령에 의해 가석방되었다. 그리고 2001년 1월, 빌 클린턴 대통령에 의해 사면받았다. 리 베일리는 패티 허스트의 은행강도 사건을 수임했으나 패티 허스트는 그리 만족감을 표시하지 않았다. 패티 허스트는 자서전에 베일리가 한 최후변론이 '혼란스러웠다'고 적고 있다. 베일리는 최후변론을 하면서 컵을 쓰러뜨려 바지를 적셨다고 한다.[6]

베일리는 오 제이 심슨 사건에서, 예비심문 전에 합류했다. 베일리는 재판이 진행되는 동안 기자 회견을 많이 열었다. 수사관 마크 퍼만에 대하여 반대신문을 하기 전, 베일리는 기자 회견 때 이렇게 말했다. "어떤 변호사라도 제정신이라면 반대신문을 통하여 마크 퍼만이 바보라는 사실을 밝혀내리라고는 기대하지 않을 겁니다." 베일리가 마크 퍼만에 대한 반대신문을 잘해서 심슨이 무죄 평결을 받는 데 힘을 실어 주었다. 베일리가 반대신문을 할 때, 마트 퍼만은 지난 십 년간 '깜둥이'란 말을 한 사실이 없다고 증언했다. 그러나 변호인들은 손쉽게 이런 주장을 반박할 수 있었다. 이를 토대로 베일리는 마크 퍼만에게 "증인은 이 사건에서 증거를 심거나 조작한 사실이 있나요?"라고 질문할 수 있었다.[7]

2001년 베일리의 플로리다 변호사 자격이 박탈되었다. 이로 인해 2003년 3월 11일에는 매사추세츠 변호사 자격도 박탈되었다. 플로리다 변호사 자격이 박탈된 것은 클로드 두복Claude DuBoc이란 마약상을 대리할 때 자산을 처리한 일과 관련 있다고 전해진다. 590만 달러로 추산하는 자산 중 일부는 유죄 협상 때 다루었던 몰수금이다. 국가에 귀속되면 즉시 공매가 될 것이므로 베일리가 보관하기로 했다. 그러나 이 자산의 가치가 급등할 것으로 예상되었다. 베일리는 자산의 공개를 거부하면서 이것은 변호사비라고 주장했다. 게다가 이 자산은 대출받은 돈이므로 상환할 때까지는 처분할 수 없다고 주장했다. 그런데 이 자산의 가치는 2,000만 달러까지 치솟았고, 법원은 베일리의 주장을 받아 주지 않았다.[8]

그러자 베일리는 메인 주로 거처를 옮기고 그곳 변호사 시험에 합격했다.

리 베일리 변호사는 심슨의 형사재판 때 경찰관 마크 퍼만에 대하여 반대신문을 했다. 그리고 마크 퍼만이 인종주의 발언을 한 사실을 끄집어냈다. 이 사건으로 리 베일리는 전국적으로 유명해졌다.

그러나 메인 주변호사협회는 5대 4의 표결로 베일리의 변호사 등록을 거부했다. 베일리는 여기에 불복하여 메인 주대법원에 상고했다. 2013년 4월, 이틀간 심리를 마친 뒤, 메인 주대법원은 베일리가 200만 달러에 달하는 세금 채무를 제외하면 변호사를 하기에 적합하다고 판단했다. 그래서 베일리는 200만 달러의 세금을 납부한다는 계획서를 제출하면 다시 변호사 등록에 따른 심사를 받을 수 있게 되었다. 그러나 베일리는 이러한 조건을 단 판결에 불복하였다. 2014년 4월 10일, 메인 주대법원은 4대 2로 200만 달러를 납부하는 조건으로 재심사를 허락한 원심판결을 파기하였다.[9]

배리 셰크

배리 셰크는 DNA 전문 변호사이다. 오 제이 심슨 사건 때 변호인단의 일원으로 심슨이 무죄를 받는 데 크게 기여하였다.

셰크는《무고구제 사업*Innocence Project*》소장이고, 카르도조 로스쿨 교수이다.

셰크는 뉴욕 시 퀸스에서 태어났다. 예일 대학교를 졸업하고, 버클리 로스쿨을 수료했다. 셰크는 1987년, 헤다 누스바움*Hedda Nussbaum* 사건을 맡았다. 1987년 헤다 누스바움이 돌보고 있던 6살 된 여자 아이가 폭행으로 사망했다. 이 아이의 사망을 둘러싸고 오랫동안 재판과 언론의 취재가 이어졌다. 그리고 이 사건은 TV로 방영된 첫 번째 재판이기도 하다. 누스바움을 지지하는 사람들은 누스바움이 동거남 조엘 스타인버그*Joel Steinberg*가 저지른 난폭한 가정 폭력의 희생자라고 주장했다. 그러나 다른 측에선 그녀가 기소되지 않은 공범과 함께 가학 증세를 가진 범인이라고 주장했다.[10]

셰크는 1995년 심슨 사건에서 변호인으로 참여하여 전국적으로 유명세를 타게 됐다. 셰크는 1999년 오판으로 인해 살인죄로 억울하게 11년간 옥살이를 한 데니스 프리츠*Dennis Fritz*와 론 윌리암슨*Ron Williamson*의 변호를 맡아 이들의 무고함을 밝혀냈다. 1988년, 마이너 리그 농구 선수인 론 윌리암슨과 그의 친구 데니스 프리츠는 오클라호마에서 강간과 살인죄로 각각 사형과 종신형을 선고받았다. 이들은 11년간 교도소에 수감되어 있다가 DNA 증거에 의해 무고함이 밝혀졌다. 이들의 얘기는 베스트셀러 작가 존 그리샴이 실화소설《이노센트 맨*The Innocent Man*》으로 그리고 있다.[11] 셰크는 2007년 오판으로 피해를 입은 듀크 대학교 라크로스 선수 리드 셀리그먼*Reade Seligman*을 대리했다. 셰크는 오판으로 인해 억울하게 18년간 수감되었던 존 레스티보*John Restivo* 등을 변호하여 이들의 무고함도 밝혀냈다.

셰크는 피터 뉴펠드*Peter Neufeld*와 함께 1992년《무고구제 사업》을 시작했다. 피터 뉴펠드 역시, 오 제이 심슨 변호인단에 합류했다. 이 사업에서는 DNA를 활용해서 오판으로 인해 피해를 입은 사람들을 구제해 준다. 2015년 12월 1일까지, 억울하게 형을 선고받은 334명이 이 사업으로 구제되었다. 이 사업에선 DNA 증거와 같은 과학증거에 의해 무고함이 밝혀진 경우에 지원한다.

DNA 전문가 배리 셰크 변호사가 심슨의 형사재판 때 증인으로 나와서 로스앤젤레스 경찰청이 증거를 오염시킨 진원지라고 설명하고 있다.

《아메리칸 크라임 스토리》에선 배리 셰크가 그다지 조명받지 못했다. 그러나 셰크는 검찰 측의 핵심 증인인 데니스 펑이 피와 같은 증거물을 잘못 처리한 사실을 밝혀냈다. 그리고 드라마가 끝날 무렵, 배리 셰크가 뉴욕에 사무소를 둔 《무고구제 사업》을 하고 있다는 장면이 방영되었다. 많은 이들은 드림팀의 MVP를 뽑으라면 배리 셰크가 될 것이라고 말하고 있다.[12]

셰크는 〈법정 변론술 연구소장〉으로 재직하고 있다. "이제 이 사건에 대해 깊이 토론할 수 있을 것 같습니다." 셰크는 심슨 사건을 마친 후, 학교로 복귀한 그를 환영하는 자리에서 300여 명의 학생들과 교직원들이 함께 한 자리에서 말했다. "이 사건은 인종에 대해 많은 것을 시사합니다. 그리고 과학과 한계 등, 많은 것을 우리에게 말해 주고 있습니다." "많은 학생들이 제가 심슨 사건에 관여한 것을 긍정적으로 생각하고 있다는 사실에 고무됩니다. 학생들이 평결 결과에 대해서 납득하지 못하면서도 이런 반응을 보인다는 것이 저에게는 매우 흥미롭습니다"라고 덧붙였다.[13]

로버트 블레이지어

　　로버트 블레이지어Robert Blasier는 심슨 사건
에서 형사재판에도 참여하고 민사소송에도 참여한 유일한 변호사다. 사크라
멘토에서 변호사로 일하며, DNA와 물적 증거의 전문가다. 그가 등에 문제가
생겨 형사재판 때 도중하차하자 재판이 인종주의로 흘러갔다는 시각도 있
다. 그는 네 번 등수술을 받았다. 그래서 민사소송 때에는 휠체어를 타고 최
후변론을 했다.

　　블레이지어는 형사재판 초기부터 참여했고, 심슨의 바로 옆에 자리를 잡
았다. 기자는 세기의 재판으로 인해 무엇이 달라졌는지 물었다. "부정적인
면도 조금 있어요. 어떤 사람들은 제가 심슨 사건에 관여했다고 해서 저를
선임하지 않는 경우도 있었습니다"라고 대답했다. 블레이지어가 심슨 재판
에 참여하게 된 것은 DNA 증거에 일가견이 있어서다. "경찰관 한 명이 니콜
의 집에서 담요를 꺼내어 니콜의 시신을 덮었습니다. 참으로 어리숙하게도
이것이 교차오염을 일으킨 겁니다"라고 회고했다. 블레이지어는 과거를 돌
아보면서, "배심원이 심슨의 편에 서지 않았다면 과연 어떻게 되었을까?"라
고 자문하면서 그 결과는 짐작할 수도 없다고 털어놓았다. 그리고 언론에 과
다노출된 것이 논란의 도마 위에 올라갔던 것도 얘기했다. "저는 심슨에게
장갑을 껴 보라고 제의했습니다. 저한테는 맞지 않았고, 심슨은 정말 큰 손
을 가졌습니다." 블레이지어는 검찰이 증거를 제출할 때마다 변호인들은 이
것을 무력화시키려고 노력했다고 한다. 그리고 변호인들은 범행 장소에서
나온 증거와 경찰이 증거를 오염시킨 사실을 주로 다투었고, 이것이 주효했
다고 한다. 블레이지어는 이후에도 줄곧 심슨과 소통하고 있고, 지금 심슨이
곤경에 처해 있지만, 심슨은 정말 열정적인 미식축구 선수였다고 기억한다.
그리고 네바다에서 심슨에게 유죄 평결을 내린 것은 20년 전에 무죄 평결이
난 것과 무관하지 않다고 본다. 기자가 심슨이 살인에 대해 결백한지 묻

자, 블레이지어는 나지막한 목소리로, "잘 모릅니다. 저도 거기에 있지 않았거든요"라고 대답했다.[14]

이와 관련하여 시카고 대학 법학 교수이고, 과거 뉴욕 주 검사인 더글라스 고드프리Douglas Godfrey는 법정에 증거가 들어오기 전부터 경찰은 큰 실수를 저질렀다고 지적했다. 고드프리는, 솔직히 말하자면 로스앤젤레스 경찰관은 초동수사 때부터 범행 현장을 다 망쳐놓았다고 목소리를 높인다. "론과 니콜이 살해된 범행 현장은 수사 초기부터 오염됐습니다"라고 말했다. "경찰관은 범행 현장을 확보했습니다. 그리고 한 경찰관은 집안에서 담요를 가지고 나와서 시신을 덮었고요." 심슨은 아이들을 보러 수시로 니콜의 집에 드나들었다. "심슨의 머리카락이 왜 범행 현장에서 발견되었는지 물으면, 담요에서 나왔다고 쉽사리 대답할 수 있게 되었습니다"라고 고드프리는 말했다.

고드프리는 로스앤젤레스 수사관이 심슨의 피를 채혈하고 피 샘플을 자신의 주머니에 넣고 다녔으며, 이것을 범행 현장에까지 가지고 왔음을 지적한다. 그로 인해 변호인은 심슨이 경찰에 의해 옭아매어졌다고 주장할 수 있었다. 고드프리는 심슨 사건은 검찰보다 변호인이 더 시간을 잡아먹은 보기 드문 사건이라고 말했다. 심슨 사건에서 훌륭한 변호인은 이길 수 있고, 그렇지 않은 변호인은 질 수 있다는 걸 여실히 보여 준다. 고드프리는 블레이지어를 포함한 심슨의 변호인은 능수능란했지만 검찰은 서툴렀다고 지적했다. 그리고, 대배심을 놓쳐버린 검찰이나, 재판을 주재한 이토 판사는 사건의 통제력을 사실상 상실했다고 평가했다.[15]

마셔 클라크

마셔 클라크Marcia Clark는 캘리포니아 주 버클리에서 태어났다. 클라크는 정통 유대인 집안에서 자라났고, 사우스웨스

턴대학교 로스쿨을 졸업한 후 캘
리포니아에서 검사로 근무하였다.
오 제이 심슨 사건에서 크리스토퍼
다든 검사와 함께 공판을 담당해서
유명해졌다. 전직 검사 빈센트 버
글리오시 검사는 《분개Outrage》에서
마셔 클라크 검사가 검사로서 자질
이 부족해서 재판에서 졌다면서 그
녀를 비난했다.

마셔 클라크 검사는 심슨에 대한 형사재판 때 주
임검사였다. 심슨 사건에서 패소하자 검사직을
그만두고 여러 방송에 출연하였고, 작가로도 변
신하여 많은 책을 출간했다.

심슨 사건에서 패소한 뒤, 클라
크는 검사직을 그만두었다. 테레
사 카펜터Teresa Carpenter와 같이 쓴
《의심할 바 없이Without a Doubt》에서 심슨 사건을 다루었다. 이 책 인세로 420만
달러를 받았다는 후문이 있다.

심슨 사건 후, 클라크는 TV에 빈번히 출연했다. 《한밤의 연예Entertainment
Tonight》에 출연해서 유명한 사건의 재판 소식을 전하고, 에이미 상 수상식과
같은 연예정보를 보도하기도 했다. 《변호사의 힘Power of Attorney》과 같은 TV 시
리즈에 객원 변호사로 출연했다. 그리고 《헤드라인 뉴스Headline News》에 출
연해서 캐시 앤소니Casey Anthony 재판[16]에 대해 토론했다. 2013년에 클라크는
CNN 방송에 출연해서 조지 지머만George Zimmerman 살인 사건[17]에 대해서 비평
했다.

클라크는 작가로 변신해서 소설을 썼다. 《연좌제Guilt By Association, 2011》,
《유죄의 단계Guilt By Degrees, 2012》, 《살인마의 야심Killer Ambition, 2013》, 《경쟁The
Competition, 2014》을 발간했다.[18]

니콜 브라운이 911에 전화를 걸어 도움을 요청했지만 로스앤젤레스 경찰

은 의도적으로 이를 무시했다. 그렇지만 심슨 재판이 TV에 생방송으로 나가자 심슨의 가정 폭력 사실이 알려지게 되었다. 더구나 여성 검사인 마셔 클라크가 송무를 지휘했으므로 언론의 지대한 관심을 끌게 되었다. 그러나 언론은 클라크 검사의 사생활까지 집요하게 파고들었다. 클라크의 뽀글뽀글한 파마 머리에서부터 법정 태도까지 비판의 도마 위에 올랐다. 나아가 클라크는 이혼녀로, 검사 생활을 하느라 어린 두 아들의 양육을 소홀히 해 온 사실도 드러났다.

최근 심슨 사건이 《아메리칸 크라임 스토리》로 재조명되자, 기자는 클라크에게 심정이 어떤지 물었다. "사생활이라곤 전혀 없습니다. 제가 유명해졌다곤 하지만 끔직한 일입니다. 아무런 보호막이 없습니다. 당시 집 옆으로는 인도가 없었습니다. 그러자 기자들이 몰려오더니 저희 집 앞마당에 잔뜩 차를 세웠습니다." 클라크의 고백에 따르면 정상적인 삶으로 돌아오기까지 몇 년이나 걸렸다고 한다.[19]

크리스토퍼 다든

크리스토퍼 다든Christopher Darden은 15년간 로스앤젤레스 지방검찰청 검사로 근무했다. 오 제이 심슨 사건에서는 공판을 담당했다. 그는 심슨에게 피 묻은 장갑을 껴 보라고 했고, 이 장면이 TV로 방영되자 다든은 유명해졌다.

다든은 검사로 재직하는 동안 특별 수사팀에서 일했고, 27건의 살인 사건을 처리했다. 심슨 사건에서 패소하자 캘리포니아 주립대학에서 형법으로 대학원생들을 가르쳤다. 그 해에 다든은 사우스웨스턴대학교 로스쿨의 조교수로 임용되었다. 교수로서 다든은 형사소송과 변론술에 집중했다.

다든은 CNN, 법정TV, ABC, CNBC에서 법률 평론가로 나왔다. CNN, 폭스사에서도 빈번하게 게스트나 평론가로 출연했다. 그리고 《천사의 손길Touched by Angel》, 《여자 친구들Girl Friends》, 《제이 레노의 투나잇쇼The Tonight Show with Jay Leno》, 《하워드 스턴 쇼The Howard Stern Show》에서 게스트로 출연했다. 《라이어 라이어Liar Liar》란 영화에도 출연했다. 《어느 무더운 여름 밤One Hot Summer Night》에서는 불만 투성이 경찰관역을 맡았다. 다든은 작가로도 변신했다. 《경멸In Contempt》 에서 오 제이 심슨 사건을 풍자했다. 그리고 범죄 소설의 공저자로 여러

크리스토퍼 다든 검사는 심슨에 대한 형사재판 때 마셔 클라크 검사와 함께 공판을 담당했다. 다든은 심슨에게 피 묻은 장갑을 껴 보라고 했고, 이 일로 다든은 전국적으로 유명해졌다.

소설을 썼다. 그는 《니키힐의 재판The Trials of Nikki Hill, 1999》, 《LA 정의LA Justice, 2000》, 《최후변론The Last Defense, 2002》을 썼다. 다든은 1999년 로스쿨에서 나와서 자신의 로펌을 설립했다. 다든은 형사소송과 민사소송을 맡았다. 2007년에는 캘리포니아 주지사 아놀드 슈왈츠제네거에 의해 판사직도 제의받았다. 2006년 2월 9일, 오프라 윈프리 쇼에서 다든은, 자신은 여전히 심슨이 범인이라고 생각한다고 말했다. 그리고 마크 퍼만이 위증하자 속이 메스꺼웠다고 덧붙였다.[20]

2016년에 FX사의 TV 미니시리즈 《아메리칸 크라임 스토리》가 방영되었다. 검사나 변호사 역시, 심슨 사건을 알려고 이 드라마를 많이 시청했다고 한다. 드라마 대본은 제프리 투빈Jeffrey Toobin의 《그의 삶의 여정The Run of His Life》을 기반으로 쓰여졌다고 한다. 그러나 투빈의 책을 읽어보면, 경찰 수사관인 마크 퍼만이나 톰 랭, 검사 측 주장에 힘이 실려져 있다는 느낌이 든다.

이 책을 읽는 독자는 아마 심슨이 범인이라고 결론지을지 모르겠다. 어떻든 《아메리칸 크라임 스토리》에서도 다든이 심슨으로 하여금 장갑을 껴 보라고 하는 장면이 클라이맥스 장면으로 장식되었다. 이 드라마에서 배우 스털링 브라운Sterling K. Brown이 다든역을 맡았다. 이 드라마에서는 검사와 변호인이 각기 그들의 얘기를 들려 준다. 그러면 심슨 사건으로 다든은 어떤 영향을 받았을까?

2015년 1월 오프라 윈프리 쇼에서 다든은 심슨 사건이 자신의 삶을 황폐하게 만들었다고 말했다. "그때의 처참함은 이루 말할 수 없습니다. 이제는 화가 났다는 말도 할 수가 있지만 말이죠. … 과거로 돌아간다면 그때의 심정은 정말 말로 표현할 수 없습니다. 열 받을 수밖에 없었죠. 저는 검사이니까요. 그러나 이제 저는 크리스 다든이란 [평범한] 한 사람일 뿐입니다. 이제야 열 받았다고 말할 수 있군요"라고 윈프리에게 털어놓았다.[21]

랜스 이토

랜스 이토는 판사로 재직하다 은퇴하였다. 오 제이 심슨 사건 때, 로스앤젤레스 법원의 판사로 재판을 주재했다. 그는 심슨 사건을 로스앤젤레스 도심에 있는 폴츠 형사법정에서 열었다. 이토는 지미와 토시 이토 사이에 태어났다. 이토는 캘리포니아 대학교를 졸업한 뒤 캘리포니아 대학교 로스쿨을 수료했다. 그는 1977년 로스앤젤레스 검사로 근무했다. 그리고 공화당 주지사에 의해 1987년 판사로 임명되었다. 이토는 1992년 찰스 키팅Charles H. Keating의 재판을 맡았다. 키팅은 변호사이자 부동산 개발업자이고, 은행인이자 금융인이다. 그는 대부 사건으로 인해 유명해졌다. 이 사건에서 키팅은 10년 형을 선고받았다. 그러나 항소심에서 1심 법원의 판결은 파기되었다. 키팅이 고객을 기망하였는지와 관련해서 이토

판사가, 배심원에 대한 설명을 소홀히 하였다는 것이 주된 이유다.[22]

이토 판사는 1995년 심슨 사건을 맡으면서 TV에 자주 출연해서 시청자들에게 익숙한 인물이 되었다. 그가 재판을 TV로 생중계하는 것을 허락하자, 격렬한 논쟁이 일었다. 이토 자신이 언론 보도를 즐기고, 지나치게 많이 휴정과 의견조율을 하자 비판받았다. 빈센트 버글리오시는 《격분》에서, 이토 판사가 변호사 리 베일리로 하여금 마크 퍼만에게 인종주의 성향의 질문을 허락한 것을 비판했다. 이토 판사의 부인 마가렛 요크가 로스앤젤레스 경찰청의 간부여서 법원은 양측에게 이토 판사를 기피할건지 물었다. 마크 퍼만의 녹음이 담긴 테이프에서, 마크 퍼만은 상관 요크가 경찰에 부임한 사실과 여성이란 지위를 이점으로 삼았다면서 여기에 대한 불만을 늘어놓았다.[23]

FX의 드라마 《아메리칸 크라임 스토리》에서 이토 역은 케네스 최^{Keneth Choi}가 했다. 심슨 재판을 마친 후, 이토 판사는 언론과의 인터뷰에 일절 응하지 않았다. 〈캘리포니아 판사 윤리 지침〉에 의하면 판사는 재판중인 사건이나 자신이 맡았던 사건에 대해 논평하는 것을 금지하고 있다. 이토는 심슨 사건에 대한 책을 쓰려고 했으나, 그렇게 되면 판사직에서 물러나야 한다. 이토 판사는 당시 판사직에서 은퇴하는 것이 명예롭다고 생각했다. 그러나 재판 중 복잡하기 짝이 없는 DNA 증거가 등장했고, 이 문제와 관련해서 자신에 대한 불신이 팽배해진 것을 보고 은퇴하겠다는 생각을 접었다. 그리고 판사직을 계속했다. 그는 재직 중, 통역인을 늘리고 외국인에 대한 법률 조력을 강화하는 등, 사법개혁에 힘썼다. 이토는 2015년에 판사직에서 은퇴했다.

이토 판사가 법정 카메라로 재판을 생중계하는 것을 허락하자, 1억 5,000만 명의 미국인들이 심슨 재판을 생생하게 볼 수 있었다. 그래서 대부분의 미국 사람들이 심슨 사건을 알게 되었다. 심슨 재판은 법정 내에 카메라를 허용한 효시^{嚆矢}가 되었다. 이후 많은 법정에서 법정 내의 카메라 반입을 허용했다. 그렇지만 시민들은 이토가 심슨 재판을 어떻게 생각하는지 알 수 없었다. 이토 판사는 심슨 재판 후 침묵을 지켜 왔기 때문이다. NBC 방송에 따르면, 2015년 이토 판사는 은퇴할 때까지 500건의 사건을 다루었다고 한다. 그리고 이토는 은퇴한 후 계획에 대해서도 말하지 않았다. 이토 판사는 계속 침묵으로 일관했다.

이토 판사가 언론과 공식적인 인터뷰를 한 사실은 없지만 2012년 《폭스뉴스*FOX News*》와 인터뷰할 때 자신의 심정을 내비쳤다.

"저는 여전히 로스앤젤레스 시내에 있는 법정 건물 9층을 쓰고 있습니다. 그리고 복잡하고 어려운 사건을 차례로 다루고 있습니다. 오 제이 사건 이후에도 150건의 배심 사건을 맡은 듯해요. 여전히 같은 여인과 살고 있고 같은 이웃이 있고, 같은 차를 타고 있습니다. 그리고 은퇴할 날도 멀지 않았다는 것을 알고 있습니다."

이토 판사가 사람들의 주목을 받는 것을 꺼리고 있음에도 사람들은 그를 그냥 두지 않았다. 《로스앤젤레스 타임즈》에 따르면, 2009년 이토 판사의 명패가 도난당했다. 이토 판사가 명패를 새로 갖다 놓았음에도 명패가 사라지는 일이 반복되었다. 그래서 이토 판사는 법정에 자신의 명패를 비치하지 않은 유일한 판사가 되었다.[24]

배심원들

형사재판에서 배심원의 평결이 낭독되자 법정에 있던 한 무리는 환호성을 울렸고, 다른 무리는 탄식 소리를 냈다. 평결이 나기 전까지 심슨의 운명을 가르는 12명의 배심원들의 평결이 어떻게 날지 아무도 알 수 없었다. 12명의 배심원 중 여성은 10명이고 남성이 2명이다. 9명은 흑인이고, 2명은 백인이며, 1명은 스페인계 사람이다. 배심원들의 나이는 23세부터 72세까지로, 그들의 평균 연령은 43세이다. 5명은 공무원이며, 2명은 대학을 졸업했다.

그들은 배심석에 앉아 126명의 증인이 말하는 걸 들었다. 1,105개의 증거가 제출되었고, 45,000쪽의 조서가 작성됐다. 최후변론을 들으면서 변호인이 마크 퍼만을 아돌프 히틀러에 비유하는 얘기도 들었고, 양심에 호소하고 역사를 논하는 얘기도 들었다. 변호인은 장갑이 맞지 않으면 무죄로 평결해야 한다고 변론했고, 최후변론 때 검사는 범행 현장에서부터 심슨의 집에 이르는 일련의 증거에 대해서 설명했다. 그들은 매일, 이토 판사가 배심원끼리는 사건에 대해서 토론해서는 안 된다고 주의를 주는 것을 들었다. 그러나 평결할 때에는 토론했다. 평결이 신속하게 이루어졌기에 다들 배심원들이 진작에 결정을 내렸다고 짐작했다. 검사가 산더미 같은 증거를 쌓아 올렸음에도 배심원들의 마음을 움직이기엔 역부족이었다. "배심원들은 정서에 따라 그들의 마음을 이끄는 데 표를 던집니다." 뉴욕에 사무소를 둔 배심 상담사 소냐 해믈린Sonya Hamlin이 말했다. 그녀는 《배심원은 어떤 얘기를 귀담아 듣나What Makes Juries Listen》를 썼다. "조사에 따르면, 배심원들은 재판 초기에 결정을 내리는 경향이 있습니다. 그리고 남은 재판 동안, 자신의 결정이 옳았는지 생각합니다"라고 덧붙였다.

로스앤젤레스에서 활동하며 여러 유명한 사건을 다뤘던 변호사 카렌 브라질Karen Ackerson-Brazille은 "많은 배심원들이 모두진술이 있기 전에 결정을 내린다는 사실은 이제는 비밀이라 할 수 없어요"라고 말했다. 한 배심원은 재판 도중 울음을 터뜨렸다. 그녀는 브렌다 모런Brenda Moran이었다. 그러자 "우리는 그런 사실도 놓칠 수 없다고 봅니다"라고 심슨의 변호인 코크란은 말했다. 그러나 모런의 동생인 데비 베네트Debbie Bennett는 인터뷰 때, 모런이 배심석에서 나와서 울음을 터뜨린 것은 사실, 너무 힘들고 지쳤기 때문이라고 말했다.

형사 배심원 12명 중 여성은 10명이고, 남성은 2명이다. 9명은 흑인이고, 2명은 백인이다. 1명은 스페인계 사람이다. 이들의 평균 연령은 43세이다. 이들은 266일간 진행된 재판에서 126명의 증인이 말하는 걸 들었다. 이들 중 일부는 재판 경험을 토대로 하여 책을 쓰기도 했다.

    평결이 난 후, 이토 판사는 배심원이나 대리인들이 언론에 떠들거나 외부에 나가서 사건에 대해 언급하지 않길 바란다고 말했다. 이토 판사는 평결 후 기자들이 배심원 집에 몰려갈 텐데 그들이 기자에게 사건에 대해서 털어놓는 것은 "가장 끔찍한 악몽"이라고 말했다. 그럼에도 배심원 중 한 명인 마흔네 살의 브렌다 모런은 자신의 집에서 짤막하게 인터뷰했다. "우리들은 옳게 결정했다고 봐요"라고 말했다. 기자가 왜 그렇게 평결이 신속하게 났냐고 묻자 "아홉 달이나 그 자리에 있었잖아요? 결정하는 데 또다시 아홉 달이나 기다릴 필요가 없지요"라고 덧붙였다.[25]

    쉰 살 된 흑인 배심장은 검사가 강조한 가정 폭력은 개인사일 뿐이라고 말했다. 266일간 진행된 재판에서 배심원들이 내부 얘기를 책으로 쓰거나 대본으로 써서 팔지는 이들이 해야 할 또 다른 힘든 결정이 될 것이다. 그러나 배심원에서 초기에 탈락한 두 명은 진작에 그들의 얘기를 책으로 썼다. 마이크 월켄Mike Walken과 마이클 녹스Michael Knox가 《오 제이 배심의 비밀 일기The Private

Diary of an O. J. Simpson》를 썼다. 이 책은 베스트셀러가 되어 50만 부란 판매고를 올렸다.

배심원 트레이시 햄프턴Tracy Hampton은 스트레스를 받아 더 이상 감당하기 어렵다며 중도에 그만두었다. 그는 비행기 승무원으로, 《플레이보이*Playboy*》의 모델로도 나왔다. 배심원 제닛 해리스Jeanette Harris는 가정 폭력의 피해자임이 드러나서 배심을 그만두었다. 캘리포니아 주 전문직 공무원으로 근무했고, 살인 사건에 대한 책을 썼다. 그녀와 다른 배심원들은, 심슨 사건에 대해 얘기해 주기로 하고 《아메리칸 저널*American Journal*》과 계약을 체결했다.

아만다 콜리Amanda Colley, 마샤 잭슨Marsha Rubin Jackson, 캐리 베스Carrie Bess, 이들 세 명의 흑인 배심원은 《배심장*Madam Foreman*》을 썼다. 이 책에서 신속하게 평의가 이루어진 것은 경찰이 의심스러웠고, 증거 처리에 문제가 많았기 때문이라고 적었다. 인종이 변수로 작용하지 않았으며, 크리스토퍼 다든 검사는 서툴었다고 적고 있다. 비어트리스 윌슨Beatrice Wilson은 배심원 중 가장 연장자다. 1996년 8월 22일, 73세의 나이로 심장병으로 사망했다. "배심을 마치자마자 병이 도졌습니다." "재판 때에도 아팠고, 그래서 법정으로 약을 갖다주곤 했습니다" 윌슨의 남편 루서 윌슨Luther Wilson이 털어놓았다.[26]

니콜 브라운과 심슨의 자녀들

형사소송에서는 심슨이 이겼고, 민사소송에서는 니콜의 가족이 이겼다. 그러나 니콜과 심슨 사이에 태어난 자녀, 즉 11살 된 시드니 심슨Sydney Simpson과 8살 된 저스틴Justin은 어떻게 될까? "충격은 지금부터입니다. 끝난 게 아닙니다" 아동정신과 의사 제이 포르타노바Jaye Portanova는 이렇게 말했다. "매우 혼란스러워 합니다." 이들 자녀는 혼혈이고, 아버지 심슨과 같이 산다. 그러나 이들은 외가로부터 귀여움을 받아 왔다.[27]

그러면 이들 자녀와 니콜이 기르던 카토란 개는 어떻게 되었을까? 수크루 보즈테페 부부는 니콜이 기르던 카토란 아티카 종의 개를 따라가다가 두 구의 시신을 발견했다. 이후 이들 부부는 라구나 해안Laguna Beach으로 이사 가서 심슨의 부모와 같이 살고 있다. 이들은 밤 10시쯤 카토가 구슬프게 짖는 걸 들었다. 심슨이 무죄 방면된 후, 시드니와 저스틴이 카토를 길렀다.

시드니와 저스틴의 모친 니콜이 누군가에 의해 참혹하게 죽임을 당했다. 그리고 이들의 아버지인 심슨은 살인범으로 몰려 재판을 받았다. 심슨은 무죄로 풀려났지만 니콜의 가족들이 제기한 민사소송에서 패소했다. 이후 심슨은 여러 법률 분쟁에 휩쓸렸고, 강도 사건으로 교도소에 수감되었다. 이와 같이 이들 자녀들의 아버지 심슨은 격심한 부침을 거듭하였다. 그러면 해마다 니콜의 기일忌日을 맞이하는 두 자녀의 심경은 어떠할까? 시드니의 남자친구 스튜어트 리Stuart Lee에 의하면, 시드니는 보스턴 대학교를 졸업하고 애틀랜타로 이주해서 고급 레스토랑의 직원으로 근무하고 있다고 한다. 리의 전언에 의하면, 명성이란 덧없는 것이라고 시드니가 말했다고 한다. 그리고 만나는 사람마다 시드니에게 말을 걸어왔다고 한다. "시드니는 많은 사람들의 관심의 대상이 되지만, 그것으로 상처를 많이 받았습니다. 그리고 그런 사람들을 납득할 수 없다고 말합니다. 그러나 언젠가는 다 이해하겠지요"라고 말했다. 그리고 솔직한 얘기도 들려줬다. "물론 시드니도 살인에 대해 얘기했답니다. 시드니는 심슨이 살인했을 거라고는 보고 있지는 않는 듯해요." "마약상에 의해 살해당한 것으로 생각하고 있어요"라고 말했다. "어머니가 편히 잠드시리라 믿지만요. 어머니 목이 다 드러난 걸 보면 콜롬비아 목걸이(마약상들이 잔혹하게 살인하는 관행을 일컫는다)가 연상된다고 해요. 시드니는 아버지가 그랬다고는 생각하지 않아요. 그러나 뭘 믿어야 할지 혼란스러워 해요. 언론 보도가 수시로 바뀌었거든요. 그리고 경찰이 모든 걸 바꿔 버렸습니다. … 어머니가 돌아가신 원인도 말이죠."[28] 이들 자녀는 아버지 심슨이 수감되어 있다는 사실에 개의치 않는다. 심슨을 좋은 아버지로 기억하고, 여전히 아버지를 사랑한다. 그리고 수시로 교도소로 면회 가서 심슨을 만난다. 심슨 역시 이들 자녀들을 보고 싶어하고, 만나면 화기애애하게 얘기를 나눈다.

심슨과 한집에 살았던 사람들 중 케이토 캘린만 빼고는 언론에 노출되는 걸 꺼렸다. 시드니와 저스틴도 마찬가지이다. 이들은 플로리다에 살고 있는데, 최근에 이웃 사람이 시드니를 촬영해서 언론에 보도되었다. 시드니는 개를 데리고 걷고 있었고, 어릴 적 발레를 했던 늘씬한 모습은 온데간데없고, 가디건과 청바지를 입은 수더분한 모습을 보였다. 저스틴은 흰 꽃을 들고 어머니의 장례식에 참석해서 보는 이들의 심금을 울렸었다. 그는 금융회사의 부동산 담당 직원으로 근무하고 있다. 저스틴은 2014년, 외조부 루의 장례식 때 회색 슈트를 입은 모습으로 나타났다. 이들 자녀들은 부모의 불운에도 불구하고 꿋꿋이 살아가고 있다.[29]

케이토 캘린

브라이언 '케이토' 캘린Brian 'Kato' Kaelin은 TV 와 라디오 연예인이다. 1995년 심슨 재판 때 등장해서 유명해졌다. '케이토' 는 그의 별명이다. 그는 위스콘신 대학교에 다니다가 중퇴했다. 토크쇼《케이토와 친구들Kato and Friends》을 진행했다. 그리고 우리에게도 친숙한《베스트 프렌즈Best Friends》란 코믹 드라마에도 출연했다.

캘린은 1995년 심슨 사건에서 증인으로 나와 유명세를 탔다. 1994년 니콜 브라운 살인 사건이 나던 날 밤, 캘린은 심슨의 게스트 하우스에 묵고 있었다. 캘린은 그날 밤 9시 36분부터 11시까지 심슨의 행방이 묘연하다고 증언했다. 그리고 검찰은 그날 밤 10시부터 11시 30분까지 사이에 살인 사건이 발생했다고 추정했다. 나흘 동안 캘린이 증인석에 섰지만 캘린은 계속 횡설

수설했고, 그의 말은 앞뒤가 맞지 않았다. 그러자 검사 마셔 클라크는 캘린이 검찰에 적대적인 증인이라고 몰아세웠다. 심슨의 자녀들은 캘린을 빈대라고 놀렸다. 캘린은 심슨 사건에서 증언한 뒤로부터 언론으로부터 많은 관심을 받았다. TV 코믹 드라마에선 그를 두고, 아무 할 일 없이 빈둥거리고 빈대짓을 일삼는 인물로 풍자했다.[30]

심슨이 무죄가 되자 《내셔널 익재미너*National Examiner*》는 "경찰은 케이토가 한 짓으로 생각한다"라는 제목으로 캘린이 상반신을 벗은 모습을 표지에 실었다. 이 잡지는 슈퍼마켓 타블로이드이지만, 의혹이 있는 사건이나 민감한 사건을 다룬다. 캘린은 이 신문 발행인을 상대로 명예훼손으로 소송을 제기했다. 연방법원은 캘린의 청구를 기각했다. 신문기사의 내용이 캘린의 명예를 훼손하지 않았고, 보도 내용이 악의적이지 않았다고 보았다. 그러나 캘린은 여기에 불복하여 항소를 제기했고, 1심법원의 판결은 파기되었다. 항소심 법원은 명예훼손을 인정할 뚜렷한 근거가 있다면서 ① 1면의 기사는 독자에게 캘린이 범인이라는 인상을 준다. ② 이런 잘못된 인상은 부제나 다른 기사에 의하더라도 지워지지 않는다고 밝혔다. 이 판결은 명예훼손 사건에서 리딩 케이스가 되었고, 변호사들이 명예훼손 소송에서 꼭 참고해야 할 선례가 되었다.[31]

심슨 재판 후, 캘린은 유명세를 등에 엎고 많은 리얼리티 쇼에 출연했다. 2002년에 《명사 신병훈련소*Celebrity Boot Camp*》에 출연했다. 2004년에는 《손님*House Guest*》이란 리얼리티 쇼에 출연했다. 여기서 유명인사들은 서로의 집에서 살고, 삶을 공유한다. 그리고 《선셋 탠*Sunset Tan*》에도 출연했다. 여기선 농부들의 삶을 조명했다. 2008년 그는 폭스사의 리얼리티 쇼 《나의 리얼리티 쇼를 보여줘*Gimme My Reality Show*》란 프로그램에도 나왔다. 여기서 출연자들은 자신들의 리얼리티 쇼에 출연하기 위해 경쟁을 벌인다. 캘린은 여러 게임쇼에도 출연했다. NBC의 《약체 연결*Weakest Link*》에 출연했다. 그리고 《러시아 룰렛

Russian Roulett》이란 게임쇼에도 출연했다. 그리고 라디오와 TV에서 진행자로도 일했다. 1995년에는 라디오 토크쇼를 진행했다. 2005년부터 《눈에는 눈*Eye for an Eye*》란 TV 법정 쇼도 진행했다. 최근에 캘린은 《키보드 케이토*Keyboard Kato*》란 프로그램에도 나왔다.[32]

폴라 바비에리

폴라 바비에리*Paula Barbieri*는 미국의 모델이자 배우다. 니콜 브라운 살인 사건이 나기 전 심슨의 마지막 여자 친구로 알려져 있다. 바비에리는 보그 등의 잡지에서 패션모델로 활동하면서 인지도를 쌓았다. 1990년대에는 저예산 영화에도 출연했다. 1992년 《레드 슈 다이어리스*Red Shoe Diaries*》에 출연하였고, 《더블 오어 너팅*Double or Nothing*》에도 출연했다.

바비에리는 오 제이 심슨과 사귀었다. 바비에리와 심슨은 니콜 브라운 살인 사건이 나기 전날, 나란히 기금모금 행사에 참석했다. 살인 사건이 나던 날 아침, 바비에리는 30분에 걸쳐 심슨이 보낸 전화에 대한 답신 메시지를 남겼다. 여기서 그녀는 심슨과 관계를 끝내겠다고 말했다. 그리고 그녀는 라스베이거스로 가서 가수 마이클 볼튼과 함께 있었다. 심슨은 이런 메시지를 받은 사실을 부인했다. 심슨의 변호인 코크란은 둘이 화목한 사이라고 변론했다. 심슨 재판 때 그녀는 증인석에 섰다.[33]

바비에리는 구치소에 있는 심슨에게 계속 면회를 갔다. 이 일로 그의 아버지와 관계가 소원해졌다. 바비에리의 부친은 딸이 심슨에게 세뇌당했다면서, 자신이 아는 한 심슨은 범인이라고 말했다.

1995년까지 바비에리는 심슨 재판으로 인해 배역을 수락하지도, 배역을 맡지도 못했다. 그녀는 몇몇 배역 제의가 들어왔지만 파파라치로 인해 세간의 주목을 받을까 봐 수락할 수 없었다고 한다. 1995년 11월까지 바비에리는

심슨에게 헌신을 다했다. 심슨이 바비에리의 옷차림을 나무라고 아무 데서나 잠자리를 한다고 비난하자, 바비에리는 심슨을 떠났다. 《뉴욕 매거진New York Magazine》에 의하면, 바비에리는 심슨의 여자 문제로 심슨과 헤어졌다고 한다. 언론과의 인터뷰에서 바비에리는, 심슨에게 무죄 평결이 난 지 얼마 안 되어 두 사람은 갈라섰다고 털어놓았다. 그리고 심슨은 바비에리가 사진으로 돈을 벌려고 했다고 한다. 그럼에도 바비에리는 심슨이 살인에 대해 무고하다는 자신의 심정을 내비쳤다.

모델이자 배우인 폴라 바비에리는 심슨의 여자 친구이다. 살인 사건이 나고서도 바비에리는 심슨에 대해 헌신적인 모습을 보여 주었다. 두 사람이 헤어진 후 바비에리는 《다른 여인》이란 책을 썼다.

1997년 9월, 바비에리는 책을 출간했다. 《다른 여인: 심슨과 함께 한 시간 The Other Woman: My Years With O. J. Simpson》에서 그녀는 기독교인으로 다시 태어났음을 알렸다. 이 책에서 그녀는 두 사람이 갈라서게 된 것은 신뢰가 깨어졌기 때문이라고 밝혔다. 그러나 심슨은 폭력을 행사하지 않았다고 적었다. 《래리 킹 쇼》의 생방송에 나와서 그녀는, 심슨을 아버지가 아닌 신으로 떠받들었다고 밝혔다. 그리고 심슨이 유죄인지 무죄인지 판단내리는 일에는 관여하고 싶지 않다고 말했다. 2000년 3월, 바비에리는 플로리다 순회판사와 결혼했다. 그들은 플로리다에 있는 파나마에 살고 있고, 슬하에 딸을 두었다.[34]

페이 레즈닉

페이 레즈닉Faye Resnick은 TV 연예인이자 작가고, 인테리어 디자이너이다. 그녀는 오 제이 심슨 사건에서 니콜의 친구로 등장해서 유명해졌다. 그리고 《베벌리힐스의 주부들The Real Housewives of Beverly Hills》에 출연했다.

레즈닉은 스페인계 어머니, 이탈리아계 아버지 사이에 태어났다. 후일, 레즈닉은 어릴 적에 침대보를 적셔 계부로부터 매를 맞았다고 털어놓았다. 그녀는 모델 스쿨을 수료한 뒤 모델로 활동했다. 1994년까지 레즈닉은 결혼하고 이혼하길 반복했다. 그리고 딸을 출산했다. 그리고 베벌리힐스 학교와 관련된 모임에 활발하게 참여했다. 《뉴욕 타임즈The New York Times》에 의하면 그즈음 그녀는 마약에 빠져들었다고 한다.[35] 페이는 부유한 호텔 리모델링 업자인 남편 폴 레즈닉Paul Resnick과 1991년 이혼했다. 레즈닉은 194,000달러의 위자료를 받았다. 그즈음 레즈닉은 마약에 빠져든 것을 실토하고 1994년 12월부터 8년간 지속되는 마약재활 프로그램에 참여하기로 했다. 그래서 심슨의 변호인은 레즈닉과 거래한 마약상에 의해 니콜 브라운과 로널드 골드먼이 살해당했다고 주장하게 된다.[36]

니콜과 레즈닉은 1990년에 처음 만났다. 그리고 둘은 브렌트우드, 로스앤젤레스에서 계속 만났고, 멕시코에 여행도 같이 갔다. 레즈닉은 니콜과 로널드가 살해되기 며칠 전에 니콜의 집에 며칠 동안 머물렀다. 그때는 마약재활 시설에 입소하기 4일 전이다. 레즈닉의 세 번째 남편 폴 레즈닉에 따르면, 니콜이 자신을 찾아 만나 보니 레즈닉은 제정신이 아니였고, 다시 마약에 빠져든 상태였다고 한다. 1994년 6월 9일 니콜과 다른 친구들은 모임을 갖고, 레즈닉을 설득해서 캘리포니아에 있는 재활시설에 입소하도록 했다.

페이 레즈닉은 오 제이 심슨 사건과 관련된 두 권의 책을 썼다. 1994년 《니콜 브라운 심슨: 삶의 비밀일기가 방해받다Nicole Brown Simpson: The Private Diary of a Life

페이 레즈닉이 쓴 《비밀일기》. 이 책은 1994년 12월에 출간되었다. 이 책에서 레즈닉은 니콜이 심슨으로부터 두 차례나 죽이겠다는 협박을 받았다고 주장했다.

Interrupted)를 썼다. 여기서 니콜 브라운에 대해 적고 있다. 이 책은 베스트셀러가 되어 날개 돋힌 듯 팔려 나갔다. 그리고 75만 부라는 경이로운 판매 부수를 올렸다. 이 책은 《내셔널 인콰이어러》의 기자 마이크 워커[Mike Walker]와 같이 집필했다. 책이 발간된 지 한 달 후, 레즈닉은 책의 내용이나 발간 시점이 민감하기도 했고 비극적이기도 했다고 말했다. "책을 읽을 때마다 거의 울 뻔했습니다. 정말 멍청한 얘기로 들렸거든요"라고 털어놓았다. 그럼에도 그녀는 선인세로만 6만 달러를 받았다.[37] 1996년에는 《폭풍의 눈속에서 *In the Eye of the Storm*》를 썼다. 여기서 레즈닉은 심슨 재판에 대한 자신의 경험에 대해 적고 있다. 여기에 대해 《로스앤젤레스 타임즈》는 가정 폭력을 겪고, 회복 과정을 다룬 〈뉴에이지〉의 논픽션 작품이라고 소개했다.[38] 폭스사의 《아메리칸 크라임 스토리》가 방영된 후 기자들이 레즈닉에게 심정이 어떠냐고 질문을 던졌다. "라이언 머피가 심슨 사건을 제작한다고 선언하자마자 저의 심정이 어떠냐는 질문이 쇄도했습니다. 제가 말씀드릴 수 있는 것은, 저 개인적으로는 이루 말할 수 없는 비극이었고, 제 삶을 송두리째 바꾸어 놓았다는 겁니다"라고 대답했다.[39]

캐슬린 벨

        수사관 마크 퍼만은 심슨 사건에서 검찰의 핵심 증인이다. 퍼만은 심슨의 저택에서 피 묻은 장갑을 발견했다. 이 장갑은 변호인이 가장 심하게 다툰 증거다. 심슨의 변호인 코크란은 최후변론 때 "장갑이 맞지 않으면 무죄입니다"라는 유명한 말을 남겼다. 코크란의 말대로 장갑이 맞지 않아 심슨이 무죄가 된 것인지도 모른다. 마크 퍼만은 후일 《브렌트우드의 살인*Murder in Brentwood*》을 썼다. 이 책에서 퍼만은 "생각 없이 말해서 고통을 드린 것에 대해서 사과드립니다. 그러나 심슨 사건에서 경찰관으로서 한 일에 대해서는 사과할 수 없습니다. 저는 바르게 일했고, 그릇되게 행동하지 않았습니다"라고 말했다.[40]

    법정에서 증인석에 서기 전에 오래 기다린 탓인지 캐슬린 벨*Katheleen Bell*은 마크 퍼만과 만났을 때를 증언할 때 목소리가 떨렸다. 벨은 1985년이나 1986년에 레돈도 해안에 있는 역에서 퍼만을 만났다고 한다. 벨은 잘 생긴 경찰관을 보았고, 그 자리에서 벨은 자신을 소개했다고 증언했다. 그리고 정확한 날짜는 같이 있었던 그녀의 친구가 기억할지 모른다고 말했다. 그런데 몇 분 동안 얘기를 나눈 뒤, 벨은 러닝백 미식축구 선수 마커스 앨런과 앨런의 친구 오 제이 심슨에 대한 얘기를 꺼냈다고 한다. 그러자 퍼만의 태도는 돌변했다. 흑인이 백인 여자와 같이 차를 타고 가는 걸 보면 차를 세울 거라고 했습니다. "그래서 약간 충격을 받고 잠시 바다를 바라보다가 '그럼 그 사람이 잘못한 게 없으면 어떡할 건데요?'라고 물어 보았습니다."

    "그러자 퍼만은 반드시 뭔가 꼬투리라도 잡을 거라고 대답했습니다."

    "그리고 퍼만은 흑인과 백인의 결혼은 속이 뒤틀리는 일이라고 말했습니다. 그리고 가장 충격을 받은 것은 '내 앞에 얼쩡거리기라도 하면 깜둥이들을 죄다 끌어다가 불태워 버릴 겁니다'라고 말한 대목이었습니다."

    벨은 증인석에 서기까지 몇 달 동안 기다렸지만 그녀가 증언한 시간은 놀

랍게도 매우 짧았다. 크리스토퍼 다든 검사는 불과 몇 분 동안만 반대신문을 했다. 마셔 클라크 검사도 다든과 같은 방식으로 반대신문을 마쳤다. 법정 밖에서 벨은 기자들에게, 개인적으로는 심슨이 범인이라는 생각이 든다고 말했다.[41] 여기에 대하여 마크 퍼만은, 자신은 벨이란 여자도 만난 사실이 없고, 그녀가 주장하는 인종주의 발언을 한 사실도 없다고 주장했다. 벨에 이어 마셔 클라크 검사가 마크 퍼만에게, 증언하기에 앞서 지금 심정이 어떠냐고 질문하였을 때 마크 퍼만은 "긴장되고, 주저됩니다"라고 대답했다.[42]

벨은 후일 인종주의와 관계된 영화 대본을 썼지만 심슨 사건은 다루지 않았다. 심슨 재판이 끝나자, 유명해지려고 그녀가 거짓말을 했다는 악의적인 편지도 수그러들었다.

15장

진실은 무엇인가

"내가 진실을 말하고 있음을 입증하기 위해
이 사실을 알고 있는 증인들을 불러 주십시오."

이사이오스의 《변론》에서

진실에 이르기

　　　　　　인터넷으로 '진실'이란 단어를 검색하면 이런 제목이 뜬다. '손바닥으로 하늘을 가려도 진실은 감출 수 없다', '진실게 임', '진실의 힘', '10가지의 진실', '우리가 몰랐던 진실', '거짓과 진실', '조각난 진실', '숨은 진실', '오해와 진실', '보이지 않는 진실'…. 우리는 진실을 알기 원한다. 특히 베일에 가려진 사건일수록 궁금증이 더 커지게 마련이다. 그러 면 우리가 평소에도 자주 쓰는 '진실'이란 과연 무엇을 말하는 걸까?

　진실이나 진리의 문제는 철학에서 매우 오래전부터 다루어 온 주제이다. 진리에 대해서 주로 논리학, 인식론, 존재론에서 다루어 왔다. 참인지 거짓 인지 가릴 수 있는 문장이나 도식을 '명제'라 한다. 진리란 이중에서 참인 명 제를 말한다. 그렇다면 지식의 본질을 다루는 인식론과 사물의 존재를 다루 는 존재론에서 말하는 진리란, 재판에서 말하는 '과거의 참인 사실'을 의미하 는 진실을 포괄하는 개념이라 할 수 있다. 진리가 과연 무엇인가를 두고, 대 응론, 정합론, 실용주의론, 수행주의론(합의론)이 제시되어 왔다. 전통적인 진 리관에선 진리의 본질이란 판단과 대상의 일치로 본다. 여기에는 주체가 인 식하는 것과 대상이 일치하면 진리로 본다는 〈대응론〉이 있고, 주체의 지식 체계와 대상의 일치를 진리로 본다는 〈정합론〉이 있다. 그리고 진리란 경험 해 가는 가운데 만들어지는 것이라는 〈실용주의론〉이 있다. '의사소통 이론' 을 제창한 위르겐 하버마스Jürgen Harbermas는 "진리란 대화 주체 사이의 합의이 다"라고 선언하여 〈합의론〉을 주장했다. 그 밖에도 하이데거와 같은 실존주 의론자는 "진리란 일치와 발견함"이라는 〈실존적 진리론〉을 주장하기도 했 다. 이와 같이 진리 내지 진실의 본질을 이해하는 데 많은 논의가 있었고, 다 양한 견해가 제시되었다.[1]

　이 중에서 **대응론**은 오늘날까지 꾸준하게 지지받고 있다. 대응론의 기원 을 거슬러 올라가면 플라톤과 아리스토텔레스에까지 이를 수 있다. 플라톤이 초기에 주장한 대응론적 관점을 아리스토텔레스가 이어받아 좀 더 구체적으로 밝힌 것으로 알려져 있다. 이러한 논리를, 스토아 학자를 거쳐 중세의 논리학자에 이르러 '실재와 표현의 일치'라는 관점으로 다듬었다. 대응론에 의하면 '밤은 어둡다'는 실재와 '밤이 어둡다'는 표현이 일치하면 진리로보게 된다. 이러한 대응론은 무어, 러셀, 비트겐슈타인, 타르스키에 이르러좀 더 세련되게 구체화되었다. 이러한 대응론에 따르면, 소송에서 진실인지여부는 검사가 주장하는 사실(이를 '공소사실'이라 한다)이 실재로 벌어진 사실과 일치하는지로 판단하게 된다.

정합론은 라이프니츠, 스피노자, 헤겔 등 합리론자에 의해 지지되었다. 어떤 명제의 참이나 거짓은 다른 명제와 정합성을 가지는가에 따라 판단한다. 다시 말해 진실인지 여부는 판단자의 지식 전체인 논리와 경험칙에 맞아떨어지는지를 기준으로 판단한다. 따라서 정합론에 의하면 소송에서 진실인지여부는 검사가 주장하는 사실이 논리와 경험칙에 맞아떨어지는지를 두고 판단한다.

그런데 이러한 대응론이나 정합론의 가장 큰 문제점은 과연 실재와 표현이 일치하는지(대응론), 실재가 논리와 경험칙에 맞아떨어지는지(정합론) 확인하기 어렵다는 데 있다. 심슨 사건에서 검사는 심슨이 질투심에 눈이 멀어 격분해서 두 사람을 살해했다고 주장했다. 그리고 이러한 주장을 뒷받침한다는 많은 증거를 제출했다. 그러나 이 책을 읽는 독자 여러분도 알게 되었듯이, 이런 검사의 주장(심슨이 범인이라는 공소사실)과 실제로 벌어진 사실(두 사람을 살해한 진범이 누구인지)이 일치되는지, 검사의 주장이 논리와 경험칙에 딱 맞아떨어지는지를 확인하기란 매우 어렵다. 그래서 다른 진리론이 제기된다.

실용주의론에 의하면 진리란 절대적인 것이 아니다. 퍼스Charles Sanders Pierce에 의하면 진리란 "궁극적으로 모든 탐구자에 의해 수락될 수 있는 의견"이 된다. 다시 말해 실천적인 탐구자인 과학자 등이 그것이 참이라고 판단하면 진리로 본다는 것이다. 실용주의론에 의하면 소송에서 검사가 주장하는 사실이 판사나 배심원에 의해서 지지되고, 나아가 이러한 판단이 소송 참여자들에 대해서 지지된다면 진실로 보게 된다.

수행주의론에 의하면, 화자話者가 진술을 인정하고 받아들이는 행동을 보일 때 이를 진리로 본다. 다시 말해 진리란 일종의 '약속'이라고 본다. 하머마스와 같은 합의론자는, 진리란 대화 주체 간의 합의라고 이해한다. 이러한 관점을 소송에 적용하면, 소송에서의 진실이란 소송 참여자들이 "이것이 진실이다"라고 합의하는 것이 된다. 이러한 관점은 민사소송에서의 진실과 비슷하다. 민사소송에서는 당사자 사이의 합의로 사건이 종결될 수 있다. 이를 두고 '형식적 진실'이라고 부른다. 그러나 형사재판에서는 원칙적으로 이런 합의에 의한 종결을 인정하지 않는다. 그래서 '형식적 진실'과 대비해서 '실체적 진실'이란 말을 사용하고 있다.[2]

앞에서 보듯, 검사의 주장사실과 실재로 벌어진 사건이 딱 맞아떨어지는지는 쉽게 확인될 수 있는 것이 아니다. 따라서 대응론에 의하면 소송 참여자의 의사와 관계없이 끊임없이 과거의 진실을 파헤쳐야 한다. 반면 실용론이나 수행론에 의하면, 소송 참여자가 "이것이 진실이다"라고 합의하면 소송은 금방 종결될 수도 있다. 그러나 국가의 형벌 문제를 다루는 형사재판에선 원칙적으로, 당사자의 합의에 따라 재판이 종결될 수가 없다. 그리고 재판에서의 진실은 원칙적으로 소송 당사자가 참여한 가운데 올바른 절차에 따라 발견되어야 한다. 그리고 이렇게 발견한 진실은 논리와 경험칙에 맞아야 한다. 그리고 재판에서 양 당사자의 공방, 증인에 대한 양 당사자의 신문 등을 통해 주관적인 면이 없어지도록 하고, 객관적인 사실이 남도록 해야 한다. 이렇게 도출한 진실도 오류가 없다고 단정 지어서는 안 된다. 따라서 언제든은 아니

재판에서의 진실

대응론	정합론	실용론	수행론	수렴론
검사의 주장과 사실이 일치함을 확일할 때	검사의 주장이 논리와 경험칙에 맞아떨어질 때	검사의 주장을 소송 참여자들이 받아들일 때	검사의 주장을 소송 참여자들이 받아들이는 모습을 보일 때	검사의 주장과 사실이 일치함을 확인하고, 검사의 주장이 논리와 경험칙에 맞는지 확인하며, 검사의 주장을 소송 참여자들이 받아들이는 모습을 보일 때

더라도 진실에 반하다는 증거가 드러날 경우, 나중에라도 반증할 기회가 주어져야 한다. 이것을 **수렴론**이라 부른다. 수렴론에서는 대응론, 정합론, 합의론, 수행론의 관점을 수용한다. 여기서 말하는 '수렴收斂'이란 이와 같은 방법에 따라 '진실'이라는 목적에 끊임없이 다가가는 과정이라고 말할 수 있다.

실체적 진실과 형식적 진실

위에서 보듯, 형사재판에선 **실체적**實體的 **진실 발견**을 목적으로 삼는다. 당사자가 소송의 대상이 되는 목적물을 처분하는 것을 우선하는 민사소송에서는 **형식적 진실**을 추구한다고 말한다. 그러나 형사재판에서는 진실을 발견함에 있어 제약이 있다. 예를 들어, 강요나 협박으로 얻어낸 자백은 증거로 허용되지 않는다. 수사기관이 증거를 수집할 때 법에서 정하고 있는 절차를 위반하면, 이에 따라 수집된 증거는 재판에서 허용될 수 없다. 목격한 증인이 있는 경우, 이와 같은 직접적인 증인 대신 증인의 말을 들은 사람을 증인으로 세워서는 안 된다. 이와 같은 증거법칙에 따른 제약이 있을 뿐만 아니라 형사재판에선 검사가 〈합리석 의심〉이 없도록 범죄사실을 입증해야 한다는 입증책임에 따른 제약이 있다.

형사재판의 가장 중요한 임무 중 하나가 범죄인을 처벌하는 것이다. 다시 말해 사건의 진실을 발견하는 것이다. 마틴 루터 킹Martin Luther King 목사도 "진리가 너희를 자유롭게 하리라"라는 유명한 말을 했다. 자연과학자, 사회학자, 철학자도 모두 진실 발견이야말로 재판의 가장 중요한 임무라고 말한다. 사실 재판에서 진실 발견을 못한다면 법이 이루려는 목적도 요원해질 것이다. 예를 들어, 교통사고를 낸 사람을 처벌하지 못한다면 시민들에게 교통법규를 준수하라고 요구할 수는 없을 것이다.[3]

그러나 진실 발견은, 이와 같은 여러 제약을 받기 때문에 절차가 공정해야 한다는 요구와 항상 긴장 관계에 있다. 예를 들어 경찰관이 피의자로부터 폭행이나 협박으로 자백을 얻었다 하자. 이럴 경우 자백이 사실이더라도 이러한 자백을 허용하면 재판의 공정성이 훼손될 것이다. 형사재판에서 진실 발견도 매우 중요한 목적이긴 하나 절차의 공정성이 훼손된다면 장기적으로 볼 때 진실 발견에도 도움이 되지 않을 수도 있다. 따라서 이럴 경우, 진실 발견은 절차의 공정성에게 양보해야 할 때도 있다.

재판에서의 진실과 실제의 진실

많은 사람들이 사법 판단, 다시 말해 판결이 진실인지에 대해서 의문을 품는다. 무엇 때문일까? 판사가 할 일은 실제 벌어진 사건에 적용될 법률을 찾고, 사건이 법률에 적용되는지를 검토하고, 과연 사건이 벌어졌는지를 판단하고, 법률을 적용하는 것이다. 법률을 찾고 사건을 법률에 적용시키는 일은 객관적으로 보인다. 그러나 사실을 판단하는 일에는 재량이 많다는 점에서 주관적으로 비친다. 많은 사람들은 어떤 사건에 대한 사법 판단인 판결이 진실이라고 생각한다. 그러나 판결로 드러난 사실이 진실이 아니라고 생각하는 사람도 있다. 어떤 사건에 대하여 사법적으로 판단 내리면, 여기서 드러난 진실은 '**재판상 진실**judicial truth'이라고 부를 수 있다. 이 진실은 사법적 판단 범위 내에서 드러난 진실일 뿐이다. 왜냐하면 사법적 판단이란 재판으로 넘겨진 사건에 대하여만 법률을 적용하는 것이기 때문이다.

사법적으로 판단할 때 사실과 법률 모두를 고려한다. 따라서 이 판단에는 '**사실상 진실**factual truth'과 '**법률상 진실**legal truth'로 나눠 살펴볼 수 있다. 그러나 실제로는 두 가지를 같이 판단 내리며, 둘은 일체로 되어 있다. 따라서 이런 판단이 참이냐 거짓이냐를 말하기 어렵다. 왜냐하면 사법적으로 판단할 때 올바른 판단이냐를 따지지, 그것이 진실이냐고 따지지 않기 때문이다.[4] 사법적 판단이 진실에 이르도록 해야 한다고 주장하는 견해가 있다. 그러나 올바른 판단이란, 문제된 사실에 대하여 타당한 법률을 적용해서 판단 내리는 것이다. 재판에서는 사실과 법률 모두를 고려한다. 만약 판사가 사적인 입장에서 판단 내리면 그 판결은 명백히 참이 아닌 거짓이라 할 수 있다. 소송은 어느 한 사람을 설득하는 데 목적을 두고 않고, 올바른 판단을 내리는 데 목적을 둔다. 판사의 임무는 합리적이고 논리에 맞게, 그리고 일관성 있게 사안에 맞는 법률을 적용해서 판단 내리는 데 있다. 그래서 사건에 타당한 법률을 적용하면, 그것을 두고 재판상 진실이라고 말할 수 있는 것이다.

심슨 사건으로 돌아가 보자. 형사재판에서 배심은 심슨에 대해서 무죄로 평결했다. 이것은 심슨이 살인을 저지르지 않았다고 판단한 것이 아니다. 심슨을 범인으로 단정 짓기에는 합리적 의심을 할 만한 여러 사정이 보였다는 것이다. 이것은 재판상 진실이다. 그러므로 실제의 진실은 이와는 별개이다. 변호사나 판사는 늘 법적 추론을 한다. 대부분의 추론은 삼단논법에 의한다. 법률을 대전제로 하고 사건이나 사건에 대한 진술을 소전제로 하여 이를 통해 결론을 이끌어 낸다. 이러한 삼단논법에 따라 도출한 결론이 진실이라고, 아니면 거짓이라고 말할 수 있을까? 그러기 위해선 먼저 법률이 진실 발견이란 목적을 지향하고 있느냐 하는 문제를 검토해야 한다. 그리고 법률이 진실을 목적으로 삼고 있는 경우, 삼단논법을 통한 결론이 과연 진실이라고 말할 수 있는지를 다시 검토해야 한다. 이런 검토를 통해 이른 판단이 진실이라는 결론에 이르더라도 이것은 어디까지나 재판상 진실일 뿐이다. 그리고 이럴 경우 실제의 진실에 가까이 이르렀다고 간주할 수 있다는 것뿐이다.[5]

올바르게 주장하고
판단하기 위한 추론

재판에서 검사와 변호인은 자신들의 주장이 옳다고 주장한다. 이러한 주장은 대개 추론이라는 형식을 띤다. 지금까지 추론 방식에는 크게 두 가지가 있다고 알려져 있다.

첫째는 **귀납추론**이다. 여기선 구체적인 사실에서 출발해서 결론을 이끌어 낸다. 재판에서 이루어지는 논증의 대부분이 이런 귀납추론의 형식을 띤다. 심슨 사건에서 검사는 범행 현장에서 로킹엄 저택에 이르기까지 일련의 증거를 제시해서 심슨이 범행 현장에 다녀갔다는 사실을 주장했고, 이를 통해 심슨이 범인라는 결론을 도출하였다.

둘째는 **연역추론**이다. 이 방법에선 일반적인 법칙에서 출발해서 구체적인 진술을 덧붙이고, 이를 통해 구체적인 결론을 이끌어 낸다. 심슨 사건에서도 검사는 이런 방법을 동원하였다. DNA 증거의 일치 확률을 제시하면서 이것을 통해 범행 현장과 로킹엄에서 발견된 일련의 DNA가 바로 심슨의 것이라는 구체적인 결론에 이르렀다.

그런데 실제로 우리의 일상생활에서의 논증이나 재판에서의 논증은 이렇게 단순하지 않다. 결론을 의도하지 않았는데 결론이 불쑥 튀어나오지 않는다는 말이다. 어떤 주장을 떠올리게 하는 것은 대부분의 경우에 있어, 드러난 무엇과 해결하려는 문제가 있기 때문이다. 증거가 널려 있을 경우에 대부분, 문제에 대한 연결고리를 찾는다. 이런 잠정적인 해결책을 〈가설〉이라고 부른다. 이렇게 가설을 세운 다음, 가설을 뒷받침하는 증거를 수집한다. 그리고 자신이 세운 가설이 다른 가설보다 증거를 더 잘 설명하면 자신이 세운 가설을 결론과 연결 짓는다. 이렇게 결론에 도달하는 방식을 **가추추론**이라 부른다. 다시 말해 수많은 증거가 널려 있을 경우, 우리는 먼저 증거를 설명하는 가설을 세운다. 그리고 이렇게 세운 가설에 의심을 품고 다른 증거를 수집한다. 그리고, 이러한 증거를 토대로 가설을 검토하고 결론 내린다.

심슨 사건에서도 검사는 실제로 이런 과정을 거쳤다. 번디에서 로킹엄에 이르는 많은 증거를 통해 심슨이 범행 현장에 다녀갔다는 가설을 세웠다. 그리고 심슨이 과거 전처인 니콜을 폭행한 증거를 수집하고 이를 통해 심슨이 폭력 성향의 사람이란 가설을 세웠다. 그리고 니콜에게 로널드 골드먼이란 남자 친구가 있음을 드러내는 증거(과거에 알았든지, 아니면 범행 현장에서 알게 되었든지 간에)를 찾고, 이를 통해 심슨이 질투에 눈이 멀어 격분에 이르렀다는 가설을 세웠다. 이러한 가설들을 토대로 검사는 폭력 성향의 심슨이, 질투에 눈이 멀어, 범행 현장에 가서 두 사람을 살해했다는 결론에 이른 것이다. 이를 도표로 정리해보았다.

우리는 실제로 사건에 대한 문제에 부딪히면 이렇게 가추적으로 해결하려고 노력한다. 가설 없이 증거를 수집하는 것은 나침반 없이 항해를 계속하는 것과 같다. 그래서 증거를 배열하고 나름의 가설을 세운다. 이런 과정은 마치 퍼즐맞추기와도 같다. 퍼즐을 맞추려면 전체 그림은 뭔지, 그리고 어떤 연결고리가 있는지를 생각하고 맞춘다. 그런데 여기에 함정이 도사리고 있다. 사람들은 문제 상황에 대해 자신의 관심이나 목적에 가장 잘 맞아떨어지는 가설을 떠올리게 마련이다. 이러한 오류에 이르지 않으려면 어떻게 해야 할까? 이 문제 해결을 위해 시카고 대학교 교수 조셉 윌리엄스Joseph Williams와 버지니아 대학교 교수 그레고리 콜럼Gregory Colomb은 몇 가지 전략을 소개한다.[6]

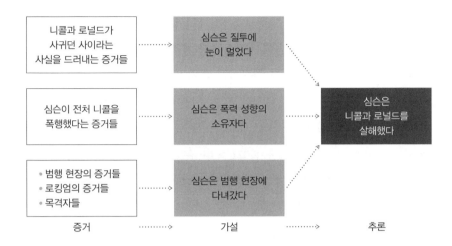

니콜과 로널드가 사귀던 사이라는 사실을 드러내는 증거들	심슨은 질투에 눈이 멀었다	
심슨이 전처 니콜을 폭행했다는 증거들	심슨은 폭력 성향의 소유자다	심슨은 니콜과 로널드를 살해했다
• 범행 현장의 증거들 • 로킹엄의 증거들 • 목격자들	심슨은 범행 현장에 다녀갔다	

증거 ·······> 가설 ·······> 추론

첫째, 사람들은 어떤 믿음에 생각을 고정하면 그것을 반박하는 증거보다 자신의 믿음을 뒷받침하는 증거를 찾는 데 더 관심을 기울인다. 그래서 의도적으로 자신의 가설이 부당하다는 증거를 찾아보아야 한다.

둘째, 증거를 객관적으로 수집하더라도 사람들은 자신의 가설에 맞게 증거를 해석하는 경향이 있다. 그래서 증거를 나름 객관적으로 해석하도록 노력해야 한다.

셋째, 사람들은 자신의 가설을 반박하는 증거에는 가혹하다. 따라서 자신의 믿음을 반박하는 증거를 무시하지 말아야 한다.

넷째, 사람들이 오판에 이르는 것은 자기 자신을 지나치게 믿기 때문이다. 이러한 편향에 빠지지 않으려면 자신을 과신해선 안 된다.

논증에 있어서의 오류

형사재판에서는 검사가 사건이라는 결과에 대하여 입증할 책임을 진다. 검사는 이러이러한 경위로 사건이 발생했다고 주장하고 입증해야 한다. 물론 피고인 측에서도 검사의 이런 주장이 잘못되었다고 반박한다. 민사소송에서는 소송을 제기한 원고가 주로 입증책임을 진다. 원고는 자신이 소송에서 청구하는 근거가 무엇인지 주장하고, 증거를 대서 입증해야 한다. 피고도 이러한 원고 주장이 타당하지 않다고 반박하고 입증할 수 있다. 민사소송이든 형사재판이든 사건이 일어나는 것에는 나름의 이유가 있게 마련이다. 마찬가지로 어떤 주장이든 근거를 대어 판사나 배심원을 설득하지 못한다면 재판에서 지게 된다. 하나의 주장을 하기 위해선 하나 또는 여러 근거를 댈 수 있다. 이와 같이 하나의 주장과 하나 이상의 근거로 이뤄진 묶음을 〈논증〉이라고 부른다.

좋은 논증이 되려면 논리 정연하고 설득력이 있어야 한다. 그러나 언뜻 보기에 좋은 논증인 것처럼 보이나 실제로는 좋지 않거나 오류를 범하는 논증도 많다. 논증에 있어 오류가 있는 몇 가지 예를 들어보겠다.[7]

먼저 들 수 있는 것은 '**성급한 일반화의 오류**'다. 적거나 편향된 표본에 기초하여 이러한 경우가 일반적인 경향이나 추세로 나타난다고 주장하는 걸 종종 보게 된다. 심슨 사건에서는 검사는 가정 폭력에 대한 통계수치를 대면서 가정 폭력의 전력이 있는 심슨이 살인에까지 나아갔다고 주장했다. 이것은 '검사의 오류'에 해당한다. 여기에 대해 심슨의 변호인은 가정 폭력을 당한 여자 중 살인을 당한 여자는 매우 드물다는 통계수치를 댔다. 이것은 '변호인의 오류'에 해당한다. 이러한 오류에 이르게 되는 것은 충분한 근거를 제시하지 않거나, 표본을 거론할 때 같이 검토해야 할 여러 전제 조건들을 소홀히 했기 때문이다.

다음으로 들 수 있는 것은 '**편향된 통계의 오류**'다. 사례와 수가 충분하다 해도 이러한 사례가 성별이나 나이 내지는 지역에 편중되어 있을 때, 이러한 표본 사례가 전체를 대변한다고 말할 수 없다. 민사소송에서 원고 측은 DNA의 일치 확률을 제시했지만, 이 일치 확률에 이르는 표본 검사를 할 때 흑인에 대해서는 매우 적은 수만 검사한 것으로 드러났다. 이것은 편향된 통계의 오류에 해당한다.

다음으로 '**원인 오판의 오류**'가 있다. 이것 다음에 일어났으므로 결과가 발생했다고 주장하는 것이다. 이는 전후관계와 인과관계를 혼동하는 것 이라 할 수 있다. 한 사건이 다른 사건 다음에 일어났다는 사실만으로 앞의 사건이 뒤의 사건의 원인이라고 몰아서는 안 된다. 심슨 사건에서도 검사는 심슨이 범행 현장에 다녀갔을 것이라고 추정하고, 이를 토대로 곧바로 심슨이 범인이라고 단정 지었다. 이렇게 되면 그날 범행 현장에 다녀갔을 다른 사람이나 다른 가능성은 아예 무시하게 된다.

마지막으로 '**미끄러운 비탈길의 오류**'를 살펴보자. 미끄러운 비탈길에서 일단 첫걸음을 떼고 나면 도중에 멈추거나 방향을 바꾸지 못하고 비탈길의 바닥에 이르기까지 계속해서 미끄러질 수밖에 없다. 마찬가지로 어떤 행위가 시작되면 우리가 받아들일 수 없는 나쁜 결과로 진행할 수밖에 없는 인과 사슬의 지배를 받는다고 주장하는 것이다. 경찰은 사건 다음 날, 심슨을 조사하면서 심슨의 왼손가락에 약간 베인 상처가 있음을 보았다. 이를 통해 경찰은 심슨이 범행 현장에 있었고, 두 피해자와 싸움이 있었다고 보았다. 결국 범행 현장에 있던 심슨은 비탈길에 접어든 것이고, 자신의 통제력을 벗어나서 살인이라는 절망적인 상태에 이르렀다고 추정한 것이다.

확신편향이란

개인이나 단체, 그리고 국가도 긴박하게 해명해야 할 여러 일에 대해 서로 다른 신념을 가진다. 이러한 의견의 불일치가 나타나는 것은 놀라운 일이 아니다. 그리고 신념이 이러한 의견에 있어 불일치를 가져온다는 사실을 안다면 어쩌면 의견의 불일치란 불가피해 보이기도 한다. 그런데 이렇게 입장이 다른 사람들이 똑같은 증거를 접할 때 어떤 일이 벌어질까?

검사와 변호사는 불가피하게 의견이 불일치하는 지위에 있다. 검사는 피고인을 기소해야 하는 입장에 있고, 변호인은 피고인이 무죄라고 다투어야 한다. 그런데 이러한 입장 차이를 좁힐 만한 증거가 나타난다면, 이러한 증거를 토대로 양측은 보다 올바른 방향으로 태도가 바뀔까?

그러나 심리학자들의 실험 결과는 이와는 반대로 나타났다. 새로운 증거가 나타날수록 의견을 달리하는 양측은 모두, 자신의 신념에 반대되는 증거에 비해 자신의 신념을 지지하는 증거를 더 믿었다. 그리고 새로운 증거가 나타난 이후, 양측은 자신의 신념을 더 강화시켰다.

사람들의 신념은 정보를 추구하고 저장하며 해석하는 데 영향을 미친다. 이러한 현상을 심리학자들은 '**확신편향**confirmation bias'이라 부른다. 사람들은 자신의 신념을 지지하는 증거에는 관대하나, 자신의 신념에 반대되는 증거는 가혹하게 비판한다. 나아가 사람들은 자신들의 인상이나 신념에 맞는 증거에 대해 인과 분석을 하고 설명을 붙이기도 한다.[8]

이러한 현상은 심슨 사건에서도 그대로 나타났다. 형사재판에서 검사와 변호인은 컨베이어 벨트에 실려 보내는 물건처럼 법정에 끊임없이 증거를 제출했다. 많은 사람들이 증거가 많이 나타나면 날수록 양측의 견해 차이는 좀 더 좁혀지리라 기대했다. 그러나 결과는 정반대였다. 검사와 변호인은 제출된 증거를 자신의 신념에 맞추어 재해석했다. 그리고 자신들의 신념에 맞는 증거는 관대하게, 이와 반대되는 증거는 가혹하게 비판했다. 이들의 신념은 재판이 끝나도 변하지 않았다. 최근까지 양측의 인터뷰를 보면, 이들의 신념이 전혀 변하지 않았다는 사실을 여실히 볼 수 있다.

인과 논증하기

니콜 브라운과 로널드 골드먼은 무엇 때문에 누구에 의해 살해되었을까? 이 단 하나의 질문에 대답하기 위해 몇 년에 걸쳐 수사와 형사재판, 그리고 민사소송이 이어졌다. 다시 말해 두 사람을 살해한 진범이 누구인지 밝히고, 사건의 원인과 이유를 찾으려고 이렇게 노력한 것이다. 심슨이 범인이라면 인과관계는 단순해 보인다. 심슨은 과거 전처 니콜 브라운을 폭행한 전력이 있다. 그리고 전처 니콜 브라운에게 로널드 골드먼이란 젊고 잘 생긴 남자 친구가 있다는 사실에 그만 눈이 멀어 격분에 이르렀다. 그래서 두 사람을 살해한 것이다. 그러면 이러한 인과논증은 과연 사려 깊은 생각일까? 원인에 대해 깊이 고민하지 않고 일반적인 상식 수준에서 판단하고 사고하면, 심슨이 범인이라는 결론에 이르게 되기 쉽다. 그러나 좀 더 증거를 세밀하게 살피고, 객관적으로 사건을 들여다보면 볼수록 이런 인과논증에 문제가 많다는 사실을 알게 된다.

검사는 심슨이 질투에 눈이 멀어 격분에 이르러 두 사람을 살해했다고 결론 지어 놓았다, 그리고 여기에 맞아떨어지는 증거와 주장, 다시 말해 인과관계에 있어 '원인'을 찾아갔다. 그러나 우리는 특정한 원인에 대해서만 생각하고 초점을 맞출 때 나머지 원인들을 무시하는 경향이 있다. 검사 역시 이런 오류를 범했다. 니콜의 집은 침범당하지 않았으며, 이런 증거에 미루어 범행은 면식범의 소행이다. 그렇다면 경찰이나 검사는 맨 먼저 피해자들과 가까운 친척이나 지인을 조사해 봐야 한다. 그런데도 경찰과 검사는 이미 심슨이 원인 제공자라고 단정 지어 놓았기에 다른 원인은 아예 무시했다.

사람들은 원인에 대한 논증을 계획하기 전에 원인에 대한 합리적인 사고를 훼손하는 경향이 있는데, 이를 '**인식편향**cognitive bias'이라고 한다.[9] 그 예를 들어보면 다음과 같다.

첫째, 사람들은 결과에 대한 원인을 찾을 때 가까운 원인만 찾고 멀리 있는 원인은 무시하는 경향이 있다. 심슨 사건에서도 검사는 그날 심슨이 로널드 골드먼이라는 니콜의 남자 친구를 보고 격분에 이르렀다고 주장했다. 다시 말해 가까운 원인만 살핀 것이다. 그러나 살인 사건이란 실타래를 풀기 위해선 경우에 따라선 복잡한 심슨의 가족사를 들여다볼 필요도 있다. 그리고 그중에 심슨과 제이슨, 니콜의 관계에 대해서도 돌아봐야 했다.

둘째, 사람들은 실제로 일어난 사건에만 원인을 찾고, 일어나지 않았던 사건에는 원인을 찾지 않는다. 심슨 사건에서도 마찬가지다. 만약 니콜 가족이 제이슨이 주방장으로 근무하는 레스토랑에서 식사를 했더라면 과연 살인 사건이 벌어졌을까에 대해선 전혀 검토하지 않았다.

셋째, 사람들은 일상적인 사건보다 놀라운 사건에 인과관계를 부여한다. 심슨과 니콜 가족 사이의 여러 시시콜콜한 사건들이 의외로 살인이라는 원인을 제공할 수 있다. 그럼에도 경찰이나 검사는 심슨이 벌인 브롱코 추격전이란 전대미문의 놀라운 사건에 흠뻑 빠졌는지, 이러한 일상적인 사건에는 관심을 기울이지 않았다.

넷째, 사람들은 자신이 세운 가설에 맞는 원인을 찾는 오류를 범한다. 원인을 찾을 때 자신의 취향대로 자신이 좋아하는 가설에 맞는 원인을 찾아서는 안 된다. 경찰이 검사 마셔 클라크에게 사건을 보고했을 때 클라크의 반응은 아주 단순했다. "그는 악마야! 처를 살해한 악마!" 이와 같이 클라크 검사는 심슨이 악마(살인마)라고 단정 지었다. 이런 가설이 맞는 원인을 찾는 일은 아주 쉽다. 그럴수록 오류에 이를 가능성도 커지게 된다.

다섯째, 사람들은 결과의 중요성에 걸맞은 원인을 찾는 오류를 범한다. 검사 역시 니콜 브라운과 로널드 골드먼 살해 사건이라는 참혹하고도 파장이 큰 초대형 사건에 걸맞게 비난의 화살을 돌릴 수 있는 큰 원인을 찾으려고 했는지 모른다. 그래서 오 제이 심슨을 범인으로 지목했을 것이다. 오 제이 심슨이야말로 이런 대형 사건에 걸맞은 인물이니 말이다. 그러나 우리는 미처 주목하지 못하고 지나칠 수 있는 다른 원인에 대해서도 생각해 봐야 한다.

귀인오류에서 벗어나기

심리학자들은 사람이 행동한 원인을 분석할 때 '귀인attribution'이란 말을 사용한다. 사람들은 자신이나 다른 사람이 행동한 원인을 추론한다. 그리고 행동을 살펴서 개인의 성격 등을 추론하기도 한다. 이러한 현상을 '귀인'이라 한다. 사람들은 다른 사람의 행동의 원인이 무엇인지 궁금해 한다. 이를 통해 미래를 예측하고, 환경을 예측하고 통제하는 데 도움을 받는다. 그리고 우리의 감정과 행동에도 영향을 미친다. 사람들은 때론 사람의 행동이 개인의 기질이나 성향 때문에 나타난다고 추론한다. 이를 '**성향귀인**'이라고 한다. 그런데 경우에 따라선 상황과 같은 외부 요인으로 행동이 나타났다고 보기도 하는데, 이를 '**상황귀인**'이라고 한다.

그런데 심리학자들은, 사람들이 타인의 행동이 성향 때문인지 아니면 상황 때문인지를 추론할 때 오류를 범하는 사실을 발견했다. 사람들은 상황요인이 영향을 미쳤어도 성향귀인을 하는 경향이 많다. 예를 들어, 사람들은 대체로 다른 사람의 행동이 사회적으로 바람직하지 않으면 이 사람의 행동을 그 사람의 성향 탓으로 돌린다.[10]

심슨 사건에서도 마찬가지다. 니콜이 입은 처참한 상해 부위를 보면 범인은 '격분한' 상태에서 범행에 이르렀다고 추론할 수 있다. 그런데 검사는 격분에 이른 범인이 바로 오 제이 심슨이고, 심슨은 과거 니콜을 폭행한 성향이 있기 때문에 질투에 눈이 멀어 니콜을 살해했다고 추론했다. 그렇다면 이는 성향귀인을 한 것이고, 상황귀인을 무시한 것이다. 그날 심슨은 니콜과 나란히 딸 시드니의 댄스 공연을 관람했다. 그리고 당시 심슨은 같이 사는 여자친구도 있었으며, 데이트할 여자 친구도 많았다. 따라서 '질투에 눈이 멀' 상황이 아니였다. 그리고 그날 심슨은 기분 좋게 골프도 치고, 자랑스런 아버지로 딸의 공연에 참석했다. 그리고 그날 밤, 업무로 시카고로 떠나야 했다. 이런 상황을 본다면 검사의 추론은 성향에 치우친 귀인오류를 범했다고 볼 수 있다.

판단의 심리학

심슨 사건에서 검사와 변호인, 원고와 피고 측은 각기 주장과 입증을 펼쳤다. 그러나 이러한 주장과 증거를 판단하는 것은 오롯이 배심원의 몫이다. 그러면 배심원은 과연 이런 대립되는 주장과 증거들 앞에서 합리적으로 사고하고 판단할까? 그런데 심리학자들은 사람들은 합리적이라기보다 비합리적으로 사고하고 판단할 때가 많다는 사실을 발견했다. 그래서 '**제한적 합리성**'이란 말을 쓴다. 사람들은 신념이나 선호, 여러 제약에 따라 마음의 지름길을 좇아 추단하기도 한다. 때로는 체계적으로 편향에 이르기도 한다.[11] 이러한 추단과 편향의 몇 가지 예를 들어보겠다.

사람들은 복잡한 사건이나 문제에 부닥쳤을 때 자신의 마음속에 떠오르는 사건이나 연상으로 사건이나 문제를 풀려고 한다. 이를 심리학자들은 '**가용성 추단**'이라 부른다. 이에 의하면 최근에 접한 사건이 판단에 더 큰 영향을 미친다. 심슨 사건에서 검사는 사건이 종착역에 가까울 무렵 배심에게 강한 인상을 심어 주려고 했다. 그래서 심슨에게 장갑을 껴 보라고 했다. 장갑이나 모자도 증인들을 불러 물어본 후에야 제출했다. 그리고 사람들은 사건의 확률보다는 가설이 얼마만큼 지지될 수 있는지를 두고 판단한다. 이를 '**지지 이론**'이라 부른다. 심슨 사건에서도 〈심슨이 범인이라는 가설〉과 변호인이 주장한 〈암살범 이론〉이 경합하였다. 이때 배심원들은 양 이론에 대한 확률을 두고 판단하지 않고, 어떤 가설을 지지하느냐에 따라 판단한다. 따라서 배심원들이 〈암살범 이론〉이 설득력이 없다고 판단하여도 〈심슨이 범인이라는 가설〉이 지지되는 것은 별개의 문제가 된다는 얘기다.

'이야기 모델'에서도 이와 비슷한 주장을 한다. 사람들은 여러 이야기 중 가장 그럴듯한 이야기에 귀를 기울인다. 형사재판이나 민사소송에서는 양측의 이야기가 경합한다. 검사와 민사소송의 원고 측은 심슨이 범인이라면서 "심슨이 질투에 눈이 멀어 격분에 이르렀고, 결국 니콜 브라운과 로널드 골드먼을 살해했다"고 주장했다. 이에 대해 심슨 측은 "심슨은 살해 현장에 가지 않았고, 두 피해자를 살해할 아무런 이유도 없었다"고 주장했다. 이야기 모델이 확실히 설득력이 있는 것은 사실이다. 배심원들은 무수히 법정으로 실려 오는 증거를 '이야기'로 엮어 주지 않으면 증거와 증거를 연결하기 어렵다. "구슬이 서 말이라도 꿰어야 보배"란 속담도 있다. 그러나 이야기만으로 배심원들이 판단한다고 보는 건 너무 단순한 도식이다. 실제로 배심원들은 양측의 이야기도 듣지만 법정에 제출된 여러 증인들의 말을 들어 보고 나름대로 추론한다. 따라서 〈이야기〉가 배심원들이 판단하는 데 영향을 주는 건 사실이지만, 배심원들은 이야기만으로 판단하지는 않는다. 그리고 최근의 연구들은 이러한 이야기가 배심원들에게 편견이나 오류를 불러올 수 있다는 사실에도 주의를 기울이고 있다.[12]

인과관계를 판단할 때에도 사람들은 편향을 일으키곤 한다. 심리학자들은 사람들이 때때로 아무 관계도 없는 사건을 결과와 상관관계가 있다고 판단하는 편향을 발견했다. 이것을 '착각상관'이라고 한다. 문제의 사건에 대해 사전 신념이 있는 경우는 특히 그렇다. 심슨 사건에서 검찰청은 사건이 발발한 지 얼마 안 되어 심슨이 범인임을 드러내는 많은 증거들이 있다면서 이런 내용을 언론에 퍼뜨렸다. 이것은 잠재적 배심원들에게 '착각상관'을 불러일으킬 수 있다. 이러한 언론 보도를 접한 배심원들에게는 사전 신념이 생기게 된다. 이럴 경우, 배심원들은 검찰이 주장한 심슨의 과거 배우자 폭행 사실 등을 두 피해자의 살인이라는 결과와 상관관계가 있다고 판단할 수 있게 된다.

과학증거와 진실

　　　　　　　　　　　　심슨 사건에서 DNA, 혈흔, 모발, 섬유 등
과학증거가 논란이 되었다. 당시로선 새로운 증거가 제출되자 재판 전부터
과학증거의 신뢰성에 대한 논쟁이 일었다. 양측은 상대의 신뢰를 떨어뜨리
기 위해 애썼고, 지원군도 나타났다. 과학자들은 《사이언스》와 《네이처》에
양측의 논거를 지지하는 글을 기고했다. 심슨 사건에서 검사와 피고인 측은
모두 그 분야에 권위 있는 사람들을 동원해서 DNA 증거에 대해 자문을 받았
다. 검사 측은 유명한 〈셀마크 연구소〉와 계약을 맺어 DNA 검사를 받았다.
피고인 측은 경력이 화려한 DNA 전문 변호사와 저명한 법과학자 헨리 리 박
사를 영입했다. 과학자들은 연구와 출판, 동료의 평가를 거친 출판물이 소송
에서 유력한 근거가 될 수 있다는 사실을 알고 있었다. 그래서 여러 학자가
DNA 검사에 대해 쓴 논문이 《네이처》에 실리자, 이것은 재판에서 도움을 받
기 위함이라는 평가가 나왔다.[13]
　당사자주의를 지지하는 진영에선 대립하는 양 당사자, 다시 말해 형사 재
판에서 검사와 피고인, 민사소송에서 원고와 피고의 논박을 통해 진실에 더
가까이 다가갈 수 있다고 본다. 사회학자들은 과학적 주장이 인정받기 위해
선 관련 학문을 연구하고, 사람들 사이에서 비공식적이고, 때로는 보이지 않
는 여러 절충을 거쳐야 한다고 본다. 과학적 주장이 진실로 자리 잡기 위해
선 여러 인적 조직, 기록화 등을 통해 검증이 이루어져야 한다는 것이다. 그
리고 이렇게 다듬어진 과학적 주장이 양측의 공격이라는 반대신문을 견뎌내
면 좀 더 다듬어질 것이고, 진실에도 더 다가갈 것으로 본다. DNA와 같은 과
학증거는 전문가의 도움을 받아 법정에 등장하게 된다. 그리고 배심원들은

이들 전문가의 말에 귀 기울이게 마련이다. 실증조사에 의하면 배심원들은 특히 의사와 같은 전문가의 의견에 크게 동조하는 것으로 나타났다. 따라서 과학증거가 법정에 등장할 때 당사자주의의 역할이 매우 중요하다. 양 당사자의 반대신문이라는 수단을 통해 '과학증거'라는 베일 속에 가려진 검증되지 않았던 부분이 드러난다면 시민들은 재판이 올바른 방향으로 가고 있다고 느낄 것이고, 올바른 시민교육이란 재판 본연의 기능도 발휘될 것이다.

그러나 과학증거를 어떤 범위로 허용할 것인가에 대해선 의견이 분분하였다. 1923년, 미국 항소법원은 유명한 프라이 사건[14]에서 과학증거를 허용하는 기준을 제시했다. 항소법원은 "법원은 오랫동안 충분히 그 분야에 속한 일반적 승인이 확립된 과학적 원칙이나 발견에 기초한 과학증거에 대하여 허용성을 결정하여 왔다"고 판시했다. 여기서 제시한 기준을 한마디로 요약하면 '**일반적 승인**'이다. 프라이 기준은 간결하고 명백하다는 장점이 있다. 그러나 구체적 사건에 적용하기에는 모호하다는 단점이 있었다. 이후에도 여기에 대한 논의는 계속되었고, 1993년 미국 연방대법원은 프라이 기준 대신 새로운 '**신뢰성 기준**'을 제시했다. 도버트 사건[15]에서 법원은 과학증거의 허용성 여부를 검토할 때 고려해야 할 기준을 제시했다.

- 이론과 기술이 신뢰할 수 있는 방법으로 검증되거나 검증될 수 있는지 여부
- 이론과 기술에 대하여 동료의 검토가 있었는지, 책으로 발간되었는지
- 기술이 알려져 있는지 여부, 잠재적인 오류율
- 기술을 조작하는 데 있어서 통제 기준이 있는지 여부, 기준이 잘 유지되고 있는지 여부
- 기술과 검증이 일반적으로 승인되었는지 여부
- 소송과는 독립된 전문가에 의해 검증된 작업에서 사용된 기술인지 여부

과학증거는 이와 같이 잘 통제되고 엄격한 규정에 따른 절차에 의해 수집

되어야 한다. 그리고 이러한 과학증거는 법정에서, 전문가 증인에 대한 양측의 반박을 통해 증거 수집과 검사 방법에 이르기까지 모두 검증되어야 한다. 과학증거는 시민들에게 매력적으로 보일 수 있고, 신선하게 다가올 수 있다. 그러나 과학증거는 잘 통제되고 검증되어야 한다. 그렇지 않은 과학증거는 양날의 칼처럼 오히려 진실 발견에 독이 될 수 있다. 심슨 사건에서도 당시로서는 새로운 과학증거가 제출되었다. DNA 분석과 모발 분석 등을 통한 증거가 속속 법정에 등장하였다. 그러나 곧 검사의 주장을 강력하게 지지할 이런 증거가 잘 통제되지도, 검증되지도 않았음이 드러났다. 이로 인하여 검사의 주장이 과연 사실일까라고 의심하는 단계에까지 이르렀다.

당사자주의와 진실

심슨 사건에서는 검사와 변호인이 치열한 논쟁을 주도했다. 이런 당사자주의 소송에서는 명확한 결론으로 갈 경우가 많다. 즉 한쪽은 승소하고 다른 쪽은 패소한다. 이럴 경우, 과연 이러한 결과가 진실에 이른 것인지 의문이 생길 수 있다. 재판 결과가 나타나더라도 사람들은 생각하길, '도대체 법원은 진실에 관심이나 있는 것일까?'라고 의문을 제기할 수 있다. 이와 같은 물음에 대해, 캐나다의 정치인이자 변호사인 데니스 패터슨Dennis Patterson은 《법과 진실Law and Truth》에서, 이제는 법이 진실을 전제로 하고 있는지에 대한 철학적인 물음에 대답해야 한다고 목소리를 높인다.[16]

이런 문제 제기가 아니더라도, 형사재판이 과연 무엇을 추구하는지에 대해선 의견이 나눠져 있다. 그러나 형사재판도 정의를 목적으로 삼는다는 것에 대해선 다툼이 없다. 그러나 형사재판에서의 정의가 구체적으로 무엇을 말하는 것인지에 대해서는 의견이 나뉜다. 그러나 형사재판은 형법을 위반한 범죄인을 가려 처벌하는 절차란 점에서 형사재판의 중요한 목적이 진범인지를 가리는 진실 발견임을 알 수 있다. 더불어 형법을 올바르게 집행해야 하므로 절차의 공정성도 중요시해야 한다. 따라서 형사재판의 중요한 목적은 진실 발견과 절차의 공정성이다. 나아가 절차의 공정성을 바라보려면, 양 당사자에게 공정하고 대등한 지위를 부여하는 당사자주의에 의해야 한다. 그리고 이러한 당사자주의를 통해 대립하는 양 당사자로 하여금 주장과 입증을 하도록 하는 것이 오히려 진실 발견에 도움이 될 수 있게 된다.

그러나 형사재판에서 검사를 제외하곤 피고인에게는 진실의무가 없다. 피고인에게는 진실에 대해서 침묵할 수 있는 묵비권도 헌법으로 보장하고 있다. 변호인에게도 진실 발견에 협조하라는 의무를 부과하지 않는다. 오히려 당사자주의에서는 진실에 대해선 침묵하고, 자신들의 입장을 최대한 옹호하는 것이 오히려 승소하는 길이 될 수도 있다. 그러므로 당사자주의는 진실 발견에 거슬리는 제도라고 보는 견해도 있다. 그러나 당사자주의에 이러한 위험이 없진 않지만 지금까지 많은 나라가 당사자주의를 지지하고 있는 이유는 당사자주의야말로 진실 발견에 있어 최선책이란 인식이 자리 잡고 있기 때문이다. 편견이나 선입견을 가지고 섣불리 판단하려 든다면 절차의 공정성도 훼손될 것이고, 진실 발견에도 도움이 될 수 없기 때문이다.

만약 심슨 사건이 배심 제도와 결합된 당사자주의가 아닌 다른 제도, 예를 들어 배심 없이 판사 단독으로 판단하고, 판사가 적극적으로 나서서 소송지휘를 하는 제도 아래에서 진행되었더라면 과연 심슨에게 무죄가 났을까? 검사의 주장대로 DNA 증거 등은 심슨이 범행 현장에 다녀갔음을 강력하게 추정하고 있다. 그리고 여기에 대해서 심슨이 알리바이를 대고 입증했지만 석연치 않은 구석이 많아 보인다. 그리고 브롱코 추격 장면은 온 나라 사람들이 TV로 생생하게 시청했다. 비록 장갑이 심슨의 손에 맞지 않았지만, 피해자 가족이 법정에서 진을 치듯 자리 잡고 있고, 언론을 향해 연신 울음을 터뜨리는 상황이 이어졌다. 따라서 이럴 경우 모든 주장과 증거를 〈합리적 의심 원칙〉이란 잣대만으로, 그야말로 편견 없이 공정하게 심판할 수 있으리라 온전히 기대하기 어려울 수도 있다. 그러므로 배심 제도와 결합한 당사자주의야말로 비록 투박한 면도 있지만 진실 발견에 있어 최선책인 것이다.

진범은 과연 누구인가

1994년 6월 12일 밤 11시 40분, 니콜 브라운과 로널드 골드먼이 니콜 브라운의 집 현관 앞에서 싸늘한 시신으로 발견되었다. 이들은 칼로 무참히 도륙되었다. 상해 부위 등으로 미루어, 범인은 니콜 브라운을 살해한 뒤 로널드 골드먼을 살해한 것으로 추정되었다. 범인이 누구인지에 대해서 오 제이 심슨이 범인이란 설과 심슨의 아들 제이슨 심슨이 범인이라는 설, 제3자나 암살범의 소행이란 설이 있다. 그러나 〈제3자 이론〉이나 〈암살범 이론〉은 이를 뒷받침하는 증거가 너무나 빈약하다. 그러므로 유력한 나머지 두 가지 가설에 대해서만 집중하기로 하자. 먼저 검사의 가설(오 제이 심슨이 범인이란 가설)을 살펴보고, 윌리엄 디어의 가설(제이슨 심슨이 범인이라는 가설)을 살펴보도록 한다.

검사의 주장은 이렇다. 오 제이 심슨과 니콜 브라운은 2년 전 이혼했다. 그럼에도 오 제이 심슨은 니콜 브라운이 새로운 남자 친구를 사귄다는 사실을 알고 질투심에 빠졌다. 니콜의 동생 데니스 브라운에 의하면, 오 제이 심슨은 매우 난폭한 성격의 소유자이다. 한번은 오 제이 심슨이 니콜 브라운을 움켜잡더니 벽 쪽으로 밀치고, 집 밖으로 내동댕이쳤다고 한다. 그리고 검사는 사건 당일 이들의 딸 시드니의 댄스 공연 때, 니콜 브라운이 오 제이 심슨에게 자리를 내주지 않아 오 제이 심슨이 구석에 앉게 되었다고 주장했다.

검사가 내세운 증거들은 이렇다. 오 제이 심슨과 케이토 캘린은 그날 밤 맥도널드에 같이 가서 저녁을 먹고 9시 36분쯤 돌아왔다. 이에 따라서 검사는 이렇게 추정한다. 오 제이 심슨은 털모자를 쓰고 장갑을 끼는 등 나름 변장을 시도한다. 그리고 브롱코를 타고 번디로 가서 전처를 살해하고, 이어 전처의 남자 친구도 살해했다. 물론 로널드 골드먼은 그 자리에 우연히 와서 피해자가 된 것이다. 그리고 이 두 사람을 살해하는 데에는 채 몇 분이 걸리지 않았다. 살해 장면을 목격한 증인은 없고, 이후 니콜 브라운이 기르던 카토란 개만 발에 피가 묻어 있는 모습이 발견되었다. 처음에 검사는 개가 짖은 시각을 고려하여 살해 시각을 밤 10시 15분으로 추정했다. 그러자 오 제이 심슨의 변호인은 밤 10시 15분이면 오 제이 심슨이 케이토 캘린과 헤어진 후 그 짧은 시간 내에 건장한 두 명의 피해자들을 살해할 수 없을 거라 주장했다(검사의 주장에 따르면 오 제이 심슨은 밤 9시 36분쯤 케이토 캘린과 헤어지고 변장한 뒤, 브롱코로 가서 이 차를 운전해서 몰래 번디에 차를 주차하고 니콜 브라운의 집 뒷문으로 난 골목길로 숨어들어 니콜 브라운을 살해한다. 이어 밤 10시 15분 전에 로널드 골드먼까지 살해한 뒤, 다시 브롱코로 가서 차를 몰고 로킹엄에 도착하고, 사람들에게 들키지 않게 집으로 들어와야 한다).

그런데 니콜 브라운의 이웃사람 로버트 헤이드스트라는 밤 10시 38분 쯤 어떤 남자가 "이봐, 이봐, 이봐!"라고 크게 외치는 소리를 들었다고 증언했다. 이러한 증언을 토대로 오 제이 심슨의 변호인은 살인 사건이 발생한 것은 10시 40분쯤이라고 주장했다. 케이토 캘린은 10시 51분 내지 52분에 게스트하우스 밖에서 세 번 '쿵'하는 소리를 들었다. 이런 증거를 토대로, 검사는 차로 5분이면 번디에서 로킹엄까지 갈 수 있기에 심슨이 범인일 수 있다고 주장했다. 그리고 리무진 운전사 앨런 박은 10시 54분 쯤, 심슨과 비슷한 사람이 로킹엄 정문 쪽으로 걸어오는 걸 보았다. 따라서 검사는 오 제이 심슨이 범인임에 틀림없다고 주장했다.

이러한 주장을 토대로 검사는 그야말로 산더미 같은 증거를 법정에 제출했다. 이러한 증거들은 번디와 로킹엄에서 발견된 피, 모발, 족흔 증거등이다. 그리고 이러한 증거들 중에서 검사가 가장 야심차게 준비한 증거는 바로 DNA 증거이다. 검사가 제출한 DNA 분석에 의할 때 번디, 브롱코, 로킹엄에서 발견된 피는 오 제이 심슨의 피와 일치되었다. 물론 형사재판 때 오 제이 심슨의 변호인은 경찰이 이러한 증거들을 잘못 처리한 사실을 들추어냈다. 그리고 〈음모론〉을 들고 나왔다. 말인즉 인종주의에 물든 경찰이 오 제이 심슨을 옭아매기 위해 번디와 브롱코, 로킹엄에 증거를 심었다는 것이다. 케이토 캘린의 침실 밖에서 발견된 피 묻은 장갑도 마찬가지로 〈음모론〉으로 다투었다. 그리고 리 베일리 변호사는 마크 퍼만을 궁지로 몰았다. 그리고 마크 퍼만이 과거 〈깜둥이〉란 말을 했음에도, 그런 말을 한 사실이 없다고 거짓말을 한 사실도 드러났다.

검사는 피 묻은 장갑이 심슨의 것이라고 주장했다. 그렇다면 장갑은 오 제이 심슨에게 맞아야 한다. 그렇지만 오 제이 심슨의 변호인들은 직감으로 오 제이 심슨에게는 이 장갑이 너무 작다는 사실을 눈치챘다. 검사는 오 제이 심슨에게 장갑을 껴 보도록 한다는 회심의 카드를 만지작거리고 있었다. 그래서 크리스토퍼 다든 검사는 판사에게, 배심원들 앞에서 심슨으로 하여금 장갑을 껴 보도록 하라고 신청했다. 이토 판사는 심슨에게 장갑을 껴 보라고 명했다. 오 제이 심슨은 장갑을 껴 보려고 시도했지만 손가락은 아예 장갑에 들어가지 않았다. "장갑은 맞지 않습니다. 보입니까? 장갑은 맞지 않습니다." 오 제이 심슨은 말했다. 물론 검사는 장갑이 수축되었을 것이라는 〈수축이론〉을 뒤늦게 제기했지만, 이미 장갑이 심슨의 손에 맞지 않는다는 사실을 눈앞에서 목격한 배심원들의 주의를 돌리기엔 한 발 늦은 감이 있었다.

배심원들은 133일 동안 자그마치 126명에 이르는 증인들의 증언을 들었다. 그리고 재판하는 데 1,500만 달러라는 많은 비용이 들었다. 그리고 미국인뿐 아니라 전 세계인들은 TV로 1995년 10월 3일 10시에, 배심원들이 무죄로 평결했음을 알리는 재판 장면을 시청했다.

과연 심슨이 범인일까? 심슨이 범인이라는 이론에서 최대의 약점으로 지목되는 것은 심슨이 두 사람을 살해할 동기가 빈약하다는 데 있다. 니콜과 심슨 두 사람은 이혼한 지 오래되었다. 그리고 여러 상황으로 볼 때 니콜에게 남자 친구가 있다는 사실은 알 만한 사람은 다 아는 그리 새삼스런 사실이 아니다. 그럼에도 검사가 표현했듯이 두 사람의 상해 부위를 보면 범인은 '격분'한 상태였음이 틀림없다. 그래서 아들 제이슨을 보호하기 위해 오 제이 심슨이 스스로 순교자의 길을 걸었다는 가설이 사립 탐정 윌리엄 디어에 의해 제기되었다.

윌리엄 디어의 가설을 살펴보자. 제이슨은 동생의 죽음이라는 덫에서 벗어나지 못하고 있다. 그리고 국민영웅인 아버지를 둔 탓인지 늘 아버지의 기대를 충족시키지 못한다는 열등감이 그를 지배하고 있었다. 그리고 이러한 심리 상태는 우울증으로 이어졌고, 급기야 알코올 중독과 마약 복용에 빠지게 되었다. 그리고 〈간헐적 분노조절 장애〉라는 정신병에 이르렀다. 제이슨은 〈진실 게임〉이 벌어지면 분노를 조절하지 못한다. 진실 게임으로 여자 친구를 폭행한 적이 있고, 칼로 위협한 격도 있으며, 자해소동을 벌이기도 했다. 그리고 칼로 레스토랑 사장을 공격하기도 했다. 그리고 계모라고 보기엔 너무 젊은 니콜 브라운이 남자 친구 로널드 골드먼과 어울리는 것에 진절머리를 냈을지도 모른다. 그리고 제이슨은 폭행으로 구속된 전력이 있으며, 사건이 발발할 때 정신병 약의 복용을 그만둔 상태였다.

재판 기록에 의하면, 니콜 브라운은 그날 제이슨에게 전화해서 제이슨이 근무하는 레스토랑에서 식사하는 대신 로널드 골드먼이 일하는 레스토랑에서 식사하겠다고 통보했다. 전화통화를 마친 후 제이슨은 니콜 브라운이 자기 대신 로널드 골드먼을 선택한 것에 무척 격분했을 것이다. 그리고 범인이 사용한 칼은 지금껏 발견되지 않았는데, 제이슨이 버린 쓰레기더미에서 범행에 사용된 것으로 의심되는 칼이 발견되었다. 그리고 제이슨이 쓴 메모에는 범행을 했음을 추정할 수 있는 대목도 보인다. 민사소송에서 제이슨은, 그날 저녁 9시 30분에 일찍 레스토랑에서 나와서 집으로 돌아갔고, 집에서 TV를 보았다고 주장했다. 그리고 가끔씩 니콜 브라운의 집에 들렀고, 니콜 브라운과 언쟁도 했다고 한다. 니콜 브라운의 목이 절개된 사실 등을 볼 때, 범인의 격분 대상이 된 것은 바로 니콜 브라운임을 알 수 있다. 헨리 리 박사의 말을 빌리자면, 오 제이 심슨을 범인으로 본 것은 '뭔가 잘못된 일'이다. 그리고 니콜 브라운은 두 벌의 장갑을 샀다. 하나는 오 제이에게, 다른 하나는 제이슨에게 선물했을 것이다. 이런 추정은 장갑이 왜 오 제이에게 맞지 않은지 설명해 준다.

그 외에도 제이슨을 범인으로 볼 여러 정황증거가 있다. 사춘기 때 제이슨은 학교에 제대로 다니지 않았고, 여러 일탈 행동을 보였다. 오 제이도 제이슨이 학교생활에 문제가 많았다고 토로한 적이 있다. 그리고 제이슨은 마약 복용으로 인해 병원에 들락거렸다. 그리고 제이슨은 친어머니 마가렛과의 대화에도 문제가 있었고, 그래서 오 제이가 마가렛과 이혼하자 제이슨은 친어머니 마가렛과 같이 살지 않고 계모인 니콜 브라운의 집에서 살았다. 그리고 제이슨은 십 대 때 야구방망이로 아버지 오 제이가 애지중지하는 청동상을 내리친 적이 있다.

제이슨은 아버지 오 제이의 차를 훔쳤다가 니콜 브라운에 의해 발각된 적도 있었다. 그리고 제이슨은 약물 복용, 알코올 중독 증세와 함께 정신이상 증세도 보였다. 제이슨은 발작 증세와 함께 〈간헐적 분노조절 장애〉로 정신병원에서 치료를 받았다. 그리고 서던캘리포니아 대학교에서 중퇴했다. 가족들에 의하면, 니콜 브라운과 제이슨은 나란히 밖에 나가 춤을 추고 파티를 한 적도 있다고 한다. 그러므로 제이슨에게 니콜 브라운은 계모 이상의 존재였을지도 모른다.

그리고 제이슨은 가위로 자해를 시도한 적이 있었다. 제이슨은 격분해서 여자 친구를 욕조에 밀치는 등, 폭행한 적이 있다. 그리고 주방용 칼로 여자 친구를 공격하고 머리카락을 자른 적도 있다. 깨어진 유리잔으로 자신의 손목을 잘라 자살을 시도하기도 했다. 그리고 〈데파코테〉란 약을 과다복용해서 자살하려고 한 적도 있었다. 병원에서는 제이슨에게, 앞으로 알코올이나 약물을 복용해서는 안 된다고 주의를 줬다. 제이슨은 자신이 근무하는 레스토랑 사장을 주방용 칼로 공격해서 구속된 적이 있었다. 그로 인해 제이슨은 보호관찰을 받았다.

살인 사건이 나기 전, 제이슨은 분노조절에 문제가 있어 세다스 시나이 병원에서 진료를 받았다. 그리고 살인 사건이 나기 두 달 전, 제이슨은 격분해서 여자 친구 제니퍼 그린을 공격했다. 그리고 〈데파코테〉라는 약의 복용도 그만두었다. 그리고 살인 사건이 나기 전, 니콜 브라운은 제이슨이 주방장으로 근무하는 레스토랑에서 식사하기로 해 놓고, 사건 당일 갑자기 취소했다.

그날 제이슨은 밤 9시 45분쯤 자신이 근무하는 레스토랑에서 나왔다. 그리고 제이슨은 여자 친구 제니퍼 그린을 차에서 내려 주고 집으로 갔다. 제이슨에게는 그날 밤 10시 이후의 알리바이가 없다. 제이슨은 당시 집에서 TV를 보았다고 주장했다. 제이슨은 그날 니콜 브라운이 자신이 근무한 레스토랑에서 식사하기로 한 약속을 저버려 무척 당황했다는 사실을 인정하고 있다. 그리고 제이슨 피의 유전적 특징은 오 제이의 그것과 유사하다. 제이슨과 오 제이의 체격으로 미루어 두 사람의 발 크기는 비슷할 것이다. 제이슨은 로킹엄에 수시로 들러 옷장에 든 아버지의 옷을 빌려 입기도 한 것으로 보인다.

그럼에도 제이슨은 경찰로부터 전혀 조사받지 않았고, 그날 알리바이에 대해 추궁받지도 않았다. 그리고 경찰은 범행 현장에서 발견된 신원이 밝혀지지 않은 지문과 제이슨의 지문을 대조하지도 않았다. 그리고 사건 다음 날인 1994년 6월 13일, 오 제이는 제이슨을 위해 유명한 형사 변호사를 선임하였다. 물론 이때는 오 제이가 구속되기 전이다. 그리고 유명한 브롱코 추격 이후 로킹엄에 도착한 오 제이를 향해 제이슨은 경찰 저지선을 뚫고 "아빠, 이러시면 안 돼요"라고 외쳤다. 그리고 니콜 브라운의 장례식장에서 제이슨은 니콜 브라운의 시신을 애써 외면했으며, 무척 당황스런 표정을 짓고 있는 것이 역력했다. 그래서 윌리엄 디어는, 오 제이가 경찰서에 출두하기 전 자신에게 모든 시선이 향하도록 하기 위해 브롱코 추격전을 벌이고, 그리고 스스로 체포됨으로써 순교자의 길을 걸은 것으로 추정한다.

그러나 윌리엄 디어도 세부에 있어 몇 가지 사실을 놓쳤다. 법과학자 헨리 존슨 박사는 오른손잡이가 니콜의 왼쪽 목에 있는 상처를 낼 수 없다고 보았다. 오른손잡이라면 2단계의 행동으로 나누어 범행 동작을 설명해야 하는데, 이는 매우 부자연스럽다는 것이다. 니콜의 왼쪽 목에 있는 4곳의 자상은 범인이 칼을 휘두른 방향을 보여주는데, 니콜을 공격한 범인은 왼손잡이로 볼 수 있다는 것이다. 그렇다면 범인은 왼손잡이일 가능성이 높다. 그러므로 제이슨이 과연 왼손잡이인지 조사했어야 했다.

그리고 윌리엄 디어는, 오 제이가 제이슨의 전화를 받고 번디로 갔다가 로킹엄으로 돌아와서 몰래 집으로 들어가다가 케이토 캘린의 게스트하우스 뒷 담장을 넘었다고 추정했다. 그러나 로킹엄의 혈흔은 이와 다른 양상을 보여준다. 로킹엄 대문과 브롱코 사이의 찻길에 한 개의 혈흔이 발견되었다. 그리고 로킹엄 대문과 차고 사이에 두 개의 혈흔이 발견되었다. 이와 같은 피의 궤적으로 볼 때, 오 제이 심슨은 브롱코를 지나 로킹엄 대문을 통해 집으로 들어왔을 가능성이 있다. 그럼에도 윌리엄 디어는 이 점에 대해서는 조사하지 않았다.

그리고 윌리엄 디어는 오 제이와 제이슨의 체격으로 볼 때 두 사람의 발의 크기가 비슷하다고 보았지만, 이는 어디까지나 추정일 뿐이다. 윌리엄 디어

길에서 본 로킹엄 대문. 두 줄로 길게 그어진 선이 대문이 닫혔을 때의 위치를 가리킨다. □로 표시한 곳에서 혈흔이 발견되었다. A는 차고이고, B는 남쪽 길이고, C는 열린 대문이고, D는 밖에 있는 대문 조종 장치이다.

의 말대로 그가 제이슨의 집을 몇 년간 조사했다면 당연히 제이슨의 족흔 정도는 수집이 가능했을 것이다. 이와 같은 조사를 통해 범행 현장의 족흔과 제이슨의 족흔을 세밀하게 비교했어야 했다.

그럼에도 불구하고 윌리엄 디어의 이론은 확실히 오 제이가 범인이라는 이론에 비해 설득력이 있어 보인다. 범행의 동기, 범인의 격분한 상태, 범행 현장의 여러 물적 증거들, 알리바이를 모순 없이 설명하고 있다.

마지막으로 지금까지 논의한 것을 몇 가지 관점에서 검토하고, 이를 토대로 과연 진범이 누구인지 살펴보자.

첫째, 〈살인의 동기〉의 관점에서 검토하자. 그날 범인이 니콜의 집을 침입한 흔적은 없다. 그렇다면 니콜은 자신이 아는 사람이 부르길래 문을 열어 준 것이다. 그래서 경찰도 니콜이 전남편 심슨이 집으로 오는 걸 보고 문을 열어 주었을 것이라고 추정했다. 그렇다면 범인은 면식범이란 얘기다. 그리고 피해자들의 몸에 난 상처를 보면 범행의 주된 대상이 니콜임을 알 수 있다. 그래서 경찰도 격분한 범인이 니콜을 찌르고, 우연히 그곳에 나타난 골드먼도 찌른 것이라 주장했다. 따라서 범행의 직접적인 동기가 된 것은 니콜과 범인 사이의 '감정 폭발'이다.

심슨을 범인이라고 주장하는 사람은 가정 폭력을 일삼는 성향이 있는 심슨이 질투에 눈이 멀어 '격분'에 이르렀고, 이것이 살인의 동기가 되었다고 주장한다. 그러나 심슨이 니콜과 같이 살 때에는 니콜을 폭행하는 모습을 보였지만, 두 사람의 관계가 해소된 지 2년이란 세월이 흘렀다. 그리고 두 사람은 각자 이성 친구를 갖고 있었다. 따라서 심슨이 질투에 눈이 멀었다는 것은 설득력이 없다. 그리고 그날 심슨은 '격분'과는 동떨어진 모습을 보였다.

반면 제이슨에게는 마약 복용과 알코올 중독에 이른 전력이 있고, 〈간헐적 분노 조절 장애〉란 정신병이 있다. 더구나 이 정신병을 치료하기 위한 약의 복용도 두 달째 중단한 상태였다. 그리고 니콜은 제이슨이 일하던 레스토랑에서 식사하는 대신 골드먼이 근무하는 식당에서 가족들과 식사했다. 이런 사실이 제이슨으로 하여금 '격분' 상태로 몰고 갔을 가능성이 있다. 그리고 제이슨은 디어의 주장처럼, 나이 어린 니콜에게 계모 이상의 감정을 갖고 있을 수도 있다. 이럴 경우 '격분'은 더 커지기 마련이다.

둘째, 〈알리바이〉의 관점에서 검토해 보자. 살인 사건은 밤 10시 15분부터 10시 40분 사이에 발생했다. 헤이드스트라는 10시 38분에 니콜의 집 쪽에서 "이봐"라고 외치는 목소리를 들었다. 그 목소리의 주인공이 골드먼이면 범인이 골드먼을 살해한 시각은 10시 38분 이후이다. 그런데 리무진 운전자 앨런 박은 10시 54분에 심슨으로 보이는 사람이 로킹엄 정문 쪽으로 걸어오는 걸 보았다. 니콜의 집과 심슨의 집 사이가 차로 5분 거리에 있다는 사실을 감안하더라도, 이런 시간대를 감안하면 심슨이 범인일 가능성은 아주 낮아지게 된다. 그러나 제이슨은 그날 10시 이후의 알리바이를 제대로 대지 못했다. 더구나 그날 제이슨은 〈잭슨 레스토랑〉에서 근무하고 있었음에도 〈잭슨의 농장 레스토랑)에 근무하고 있었다고 거짓 알리바이를 대었다. 그리고 다른 직원들의 근무표는 모두 전산으로 작성되었지만, 유독 제이슨의 근무표만 수기로 작성되어 있다. 이런 사실은 누군가 제이슨의 근무표를 조작했을 수도 있다는 추측을 불러일으킨다.

두 사람의 알리바이를 비교하고, 이와 같은 시간대를 감안해보면 심슨이 범인일 가능성은 낮아 보인다. 그리고 제이슨에게는 이렇다 할 알리바이가 없다. 더구나 무슨 이유에서인지, 제이슨이 알리바이에 대한 증거를 숨기고 조작했다는 정황마저 보이고 있다.

셋째, 〈살해도구〉의 관점에서 살펴보자. 피해자들의 몸에 난 상처, 검시 결과 등을 종합하면 범행에 사용된 칼은 아래와 같다. 칼날의 길이는 14cm 이하이고, 칼자루는 묵직하고, 칼날에는 예리한 부위와 무딘 부위가 있다. 그리고 칼자루와 칼의 몸통(도신이라 한다) 사이에는 악이라는 부분이 있다.

심슨이 5월 3일 샀다는 단검의 칼날 길이는 25cm이다. 그리고 칼자루는 나무로 되어 있다. 그러므로 이 칼은 범행도구로 추정되는 칼과 많이 다르다. 더구나 이 칼은 한 번도 사용되지 않았음이 드러났다. 다음으로 심슨의 집에서 발견된 스위스칼을 보자. 이 칼의 전체 길이는 12cm 내지 16cm이고, 칼자루는 금속으로 되어 있고 가볍다. 그리고 악이라는 부위가 없다. 따라서 이 칼은 범행도구와는 거리가 멀다. 윌리엄 디어가 입수한 제이슨의 칼은 칼날의 길이가 13cm이다. 그리고 칼자루는 쇠로 되어 있다. 악이란 부위는 돌기 모양으로 되어 있다. 이 칼은 전체적으로 볼 때 범행도구에 쓰인 칼과 매우 흡사하다. 그러므로 제이슨이 버린 칼이 범행도구에 가장 가깝다.

넷째, 〈변장도구〉의 관점에서 살펴보자. 먼저 범행 현장에서 발견된 남색 털모자를 검토하자. 경찰과 검사는 심슨이 변장하려고 털모자를 썼을 거라고 추정했다. 그러나 심슨이 평소 털모자를 쓰고 다니는 모습을 봤다는 목격자는 아무도 없다. 반면 살인 사건이 나기 전에 찍은 사진에서 제이슨은 이

모자와 비슷한 털모자를 쓰고 있었다. 그리고 사고 후에 찍은 사진에서도 제이슨은 남색 털모자 대신 비슷한 모양의 회색 털모자를 쓰고 있다. 그렇다면 이 털모자의 주인공은 제이슨일 가능성이 더 커 보인다.

다음으로 볼 것은 범행 현장과 심슨의 집에서 발견된 가죽장갑이다. 검사는 심슨이 범행을 은폐하기 위해 이 가죽장갑을 끼고 범행에 나섰다고 주장했다. 그러나 장갑은 심슨에게는 맞지 않았다. 그런데 니콜은 사건이 나기 몇 해 전에 아리스사의 가죽장갑 두 벌을 샀다. 그렇다면 한 켤레는 심슨에게 선물로 주었을 수도 있지만, 다른 한 켤레는 가족 중 심슨과 체격이 비슷한 제이슨에게 주었을 가능성이 크다. 그리고 당시 심슨과 제이슨, 니콜은 한집에서 살고 있었다. 그러므로 이 장갑의 주인공 역시 제이슨일 가능성이 있다.

이상의 네 가지 관점에서 검토해 보면 범인은 심슨보다는 제이슨이라고 볼 여지가 더 많다. 그러나 이것도 여러 추정 중 하나일 뿐이고, 진실이 아닐 수도 있다.

니콜 브라운과 로널드 골드먼은 그날 분명 범인을 보았을 것이다. 그리고 니콜 브라운이 기르던 카토란 개도 범인을 보았을 가능성이 있다. 이들이 본 장면을 재현할 수만 있다면 의심의 구름은 사라질 것이고, 범인의 얼굴은 만천하에 드러날 것이다. 그러나 불행히도 이들이 본 장면을 재현할 수 없고, 범행 현장을 목격한 목격자도 없다. 다만 여러 정황증거만 있고, 사건을 둘러싸고 여러 설이 난무하고 있다. 형사재판에서는 〈합리적 의심 없는〉 입증 원칙에 따라, 민사소송에서는 〈증거의 우월〉이라는 입증책임에 따라 배심원들은 법적으로 판단하였다. 그러나 이것은 어디까지나 〈재판에서의 진실〉일 뿐이며, 〈실제의 진실〉은 아니다. 과연 니콜 브라운과 로널드 골드먼을 살해한 범인은 누구일까? 독자 여러분이 진실의 심판자가 되어 판단하기 바란다.

제1장

1 미국의 유명한 영화 제작자이자, 감독이며 극작가이다. 여러 영화와 TV 드라마를 제
   작하였고, 그의 작품은 5번이나 에이미 상을 수상했다: https://en.wikipedia.org/
   wiki/Lawrence Schiller (2016. 2. 15. 방문).

2 그는 영화 작가이고 감독이자 제작자이다. 브룩스는 《222호실(Room 222)》 시리즈물
   을 썼다. 그랜트 틴커와 함께 1970년대 《매리 타일러 무어 쇼(The Mary Tyler Moore
   Show)》를 연출했다. 그는 많은 영화를 제작하고 감독하여 아카데미 상도 수상했다:
   https://en.wikipedia.org/wiki/James Brooks (2016. 5. 20. 방문).

3 Dominick Dunne, "In our December 1995 issue, the victiory party was over," *Maga-*
   zine, (December, 1995).

4 Robert A. Pugsley, "The Courtroom is not, Television Studio: Why Judge Fujisaki
   made the Correct Call in gagging the Lawyers and Parties, and Banning the Cameras
   from The O. J. Simpson Civil Case," *Loy. L. A. Ent. L. J.*, Vol. 17 (1996-1997), pp.
   370-371.

5 법원이나 정부가 대중이나 허락받지 않은 제3자에게 정보를 제공하는 행위를 금지하
   는 명령을 일컫는다.

6 Paul L. Hoffman, "The Gag Order in the O. J. Simpson Civil Action: Lessons to be
   learned?" *Loy. L. A. Ent. L. J.*, Vol. 17 (1996-1997), pp. 333-335.

7 "Judge Fujisaki was able to keep trial in control," *USA Today*, (February 5, 1997).

8 Enron Corporation. 미국 텍사스 주 휴스턴에 본사를 둔 미국의 에너지, 물류 및 서비
   스 회사였다. 2001년 12월 2일 파산할 때까지 2만여 명의 직원이 있었고, 2000년 매출
   액은 1,110억 달러에 이르렀다.

9 Http://en.wikipedia.org/wiki/Daniell M. Petrocelli (2015. 7. 10. 방문).

10 소송대리인은 모호함, 혼란의 초래, 사실이 아닌 논쟁, 관련성이 없음 등을 사유로 이
   의를 제기할 수 있다. '사실이 아닌 논쟁(Argumantative)'이란 사실에 대한 주장이 아니

라 추론을 불러일으킬 수 있는 주장이나 진술을 함을 가리킨다.

11 Daniel Petrocelli, *Triumph of Justice: The Final Judgment on the Simpson*, Saga, Random House, 1998, pp. 508ff.

12 Leonard M. Baynes, "A Time to Kill, O. J. Simpson Trials, And Storytelling To Juries," *Loy. L. A. Ent. L. J.*, Vol. 17 (1996-1997), pp. 567-567.

13 Daniell Petrocelli, *op. cit.*, at 1ff.

14 Jeffrey Cole, "Daniel M. Petrocelli: Reflections on the O. J. Simpson Case," *Litigation*, Vol. 23 (1996-1997), p. 32.

15 "Judge new shoe photo in Simpson Trial," *Jet* 87 (13), (February 6, 1995).

제2장

1 권영법, 형사증거법 원론, 세창출판사, 2013, 11-15쪽.

2 Kenneth B. Noble, "Simpson Witnesses Review Final Hours of 2 Lives," *Los Angeles*, (February 8, 1995).

3 Michelle Caruso, "Simpson Witness Heard Dispute Before Slayings," *Daily News*, (October 26, 1996).

4 "Key testimony in OJ Simpson civil case," *USA TODAY*, (January 27, 1997).

5 "Expert says crime scene DNA matched Simpson's blood," *CNN*, (November 13, 1996).

6 "Kato Kaelin testifies in Simpson civil trial," *CNN*, (November 19, 1996).

7 "Cowlings testimony contradicts Simpson," *CNN*, (December 3, 1996).

8 "Wednesday Witnesses At O. J. Simpson Civil Trial," *The Associated Press*, (December 4, 1996).

9 "O. J.'s friend says he doubts Simpson's innocence," *CNN*, (October 10, 1996).

제3장

1 "Simpson Displayed No Grief, Vannatter Testifies," *Los Angeles Times*, (June 8, 1996).

2 Jane Wells, "Six degrees of OJ Simpson," *CNBS*, (June 11, 2014).

3 Stephanie Simpson, "Testimony on Lab Barred by Judge," *Los Angeles Times*, (December 12, 1996).

4 "Simpson Defense Presses Case for Contaminated Blood Samples," *The New York Times*, (December 13, 1996).

5   "Expert says soaked through both sides of soak," *USA TODAY*, (December 17, 1996).

6   "Simpson team forced to back down," *USA TODAY*, (December 18, 1996).

7   "Judge allows new shoe photo in Simpson trial," *CNN*, (January 6, 1997).

8   "Kaelin's ex-girlfriend loses libel suit against Time," *Reporters Committee*, (April 6, 1998).

9   Harry Shearer, "O. J. by the Sea," *Slate*, (January 25, 1997).

10 "Both legal teams given high marks," *USA Today*, (February 5, 1997).

11 "Fight over money may follow court battle," *USA TODAY*, (January 28, 1997).

12 "Jury unanimous: Simpson is liable," *CNN*, (February 4, 1997).

13 Tony Mauro, "Race factor tilts the scales of public opinion," *USA TODAY*, (Febaruary 5, 1997).

14 Http://en.wikipedia.org/wiki/O. J. Simpson murder case (2015. 6. 17. 방문).

15 Tal Ganani, "Squeezing the Juice: The Failed Attempt to Acquire O.J. Simpson's Right of Publicity, and Why It Schould Have Succeded", *Cardozo Arts & Ent.*, *L. J.*, Vol. 165 (2008-2009), pp. 177-178.

16 Edward L. Clark Jr., "The O. J. Simpson Verdict under Tort Reform," *Ohio Law*, Vol. 11 (1997), p. 7.

제4장

1   Http://en.wikipedia.org/wiki/O. J. Simpson murder case (2015. 6. 17. 방문).

2   Mark Fuhrman, *Murder In Brentwood*, Regnery Pu., 1997, pp. 165-179.

3   Mike Gilbert, *How I Helped O. J. Get Away With Murder*, Regnery Pu., 2008, pp. 123-124.

4   Http://law2.umkc.edu/faculty/projects/trials/Simpson/Simpson.htm (2015. 6. 16. 방문).

5   Http://en.wikipedia.org/wiki/O. J. Simpson murder case (2015. 6. 17. 방문).

6   Http;//edition.cnn.com/US/OJ/verdict/jury didnt see (2015. 6. 22. 방문).

7   Thomas H. Johnson, *The Real Crime*, Thomas H. Johnson 2015, pp. 118-121.

8   William C. Dear, *O. J. Is Innocent And I Can Prove It*, Skyhorse Pu., 2012, pp. xi-xvi.

9   "OJ is innocent" (http://www.dailymail.co.kr/news/article (OJ- innocennt, 2015. 7. 13. 방문), *Mail Online*, (April 1, 2012).

10 윌리엄 디어는 딘 마일로 사건에 대한 경험을 토대로 《제발, 죽이지 마(Please…Don't Kill Me)》란 책을 썼다: Http://www.truecrime.net/carltonstowers/dontkill.htm (2015. 6. 28. 방문).

11 Http://altereddimensions.net/2014/nicole-brown-simpson-ronald-goldman-mur-dere (2015. 8. 6. 방문).

12 Alan Duke, "Documentary: Serial Killer, not O. J., killed Simpson and Goldman," *CNN*, (November 21, 2012).

제5장

1 Free Britney, "O. J. Simpson Manger: He Didn't Even Write 'If I Did It'," *Hollywood Gossip*, (June 18, 2014).

2 Erin McClam, "Publisher Calls Book, O. J.'s 'Confession'," *AP National Writer*, November 15, 2006.

3 Http://en.wikipedia.org/wiki/Johnnie Cochran (2015. 10. 20. 방문).

4 "Murdoch cancels O J Simpson plans," *BBC NEWS*, (November 21, 2006).

5 "O. J. book sparks new outrage," *Boston Globe*, (November 16, 2006).

6 Portable Document Format. 문서 파일의 한 형태로, 화면으로 보거나 탐색하고 다른 사람과 주고받기에 적합하게 만들어진 포맷이다.

7 Http://en.wikipedia.org/wiki/O. J. Simpson murder case (2015. 6. 17. 방문).

8 "Goldman Family Moves Towards Civil Suit against Simpson," *The Tech Online Edition*, (September 13, 1995).

9 The Goldman Family, *If I Did It: Confessions of The Killer*, Beaufort Books, 2008, pp. 1-2.

10 *Ibid.*, at 116-123.

11 Sage Young, "Who Is Keith Zlomsowitch? Nicole Brown Simpson's Boyfriend Gave Upsetting Testimony," *Bustle*, (June 15, 2016).

12 The Goldman Family *op. cit.*, at 123-125.

13 Ralph Frammolino, Shawn Hubler, "Diary Opens a New, Lurid Chapter," *Los Angeles Times*, (October 20, 1994).

14 The Goldman Family *op. cit.*, at 125-128.

15 *Ibid.*, at 128-130.

16 *Ibid.*, at 130-131.

제6장

1 Mike Shropshire, "The Name Is Dear. Bill Dear," *D Magazine*, (February, 1990).

2 "O. J. Simpson's Alibi Tested," *Time*, (August 12, 1994).

3 Jonathan Yardley, "Murder, Dissected," *The Washington Post*, (July 27, 1983).

4 Bill Moushey, "Killer keeps his Bargain; Government Lets him down," *Deseret News*, (December 27, 1996).

5 Gary Mack, "An End to Conspiracy?" *Time*, (November 22, 2013).

6 The Warren Commission, Vol. 11 (1964), p. 123.

7 "The Name is Dear. Bill, *Warren Commission Hearing*, *Affadavit of Alexander Kleilerer* Dear," *D Magazine*, (February, 1990).

8 Http://en.wikipedia.org/wiki/William Dear, (2015. 5. 1. 방문).

9 Michael B. Kelley, "The OJ Simpson Saga Began 20 Years Ago Today-Here's Why His Son Should Be A Suspect," *Business Insider*, (Jun 13, 2014).

10 William C. Dear, *O. J. Is Innocent And I Can Prove It*, Skyhorse Pu., 2012, pp. 3-9.

11 *Ibid.*, at 11-33.

12 "What is Tunnel Vision?" *Psychology Dictionary*, (http://psychologydictionary.org/tunnel-vision, 2015. 10. 1. 방문).

13 William C. Dear, *op. cit.*, at 77-260.

14 "O. J. simpson's Alibi Tested," *Time*, (August 12, 1994).

15 William C. Dear, *op. cit.*, at 261-264.

16 *Ibid.*, at 227-276.

제7장

1 Larry J. Siegel, *Criminology; Theories, Patterns, and Typologies*, 9th ed., Wadsworth, 2007 / 이만식 외 6역, 범죄학: 이론과 유형, Cengage Learning, 2008, 407쪽 이하.

2 황성현 외 4, 한국 범죄심리학, 피앤씨미디어, 2015, 267-268쪽.

3 William C. Dear, *O. J. Is Innocent And I Can Prove It*, Skyhorse Pu., 2012, pp. 19-20.

4 Michelle Caruso, "O. J. Phone Message For Gal On Grisly Night," *New York Daily News*, (May 13, 1995).

5 Bettina Boxall, "Abuse Expert Stirs Uproar With Simpson Defense Role," *Los Angeles Times*, (January 29, 1995).

6 "O. J. Simpson's Oldest Son Was Arrested In '92 Attack," *Orlando Sentinel*, (July 27,

7 "O. J. Simpson's Oldest Son Was Arrested In, '92 Attack," *Los Angeles Times*, (July 27, 1994).

8 William C. Dear, *op. cit.*, at 111-119.

9 Http://brainworld.com/Brain World Media/Media View PrintPopup.aspx, (2016. 8. 10. 방문).

10 Http://openwiki.kr/med/intermittent explosive disorder, (2016. 8. 10. 방문).

11 Michael B. Kelley, "The O. J. Simpson Saga Began 20 Years Ago Today-Here's Why His Son Should Be A Suspect," *Business Insider*, (June 12, 2014).

12 Https://namu.wiki/intermittent explosive disorders, (2016. 8. 10. 방문).

13 William C. Dear, *op. cit.*, at 119.

14 James King, "O. J.'s Son's Not 'The Real Killer'-Regardless of How Much of His Trash Private Dick Bill Dear Sifts Through," *Voice*, (April 3, 2012).

15 William C. Dear, *op. cit.*, at 282-362.

16 Michael B. Kelley, *op. cit.*

17 대한신경정신의학회, 신경정신의학 (제2판), 중앙문화사, 2013, 382-385쪽.

18 William C. Dear, *op. cit.*, at 266-274.

19 "O J Simpson: The Case Reviewed," *ATS*, (June 13, 2009).

제8장

1 "Limousine Driver Puts Dent In O. J. Simpson's Alibi," *Philadelphia Inquierer*, (March 29, 1995).

2 Kennety B. Noble, "Simpson Trial Strategies: From Alibi to DNA Tests," *The New York Times*, (January 23, 1995).

3 Barry A. J. Fisher, *Techniques of Crime Scene Investigation*, 7th ed., St. Lucie Press, 2004 / 홍성욱·최용석 역, 현장감식과 수사, CSI, 수사연구사, 2008, 135쪽 이하.

4 Jessica Seigel, "Neighbor Says He Saw Vehicle That May Have Been Simpson's," *Chicago Tribune*, (July 13, 1995).

5 "Heidstra's Timeline," (http://www.davewagner.com/O.J./oj/hiedtime.htm (2016. 1. 5. 방문).

6 "Source: Simpson alibi conflicts with limo driver's testimony," *CNN*, (January 31, 1996).

7 Louse Boyle, "I became kato the character⋯ a bum," *MailOnline*, (June 11, 2014).

8   Robin Clark, "Maid Backs Up O. J. Simpson's Alibi. She Says The Bronco Was At His Mansion," *National Inquierer*, (February 28, 1995).

9   Tony Ortega, "Bill Dear is Full of It and I Can Prove It," *Village Voice*, (April 3, 2012).

10   William C. Dear, *O. J. Is Innocent And I Can Prove It*, Skyhorse Pu., 2012, pp. 134–142.

11   민사소송에 제출된 제이슨의 진술서와 녹음된 조서의 전문은 다음의 싸이트에서 찾아볼 수 있다: http://simpson.walraven.org/js depo 1. htm (2015. 6. 20. 방문).

12   William C. Dear, *op. cit.*, 151–164.

13   *Ibid.*, at 218–229.

14   Sam Rowe, "O J Simpson: was he innocent all along?" *Telegraph*, (June 11, 2014).

15   Michael B. Kelley, "The O. J. Simpson Saga Began 20 Years Ago Today–Here's Why His Son Should Be A Suspect," *Business Insider*, (June 12, 2014).

16   Sam Rowe, *op. cit.*

제9장

1   Rebecka Schumann, "Everything We Know About The Knife From The OJ Simpson Murder Trial," *IBT*, (March 4, 2016).

2   "Coroner lays out detailed theories of killings," *USA TODAY*, (October 18, 1996).

3   그녀는 미국의 언론인이자 방송인이다. 1961년부터 1976년까지 NBC의 《투데이 Today》를 진행했다. 그녀는 《투데이》에서 여성에 대한 생활정보를 제공하면서 유명세를 타게 되었다. 1976년에 그녀는 100만 달러를 받고 ABC로 이적하였다: https://en.wikipedia.org/wiki/Barbara Walters (2015. 10. 10. 방문).

4   Sage Young, "What Was In The Garment Bag Robert Kardashian Took From O. J. Simpson's House? It's Still Controversial," *Bustle*, (March 16, 2016).

5   〈로스 커틀레리〉는 로스앤젤레스에 있는 칼집으로, 미국 서부에서 꽤 유명한 가게이다. 1930년에 설립되었고, 1962년부터 앨런 와텐버그와 리차드 와텐버그 형제가 경영하고 있다: http://www. rosscutlery.com (2015. 7. 25. 방문).

6   Jim Newton, Andrea Ford, "Simpson Bought, Knife Before Slayings, Court Is Told," *Los Angeles Times*, (July 1, 1994).

7   Emily Shapiro, "O J Simpson Case: The Mystery Surrounding the Never -Found Murder Weapon," *ABC*, (March 5, 2016).

8   독일에 본부를 둔 다국적 기업이다. 1948년 창립되었고, 가족기업으로 출발하여 현재 창업 2세가 경영하고 있다: http://www. forschner.com/cms/en/company/in brief

(2015. 11. 20. 방문).

9   Mark Fuhrman, *Murder In Brentwood*, Regnery Pu., 1997, pp. 165–174.

10 William C. Dear, *O. J. Is Innocent And I Can Prove It*, Skyhorse Pu., 2012, pp. 86–87, 387–395.

11 *Ibid.*, at 163–402.

12 Marino Castillo, "O. J. Simpson Case: What the found knife can and can't tell us," *CNN*, (March 7, 2016).

13 "OJ Simpson's 'best friend' claims disgraced athlete joked about knife found on his estate," *News. Com*, (March 17, 2016).

14 "Knife found at OJ Simpson home not a murder weapon," *BBC News*, (April 1, 2016).

15 "OJ Simpson keep the knife he used to kill his wife Nicole and friend Ron Goldman and is now trying to sell it for §5 Million," *Mail Online*, (December 17, 2012).

제10장

1   Mark Davis, "Cochran: O. J. Simpson Was Set Up Lawyer Uses Hat, Gloves To Cast Doubt," *National Inquirer*, (September 28, 1995).

2   Michael Granberry, "As O. J. Masks Sell Big, Some Just Can't Disguise Disgust," *Los Angeles Times*, (October 8, 1994).

3   Mark Fuhrman, *Murder In Brentwood*, Regnery Pu., 1997, pp. 165–179.

4   David Margolick, "Hair and Fiber Used to Tie Simpson To Science of Killings," *The New York Times*, (June 28, 1995).

5   Jessica Seigel, "Murder-site Cap, Glove Mesmerize Courtroom," *Chicago Tribune*, (February 18, 1995).

6   "Excerpts of Closing Arguments on Murder Charges Against O. J. Simpson," *The New York Times*, (September 26, 1995).

7   "Hairs in knit cap match Simpson, FBI expert says," *SF GATE*, (November 13, 1996).

8   "Report Says Simpson Had disguise in Car," *Los Angeles*, (August 28, 1994).

9   David Margolick, "Hair and Fiber Used to Tie Simpson to Scense of Killings," *The New York Times*, (June 28, 1995).

10 Robin Clark, "Focus Is On Hairs At O. J. Simpson Trial An Expert Said He Found Some Similar To The Defendant's On Victim Goldman's Shirt," *National Inquierer*, (July 1, 1995).

11 "Hairs in knit cap match Simpson, FBI expert says," *SF GATE*, (November 13, 1996).

12 William C. Dear, *O. J. Is Innocent And I Can Prove It*, Skyhorse Pu., 2012, pp. 356-357.

13 "O. J. Simpson Trial 20 Years Later: Advanced Forensic Sciense Might Leave Little Doubt as to Simpson's Guilt," *All Tings Crime*, (June 12, 2014).

14 권영법, 형사소송과 과학적 증거, 세창출판사, 233쪽 이하.

15 Herbert L. MacDonell, "Crime Scene Evidence—Blood Spatters, and Semars and Other Physical Evidence," *Quinnipiac health Law*, Vol. 1 (1996-1997), pp. 39ff.

16 이기웅, "범죄현장 재구성을 위한 혈흔형태 분석—원칙과 사례 연구," 석사학위논문, 부산대학교(2011), 4쪽.

17 권영법, 위의 책, 234-235쪽.

제11장

1 Mark Fuhrman, *Murder In Brentwood*, Regnery Pu., 1997, pp. 119-121.

2 Http://en.wikipedia.org/wiki/Johnnie Cochran (2015. 10. 20. 방문).

3 Http://articles.latimes.com/print/2000/may/08/entertainment/ca-27673 (2015. 6. 22. 방문).

4 미국의 배우이자 가수이고, 목사이다. 그는 전직 미식축구 선수이기도 하다. 그는 펜실페니아 대학교 축구 선수로 뛰었고, TV쇼에도 자주 출연했다. 가수로서 로지어는 1960년대 여러 장의 음반을 내었다: https://en.wikipedia/wiki/Rosey Grier (2015. 11. 21. 방문).

5 로스앤젤레스 지역에 연고를 둔 미식축구팀이다. 이 팀은 지금까지 전미 미식축구연맹 시합에서 세 차례나 우승을 차지했다. 1936년 〈클리브랜드 램스〉에서 출발했지만 1946년 로스앤젤레스로 옮겼다: https://en.wikipedia/wiki/Los Angeles Rams (2016. 1. 10. 방문).

6 Andrea Ford, Ralph Framolino, "Rosey Grier Testifies in Simpson Case," *Los Angeles Times*, (December 10, 1994).

7 Vincent J. Schodolski, "New Simpson Puzzle: Just What Did He Say?" *Tribune*, (December 18, 1994).

8 Lou Ponsi, "Deputy heard O. J. Simpson Confess-maybe," *The Orange County Register*, (Nov., 13, 2013).

9 Jessica Seigel, "Testimony Bought, Sold-and Ruined," *Chicago Tribune*, (June 29, 1994).

10 W. Speers, "Marcus Allen Was Spark For O. J.'s Rage, Lawyers Says," *National Inquirer*, (April 30, 1996).

11 "Attorney alleges Marcus Allen-Nicole affair Caused O. J. to snap," *J Online National News*, (April 30, 1998).

12 Lauren Weigle, "Kathryn Edwards Ex-Husband Marcus Allen on Real Housewives of Beverly Hills'," *Heavy*, (January 26, 2016); "Nicole's friend details 'rage' of defendant," *USA TODAY*, (December 2, 1999); Megan Segura, "A Deep Dive into the Kathryn vs. Faye Feud," *Brovo TV*, (January 26, 2016).

13 "Marcus Allen claims Simpson asked him to lie," *CNN*, (May 31, 1996).

14 Chris Boyette, "5 surprising facts about O. J. Simpson's slow speed chase," *CNN*, (June 10, 2014); Ric Romero, "20 Years Ago: O. J. Simpson's Bronco Chase," *ABC*, (June 18, 2014).

15 Anderea Ford, Jim Newton, "Housekeeper Tells of Seeing Simpson's Car," *Los Angeles Times*, (February 28, 1995).

16 Sage Young, "Who Is Rosa Lopez?" *Bustle*, (March 8, 2016).

17 Vincent J. Schodolski, "Witnesses With Sordid Pasts Do Not Always Doom A Case," *Chicago Tribune*, (January 29, 1995).

18 "Supprise Witness Has History Of Fraud And Bad-Check Suits," *Deseret News*, (Jan., 27, 1995).

19 "Gerchas Pleads Guilty to Lying on Loan Form," *Los Angeles Times*, (June 9, 1995); "Would Be Simpson Witness Sentenced in Fraud Case," *Los Angeles Times*, (July 21, 1995).

20 William C. Dear, *O. J. Is Innocent And I Can Prove It*, Skyhorse Pu., 2012, pp. 385-386.

21 "Bailey Says He Halted Polygraph Test of Simpson," *The New York Times*, (June 5, 2000).

22 William Neuman, "O. J. Offers To Take A Pay-Per-View Polygraph," *New York Post*, (June 6, 2000).

23 "Kardashian: O. J. Flunked Lie Test," *Daily News*, (October 11, 1996).

24 William C. Dear, *op. cit.*, at 286-317.

제12장

1 Peter Charles Hoffer, "Invisible Worlds and Criminal Trials The Cases of John Proctor

and O. J. Simpson," *Am. J. Legal Hist.*, Vol. 287 (1997), pp. 307-308.

2 Wayne J. Pitts et al., "The Legacy of the O. J. Simpson Trial," *Loy. J. Pub. Int. L.*, Vol. 199 (2008-2009), pp. 199-212.

3 (1916. 1. 5.-1995. 11. 28.). 그는 북 다코타 출신이다. 1958년부터 1981년까지 장로교 목사로 목회를 했다. 그는 1981년부터 1994년까지 미국 상원의 사제로 시무했다: https://en.wikipedia.org/wiki/Richard Halverson (2016. 2. 1. 방문).

4 Vincent Bugliosi, *Outrage: The Five Reasons Why O. J. Simpson Got Away With Murder*, W. W. Norton & Company, 1996, pp. 32-33.

5 Leonard M. Baynes, "A Time to Kill, O. J. Simpson Trials, And Storytelling To Juries," *Loy. L. A. Ent. L. J.*, Vol. 17 (1996-1997), p. 549.

6 미국의 심리학자 르노 워커 박사는 〈매맞는 여성 증후군〉에 대한 세 가지 국면을 주장했다. 첫째는 〈긴장 수립〉 국면으로, 남성이 여성에게 구타나 언어폭력을 행사하면서 긴장이 수립된다. 두 번째는 〈격심한 구타〉 국면으로, 남성은 여성을 육체적, 정신적으로 학대한다. 세 번째는 〈조용하고 여성이 있는 휴지〉 국면으로, 남성은 다시는 때리지 않겠다고 약속하고 여성은 이를 믿는다: Pamela Posch, "The negative Effects of Expert Testimony on the Battered Women's Syndrome," *Journal of Gender & The Law*, Vol. 6 (Spring, 1998), pp. 486ff.

7 Alan M. Derschowitz, *Reasonable Doubts: The Criminal Justice System and the O. J. Simpson Case*, A Touchstone Book, 1997, pp. 99-122.

8 권영법, "형사소송에서 합리적 의심과 입증에 관한 새로운 검토," 저스티스 통권 제147호 (2015. 4), 160쪽.

9 Alan M. Derschowitz, *op. cit.*, at 149-155.

10 *Ibid.*, at 157-159.

11 *Ibid.*, at 161-168.

12 *Ibid.*, at 179-180.

13 Http://en.wikipedia.org/wiki/O. J. Simpson murder case (2015. 6. 17. 방문).

14 Teresse Henning, "Beyond "Beyond Reasonable Doubt": Wrong Decisions in Sexual Diffences Trials," *Austl. J. L. & Soc'y*, Vol. 15 (2000-2001), pp. 1-2.

15 (1917. 10. 29.-2011. 4. 21.). 미국의 사회학자이다. 미국 캘리포니아 대학교 로스앤젤레스 캠퍼스 사회학 교수로 재직했다.

16 김왕기 외 14, 사회학 이론, 한울출판사, 2012, 536-537쪽.

17 손민호·조현영, 민속방법론: 현상학적 사회학과 질적 연구, 학지사, 2014, 141-157쪽.

제13장

1 Http://en.wikipedia.org/wiki/Johnnie Cochran (2015. 10. 20. 방문).

2 '찰리 허슬'이라는 별명으로 유명한 전 메이저 리그 야구 선수이자 감독이다.

3 미국 역사상 가장 유명한 미식축구 선수이다. 샌프란시스코 포티나이더스팀의 선수로 뛰었다.

4 J. D. Rockefeller, *The Life of O.J. Simpson and Nicole Brown*, 2006, pp. 16-17.

5 Michael McClintion, David L. Blain, *The Truth About the O. J. Simpson Robbery*, 2015, pp. 179ff.

6 "O. J. Simpson Robbery & Kidnapping Sentence: What Is, His Release Date?" *Heavy*, (February 2, 2016).

7 공동 피고인들은 분리되어 재판을 받는 것이 원칙이다. 그러함에도 미국에서는 법원의 현실적인 여건으로 인해 많은 공동 피고인들이 분리되지 않은 채 재판을 받고 있다. 미국 수정헌법에 따르면 피고인은 공정한 재판을 받아야 하며, 공동 피고인이더라도 분리되어 재판을 받아야 한다. 이와 같은 경우 배심원이 선입견에 오염될 우려가 있다고 하여 피고인의 〈공정한 재판을 받을 권리〉가 침해되었다고 판결한 사례도 있다: 권영법, 공정한 재판 [이론·제도·실천], 세창출판사, 2015, 243쪽.

8 Dominick Dunne, "In our December 1995 Issue, the victory party was over," Magazine, (December, 1995).

9 Meliss Arsenink, "Witness: Rewording of O. J. Simpson raid 'work of art'," *Associated Press*, (September 25, 2008).

10 Stephen Rex Brown, "O. J. Simpson retrial centers around whether his lawyer Yale Galanter is incompetent," *Daily New*, (May 14, 2013).

11 Timothy Pratt, "O J Simpson takes witness stand in bid for new robbery trial," *Reuters*, (May 15, 2013).

12 "O. J.'s Alleged Robbery-Caught on Tape!" *TMZ. com.*, (September 17, 2007).

13 Miguel Bustillo et al., "Recording amplifles the drama," *Los Angeles Times*, (September 18, 2007).

14 "O. J. on Las Vegas hotel incident: 'I've done nothing wrong'," *Los Angeles Times*, (September 16, 2007).

15 Kenn Ritter, "New Charges Filed in O. J. Simpson Case," *Associated Press* (October 26, 2007).

16 "Simpson co-defendant: Guns were O. J.'s idea," *Associated Press*, (October 20, 2007).

17 "O. J. Simpson's trial postponed until September," *Reuters*, (March 9, 2008).

18 Timothy Pratt, "O. J. Simpson takes witness stand in bid for new robbery trial," *Reuters*, (May 15, 2013).

19 변호사와 의뢰인 사이에 오간 대화에 대해서는 묵비권을 행사할 수 있다.

20 Linda Dentsch, Ken Ritter, "Former O J Attorney Gives Shocking Testimony," *Huffington Post*, (August 26, 2011); "Simpson's ex-lawyer Yale Galanter Says O. J. knew about the guns," *Los Angeles Times*, (May 17, 2013).

21 Ken Ritter, "O. J. Simpson loses appeal for new trial in kidnap conviction," *The Associated Press*, (September 11, 2015).

22 Daniel Gluskoter, "The Latest From The National Desk," *Los Angeles Times*, (February 11, 2012).

23 Ashey Power, "4 in Simpson case are given probation," *Los Angeles Times*, (December 10, 2008).

제14장

1 Mallory Carra, "Did Johnnie Cochran & Robert Shapiro Really Freud? American Crime Story Shows Dream Team Drama," *Bustle*, (February 24, 2016).

2 Http://en.wikipedia.org/wiki/Robert Shapiro (2016. 1. 6. 방문); Nicole Jones, "The People v. O. J. Simpson Recap: Episode 4 Fact Check," *VF Hollywood*, (February 23, 2016).

3 "F. Lee Bailey cross-examines Mark Fuhrman-O. J. Simpson Murder Trial," *You Tube*, (August 26, 2013).

4 "A most-wanted attorney," *Orlando Weekly*, (October 5, 2000).

5 새무얼 세퍼드(Samuel Sheppard)는 신경과 의사로, 1954년 임신한 아내를 살해한 혐의로 재판을 받았다. 그는 10년 이상 오하이오 교도소에 수감되었다가 1966년 무죄 판결을 받았다. 세퍼드 사건은 재판이 시작되기 전부터 전국적으로 언론의 관심을 끌었다. 연방대법원은 세퍼드의 적정절차에 대한 권리가 침해당했다고 판시하였다: "Osteopath Sam Sheppand How Wrestling," *The News and Courier*, (August 22, 1969).

6 Jack Helson, "Carter Pushes for Pardon of Heiress Hearst," *Los Angeles Times*, (October 6, 1999).

7 Donna Foote, "Here Comes the Jury," *Newsweek*, (October 21, 1996).

8 "In The Matter of F. Lee Bailey," *Suffolk*, (December 2, 2002-April 11, 2003).

9   Scott Dolan, "Main's high court denies F. Lee Bailey's bid to return to practicing law," *Portland Press Herald*, (April 11, 2014).

10 "Interview With Hedda Nussbaum," *Larry King Live*, CNN, (June 16, 2003).

11 "The Innocent Man Book Review," *Entertainment Weekly*, (January 26, 2009).

12 Martha Ross, "O. J. Simpson, DNA and Barry Scheck-the 'Dream Team's' MVP?" *The Mercury News*, (April 8, 2016).

13 Nadine Brozan, "Cronicle," *The New York Times*, (October 7, 1995).

14 Greg Cotta, "O J Simpson's Attorney speaks 20 years after Trial," *FOX* 40, (June 13, 2014).

15 Bob Roberts, "20 Years Later? Law Professor Looks Back At O. J. Murder Trial," *CBS*, (June 12, 2014).

16 캐일리 앤소니(Caylee Anthony)는 그의 어머니 캐시 앤소니(Casey Anthony), 외조모, 외조부와 같이 살고 있었다. 캐시는 캐일리가 실종되었다면서 911에 신고하였고, 수사관에게 몇 가지 거짓말도 했다. 그런데 집 근처에서 캐일리의 유골이 발견되자 캐시는 1급 살인죄로 기소되었다. 캐시는 무죄 답변을 했다. 6주간 재판을 한 끝에 검사는 사형을 구형했고, 배심원들은 캐시에 대해 무죄로 평결했다: https://en.wikipedia.org/wiki/Death of Caylee Anthony (2016. 5. 20. 방문).

17 2012년 2월 26일, 지머만은 17세의 흑인 고등학생 트레이본 마틴(Trayvon Martin)을 총으로 쏘았다. 지머만은 특별검사에 의해 2급 살인죄로 기소되었다. 2013년 6월 10일 재판이 시작되었고, 7월 13일 배심은 무죄로 평결하였다: Arian Campo, "Jury Acquits Zimmerman of All Charges," *The Wall Street Journal*, (July 14, 2013).

18 "Marcia Clark, O. J. Simpson Prosecutor, Writes Book 'Guilt By Association,'" *ABC NEWS*, (February 6, 2016).

19 Julia Felsenthal, "American Crime Story and The Vindication of O. J. Simpson Prosecutor Marcia Clark," *VOGUE*, (January 28, 2016).

20 "Ex-O. J. Simpson Prosecutor Christopher Darden Seeking Judgeship," *Metnews*, (December 18, 2007).

21 Mallory Carra, "Where Is Christopher Darden Now?" *Bustle*, (February 16, 2016).

22 Adam Zagorin, "Chalie's An Angel," *Time*, (February 3, 1997).

23 "Prosecutors drop demand that Ito step down in case," *The New York Times*, (August 17, 1995).

24 Catlin Flynn, "Where Is Judge Lance Ito Today?" *Bustle*, (February 24, 2006).

25 Timothy Egan, "Not Guilty: The Jury; One juror Smiled; Then They Knew," *The New*

York Times, (October 4, 1995).

26 "Some who helped shape the O. J. Simpson case,"(http://usatoday 30. usatoday. com/news/index/nns 182.htm) *USA Today*, (January 28, 1997).

27 Richard Price, Jonathan T. Lovitt, "Confusion for Simpson Kids 'far from over'," *USA TODAY*, (February 2, 1997).

28 "O. J. Simpson's Daughter Sydney Is So Strong But 'Scared' To Share Her Story," *Radar Online*, (June 13, 2014).

29 Suzy Byrne, "See Nicole Brown and O. J. Simpson's Children, Sydney and Justin, All Grown Up," *YAHOO*, (February 4, 2016).

30 "Kato Kaelin, Simpson House guest, Now Treated As A Hostile Witness," *Chicago Tribune*, (March 27, 1995).

31 James Wolcott, "James Wolcott reviews O. J. Simpson's 'If I Did It'," *Vanityfair*, (January 24, 2011).

32 "Kato Kaelin Weighs In on O. J. Simpson's Latest Arrest," *Fox News*, (December 7, 2011).

33 Michelle Caruso, "I Called It Quits, Paula Sez Talls Jury She's sure O. J. got The Message," *Daily News*, (December 5, 1996).

34 Joseph D. Lyons, "Who Was O. J. Simpson's Girlfriend at the Time of the Murders?" *Bustle*, (February 26, 2016).

35 David Margolick, "Suddenly, everybody knows Faye Resnick," *New York Times*, (October 22, 1994).

36 "Testimony On Resnick Drugs Barred," *Chicago Tribune*, (July 13, 1995).

37 E. Alex Jung, "The Most Stomach-Chunning, Bizarre Details From Faye Resnick's 1994 Book," *Vulture*, (February 23, 2016).

38 "Celebrity Faye Resnick," *playboy*, (March 2013).

39 "Faye Resnick: How She Feels About FX's 'People v. O. J. Simpson'," *Access Hollywood*, (January 27, 2016).

40 Caitlin Flynn, "Evidence of Mark Fuhrman Being Racist From The O. J. Simpson Trial," *Bustle*, (February 16, 2016).

41 Bill Boyarsky, "Witnesses Tell Jury of Fuhrman's Racial Epithets," *Los Angeles Times*, (September 6, 1995).

42 "O. J. Simpson Trial: Mark Fuhrman denies being a racist," *CNN*, (December 31, 2007).

제15장

1   정은해, 현대존재론, 철학과 현실사, 2010, 107-123쪽.

2   문장수, 의미와 진리, 경북대학교 출판부, 2005, 117-237쪽.

3   Rebert S. Summers, "Formal Legal Truth and Substantive Truth in Judicial Fact-Finding-That Justified Divergence in Some Particular Cases," *Scholarship@ Cornell Law: A Digital Repository*, (March 2, 1998), (http://scholarship.law.cornell.edy/facpul, 2016. 1. 5. 방문).

4   Francesco Viola, "The Judicial Truth," *Persona y Dereche*, Vol. 32 (1995), pp. 249-251.

5   Andrei Marmor, "Truth in Law," *Legal Studies Working Paper Series*, Univesity of Southern California Law School, 2011, p. 73.

6   Joseph M. Williams, Gregory G. Colomb, *The Craft of Argument*, 3rd ed., Pearson Education Inc., 2007 / 윤영삼 역, 논증의 탄생: 글쓰기의 새로운 전략, 홍문관, 2012, 314-327쪽.

7   중앙대학교 출판부, 논증의 이해, *CAU*, 2014, 299-309쪽.

8   Daniel Kahneman et al., *Judgment under Uncertainty: Heuristic and Bias*, Cambridge University Press, 1982 / 이영애 역, 불확실한 상황에서의 판단: 추단과 편향, 아카넷, 2012, 197-199쪽.

9   Daniel Kahneman et al., 위의 책, 375-403쪽.

10 한덕웅 외 7, 사회심리학, 학지사, 2011, 137-139쪽.

11 David Hardman, *Judgment and Decision Making: Psychological Perspectives*, British Psychological Society and Blackwell Pu., 2009 / 이영애·이나경 역, 판단과 결정의 심리학, 시그마프레스, 2012, 29-79쪽.

12 Lisa Kern Griffin, "Narrative, Truth, and Trial," *The George Town Law Journal*, Vol. 28 (2013), pp. 281ff.

13 Shella Jasanoff, *Law, Science, and Technology in America*, Harvard University Press, 1995 / 박성준 역, 법정에 선 과학, 동아시아, 2011, 83-112쪽.

14 Fry v. United States, 293 F. 1013 (D. C. Cir 1923).

15 Daubert v. Merrel Dow Pharmaceutica's, 43 F. 3d 1311 (29th Cir. 1995).

16 George A. Martinez, "On Law and Truth," *Nortre Dame Law Review*, Volume 72 Issue 3 (1999), pp. 883-884.